ちくま学芸文庫

禅の時代

栄西・夢窓・大灯・白隠

柳田聖山

筑摩書房

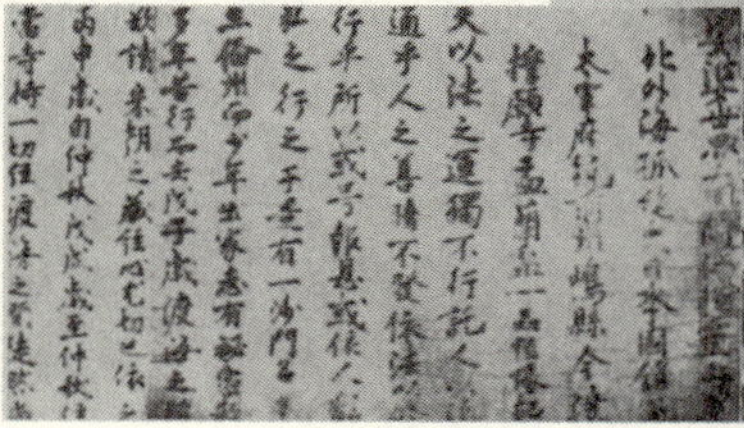

（右）栄西禅師木像（寿福寺蔵）
（左）栄西筆「盂蘭盆経縁起」（誓願寺蔵）

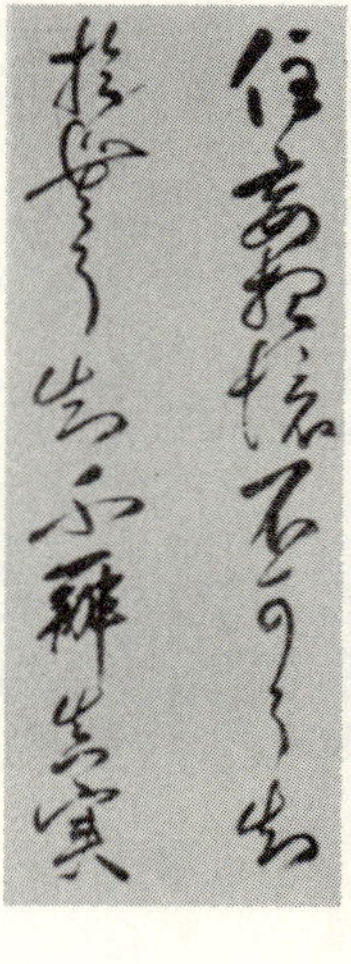

（右）夢窓国師画像（妙智院蔵）
（左）夢窓筆「円覚経」（鹿王院蔵）

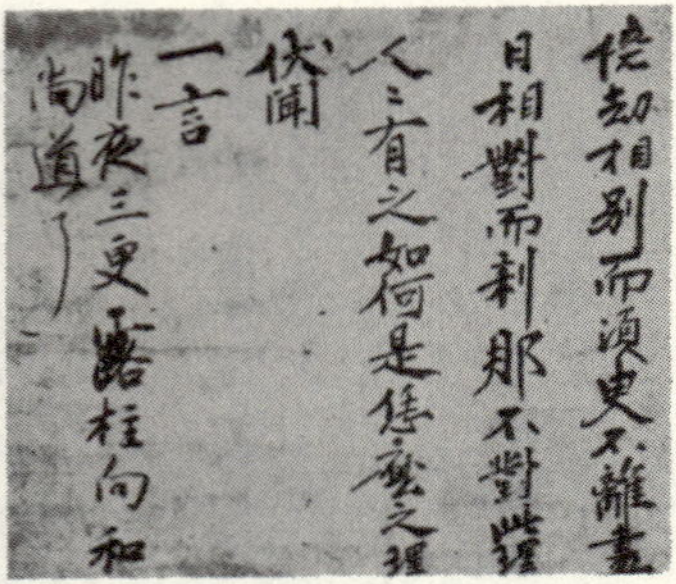

億劫相別而須臾不離盡
日相對而刹那不對此理
人々有之如何是恁麼之理
伏聞
一言
昨夜三更露柱向和
尚道了

（左）大灯国師画像（大徳寺蔵）
（右）花園天皇・大灯国師問答（大徳寺蔵）

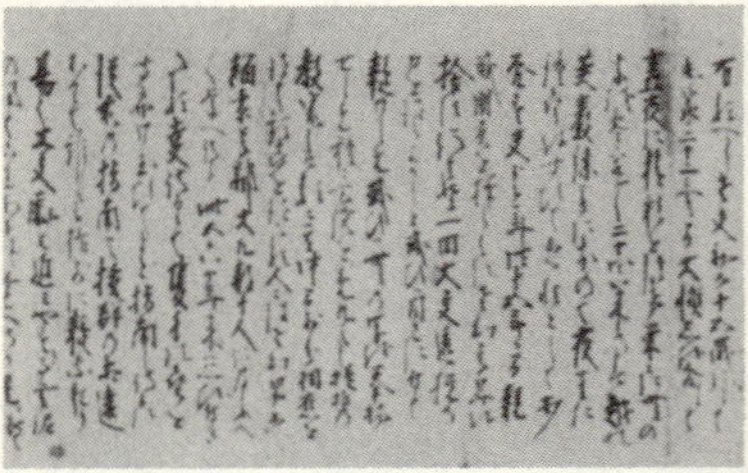

（右）白隠禅師自画像（鹿王院蔵）
（左）白隠「隻手の手紙」（正宗寺蔵）

禅の時代【目次】

禅の時代——栄西・夢窓・大灯・白隠

はじめに

鎌倉仏教といえば、法然・親鸞・道元・日蓮を数えるのが一般である。栄西《ようさい》を加えるとしても、せいぜい道元の先輩としてであり、時には平安仏教の延長として、国家的とか貴族的とか批判される。栄西は、その生前にはっきりした禅宗の立場を打ち出し得なかっただけでなく、今日もなお新しい評価を与えられないようだ。

ところが、後に特色ある日本的中世文化を生み出した禅は、ほとんど栄西と同じ臨済系であり、大陸より移植された宋朝の禅が、日本の風土に定着するのは、おおよそ南北朝・室町時代である。それは、やがて第二の貴族仏教として、室町幕府とともに伝統化するが、かつての鎌倉仏教も、結局はこの傾向を免れなかった。ひとたび鎌倉の祖師たちによって、はっきりと示された旧仏教の改革が、その基本線を貫き得なかったのはなぜか。

ここには、中国で発達し中国で爛熟した仏教の足跡を、いつも追うほかなかった日本仏教の伝統と上層文化の運命がある。

江戸時代の初めに明より渡来し、日本仏教に新風を送った黄檗禅も、その実は大陸の臨済禅の末流であるが、その極端な異国風の生活様式は、はじめて日本と大陸の越え難い差を知らせる結果となった。こうして、日本の仏教が真に大陸の影響を脱するのは、江戸中期に入ってからである。白隠、桃水、慈雲、良寛、それに妙好人と呼ばれる一群の人々や、円空、木喰《もくじき》の仏教は、かつてのそれと全く系譜を異にする。

この書は、これらの純粋に日本人の仏教と言っていい信仰の生れるまで、中世の日本を支配しつづけた大陸仏教の足跡を、臨済禅のそれに即して、考えて見ようとしたものである。

第一の章　興禅護国論〔栄西〕

一　仏教のふるさと

末法思想

鎌倉新仏教の形成に、末法思想が大きく作用していることは定説である。日本仏教における末法思想の由来を考える時、必ず問題になるのが、最澄に帰せられる『末法《まっぽう》灯明記《とうみょうき》』である。この書が、本当に最澄の作かどうかは問題であるが、その主張が実際に社会の関心を呼びはじめるのは、平安朝の末期である。少くともこの書が作られたという延暦二十年（八〇一）以後、最澄その人の仏教は、末法思想と別の道を進んでいる。実際に、奈良・平安の時代を通じて、日本の仏教が末法を実感することはなかったと思われる。東大寺の建立に代表される奈良の盛世や、天台・真言の国家仏教は、直接には末世のものではない。『栄花物語』に見られる道長の浄土教は、現世の栄華の延長にすぎない。

ところが、白河天皇の院政時代に入ると、社会の様相は大きく変化する。地方武士と僧兵の出現が端的に物語るように、それは実力の時代である。実力は、非をも理とする思想である。しかも、力は必ず対立して闘争を呼ぶ。『末法灯明記』が末世の姿として説く闘諍堅固《とうじようけんご》・白法隠没《びやくほうおんもつ》の実感が、心ある人々の胸裏をおびやかしはじめるのは当然である。もとより、『末法灯明記』がその根拠として引く経典は、中国大陸で六朝時代に訳されたものばかりであり、末法思想そのものもまた、かつて六朝末期に生れたものである。さらに、末法思想はすべての世界宗教の前提でもある。それは、現世的なものの反省の深化と絶望の所産であり、特にこれらの時代の仏教に限らぬ。宗教者にとっては、いつの世も末世である。しかし、かつての六朝末と平安末期の仏教は、本質的に末法の実感と密着していた。いわば、それは翻転して、仏陀の入滅より自己の年代を割出す親近感となり、復古のささえとなっているからである。慧思《えし》が『立誓願文』を書いて、自分の誕生を末法に入って八十二年とし、わが皇円の『扶桑《ふそう》略記《りやつき》』が、永承七年（一〇五二）をもって末法に入ると記すのは、いずれも末法の思想を自己の生活体験として受けとったのであり、それが鎌倉の祖師たちの新しい活動を引き起したのである。もっとも、末法の年時の算出には種々の説があって、親鸞のそれは右の『扶桑略記』と異るけれども、かつて最澄の『末法灯明記』に記されていた諸説の一つに導かれていることは確実である。

いったい、この当時の叡山の仏教は、正しく闘諍堅固の一語に尽きる。有名な白河院の、

賀茂河の水、双六の賽《さい》、山法師、是ぞわが心にかなはぬもの（『平家物語』一）。

という言葉にうかがわれるように、京の町の日々は、山法師の強訴《ごうそ》と戦いのあけくれである。かつて王城の鬼門に位置して、鎮護国家を祈った叡山は、今や王城を犯す邪悪の呪詛《じゅそ》にとどまらず、怨敵折伏《おんてきしゃくぶく》の実力を行使するのである。それはさらに、三井の園城寺や南都興福寺、吉野等の寺院相互の、利害打算の対立にまで深まってゆく。山門は、さらに祈禱料の根拠となる諸国の荘園の利害を代表し、公家や武士とも実力闘争を辞さない。七社の神輿《しんよ》や春日の神木は、連年にわたって洛中を横行する。『平家物語』が伝えるように、それらの強訴は、嘉保二年（一〇九五）の美濃守源義綱の事件以来、しだいにはげしさを加える。しかも、山門の中には、すでに座主《ざす》と学生《がくしょう》と堂衆との三つどもえの対立があって、外の力と結び合う。天台座主は、すでに信仰や学問の代表ではなかった。まして、出世の真理のそれでないことはもちろんである。今、当時の叡山の実情を示す一例として、第五十五代天台座主明雲《みょううん》の配流の事件を見よう。有名な『平家物語』の発端をなすこの事件の中心人物明雲は、栄西の第一回渡宋とも関係している。

明雲という人は、久我《こが》大納言《だいなごん》顕通《あきみち》の子で、出家して座主最雲法親王の弟子となり、青蓮院覚快法親王の伝法灌頂に際して讃衆《さんしゅ》に任じ、仁安元年（一一六六）第五十五代天台座主となり、有名な『愚管抄』の筆者慈円の得度《とくど》のときには、この人が戒師であったという。先の覚快は慈円の受業師《じゅごうし》であり、鳥羽天皇の第七王子である。これらの人々の出自をみれば、おおよそ当時の叡山の空気を推しうるであろう。明雲は、ついで六条天皇の護持僧となり、後には後白河法皇や平清盛にも授戒している。

ところが、『平家物語』で知られるように、治承元年（一一七七）に、加賀白山の荘民が国司師高《もろたか》の暴を訴え、山門の大衆がこれと結んで公家に強訴するに及んで、師高の父の西光《さいこう》が座主明雲の責を譴し、一切の職を奪って伊豆に配流しようとしたことから、山門と公家の対立が激化する。あたかも、西光等の鹿谷《ししがたに》における平家討伐の計画が発覚し、事件はにわかに源平の闘争に転化するが、明雲は、もと平清盛の師であったせいで、やがて天台座主に復し、後に再び木曽義仲の事件にまきこまれ、院の御所法住寺殿で、ついに流矢にあたって死ぬという劇的な最後をとげる。彼の生涯は、山門末期の実情を最も鮮かに象徴する。この事件が人々に、末世の不安を深からしめたのは言うまでもない。日本の末法思想は、山門の仏教が自ら植え、自ら刈らねばならぬ結果となった。それは、中国の仏教史に見られるような、国家権力による廃仏毀《はいぶつき》釈《しゃく》ではなくて、当初から国家的であった日本仏教の含む矛盾の表面化であったと言える。古く円仁・円珍両流の紛争について書かれた永祚の宣命《せんみょう》に、「獅子身中の虫」とあるのは、もっともよくその事情を示すものであろう。

あたかも当時、天災地変があいついで起る。火災と地震と旱魃と饑饉が続き、疫病と疱瘡《ほうそう》が流行し、各地の荘園では、至るところ国司と荘民の小ぜりあいがある。鴨長明は、

治承四年卯月廿九日のころ、中御門京極のほどより、大なる旋風起りて、六条わたりまで厳しく吹きけること侍りき。……ただことにあらず、さるべき物のさとしかなとぞ疑ひ侍《はべ》りし。

と、かの『方丈記』に記している。人災をもすべて天災とし、この世の滅亡のすがたとする、中世人の思考がここにある。こうして、中世は末法の不安とともに開かれるのである。

いったい末法思想は、新旧二つの勢力が対立して、非が理とされるとき、旧勢力の側から生れる思想である。それは実力から言えば、弱者の悲歎である。よき時代、よき社会の終末を歎くのは、価値が古代にあるとする立場である。それが、真に次の歴史を創る新しいささえとなるためには、単なる末世の歎きを突き抜けて、永遠なるも

のに撞着しなければならぬ。たとえば、『愚管抄』の著者が、歴史の意味として主張する「道理」がそれである。ここでは、末世の悲歎は、変革と新しい道理の承認につながる。

サテモサテモコノ世ノカハリノ継目ニ生レアヒテ、世ノ中ノ目ノマヘニマハリヌル事ヲ、カクケサケサトミ侍ル事コソ、世ニアハレニモアサマシクモノヲボユレ。

と歎ずる慈円は、今の世は「道理トイフモノハナキ」ものとしつつ、又次のように言っている。

又道リト云物ハヤス〳〵ト侍ゾカシ。ソレワキマヘタラン臣下ニテ、武士ノ勢アランヲメシアツメテ仰セキカセバヤ、ソノ仰セコトバハ、先武士ト云モノハ、今ハ世ノ末ニ一定当時アルヤウニモチヒラレテアルベキ世ノ末ニナリニタリトヒシトミユ。サレバソノヤウハ勿論也。ソノ上ニハコノ武士ヲワロシトヲボシメシテ、コレニマサリタルトモガライデクベキニアラズ、コノヤウニツケテモ世ノ末ザマハイヨ〳〵ワロキ者ノミコソアランズレ……タヾ大方ノヤウノ武士ノトモガラガ、今ハ正道ヲ存ベキ世ニナリタル也。

彼はすでに新しい道理を武士の世に望んでいる。彼は旧勢力に属した故に、旧勢力の本質と限界をもっともよく知っていた人である。

もっとも、貴族出身の慈円は、武士の世の道理を摸索はしたが、承久の乱の悲痛な結末ののち、ついに自らどうすることもできずに没した。彼の死の前年、旧仏教は二度目のはげしい専修念仏の停止を命ずる。それは新旧仏教の正面衝突を意味した。親鸞は後にこの年を末法に入って六百八十三年と明記しており、さらにその前年には、道元が明全とともに入宋している。これらの人々は、いずれもかつて深き道心を発して叡山に上りながら、絶望しつつ山を下ったのである。下山は実は真の絶望を深化せしめ、やがて新しい求道への出発を促したのである。

山を下る聖たち

寺を捨て山を下って、あるいは村落を遊行し、あるいは草庵や市井に隠れつつ、深く個性の内面に沈潜した人を「聖《ひじり》」と呼び、彼等の道場を別所と呼ぶ。周知のように、それは、平安末期の仏教の動向の一つであり、鎌倉新仏教における時と機の自覚の立場を導くものである。唐木順三氏が注意されているように、そうした傾向は、すでに『今昔物語』や鴨長明の『発心集』に見える長増供奉《ちようぞうぐぶ》の遁世物語にうかがわれ、親鸞が慕ったという賀古の教信沙弥をはじめとして、この時代の特異な念仏者を伝える多くの往生伝にも、かなりの資料がある。有名な西行のごときも、広い意味での聖であり、回国遊行の僧である。当時、そうした念仏者は、叡山の周辺に限らなかったようで、五来重氏の『高野聖』によると、高野山をはじめ、善光寺、長谷寺、四天王寺、東大寺、鞍馬寺、清凉寺などに集っており、これらの人々の動向は、日本仏教の本質そのものにつながっていると言われる。それは、中世という「世のすゑの大なるかはりめ」に際して、今まで上層の仏教の影に隠れて見えなかった底辺の仏教が、ゆくりなくもその姿を見せたものと言ってよい。

かくて、栄西《ようさい》、道元、法然、親鸞、日蓮等の鎌倉新仏教の祖師たちが、いずれも一度は叡山に学びながら、あいついで山を下っているのは、すでに日本の仏教が山上のものでなくなっていたことを物語る。前に引いた慈円もまた多賀宗隼氏によると、かつて山上の修道の間に、「自ら仏法を興隆する器」にあらざるを悟り、「身を山林に容れ、片山に遁世」しようとしている。山林や市の聖たちの「生涯無益」の魅力が、この二十五歳の貴公子の真摯な求道心をゆすぶったのである。しかし、慈円はやがてこのためらいを捨て、初志のごとくに、伝教以来の伝灯をつぐのであり、

日にそへて我たつ杣《そま》の山川に、法の水こそ心細けれ

法の火を君かかげずばいかにせん、わがたつ杣の暮がたの空

（以上、いずれも多賀氏の『慈円』による）

などと歌って、末法の山を末世の故にこそ必死に守りぬこうとする。彼のそうしたひそかな願いは、『増鏡』の「おどろがしたの巻」に引かれる長歌にもうかがわれる。これらの歌は、彼がわが立つ杣の旧仏教を、この上もなく愛したことを思わせる。

ところで、山を下った人々の中で、多くの念仏聖たちと違って、正法をあらためて大陸の伝統に求めようとした人々がある。栄西・道元がその代表であるが、別に重《ちょう》源《げん》・覚阿《かくあ》等もこれと前後して入宋している。又、入宋はしないが、大日房能忍もこの系統に属する。当時、日中の交通は、すでに再開されつつあった。平清盛は兵庫の港を開いており、『平家物語』の金渡の段によると、重盛は、阿育王山《あいくおうざん》の仏照徳光に黄金三千両を寄進し、その記念として仏舎利《ぶつしゃり》と偈《げ》を受けたとも言われる。仏舎利は、白河天皇も所持していたようで、当時、上層階級の間ではその信仰が盛んであった。能忍の達磨《だるま》宗で、念仏や持戒とともに舎利供養を批判しているのもその証拠であり、明《みょう》恵《え》は「舎利講式」を作っている。思うに、舎利供養は、直接に仏陀の遺身を慕うものであり、栄西や明恵が入竺を志したように、それは直接に仏陀の国の土を踏み、廃絶した日本の仏教を興そうとする願いにつながる。少くとも、当時の入宋者が、ほとんど阿育王山の舎利を拝していることは注意してよい。

入宋者のうちで、重源のそれは仁安二年（一一六七）で最も早く、栄西の最初の入宋はその翌年であり、二人は伴って帰国している。重源の入宋の動機は明確でないが、彼はすでに日本で念仏聖、もしくは勧進聖《かんじんひじり》として活動しているから、その回国を中国に伸したのであり、栄西にも同様な性格が認められる。少くとも、栄西の最初の入宋は、必ずしも当初より禅を求めるためではなかった。おそらく両人共に当時の日本仏教に対する反省から、阿育王山や天台山の霊跡を見ようとしたのである。栄西が『興禅護国論』の宗派血脈《けちみやく》門で、すでに最初の入宋に際して、博多で両朝通事の李徳昭より宋に禅宗の盛んなるを聞いて入宋を志し、明州で広慧寺の知客《しか》を訪うて、禅に関する問答を交えたと書いているのは、あくまで後年の立場からする回想であり、始めからそれを目指したものではないと思われる。次節以下に考えるように、帰朝ののちの彼の行動に、ほとんどそれらしいものが見えぬからである。

ところが、覚阿の場合は、始めより五宗の外なる禅宗を求めての入宋であったらしい。『五灯会元《ごとうえげん》』巻二十によると、あたかも彼が叡山で学んでいた二十九歳のとき、宋都より帰った商人より中国の禅宗のことを聞き、奮然として弟の金慶とともに入宋し、霊隠《りんにん》寺の仏海禅師に参じたという。彼はこの時、仏海に日本仏教の事情を報じて、時の国主が嘉応の年に出家して行真と名乗り、今に至って五年であると言っているから、彼の入宋はあたかも承安三年（一一七三）のことである。行真は、いうまでもなく後白河法皇を指す。国王の出家は、日本仏教としてはすでに長い歴史をもっているが、宋人にとってはおそらく耳新しい事実であったと思われる。覚阿は、その翌年に開悟し、五首の偈を仏海に呈して印証を受け、叡山に帰ってその法を伝え、はるかに嗣法の書を仏海に送ったが、仏海はすでに入寂していたと言う。覚阿は、その前歴も帰朝後の活躍もよくわからない。また、『五灯会元』は中国側の資料であり、禅宗の立場より立伝されている嫌いはあるが、彼が宋代禅宗の最初の伝来者であったことは確かである。中国で編せられた『仏海語録』第三に、「日本国の覚阿に示す」と題する法語を収めており、彼の入宋は中国でも注目されていたらしい。

ところで、栄西の『興禅護国論』の末尾についている「未来記」によると、後に建久八年の八月、博多の張安国なるものが栄西に語って、かつて乾道九年（一一七三）に、彼が霊隠寺の仏海に遇《あ》ったとき、仏海が自分の滅後二十年に至って、中国の禅宗が日本に至るべきことを予言したと言い、張氏が翌年に再び霊隠寺を訪うと、仏海はすでに寂して、仏照徳光がその後に住していたと書いている。栄西が「未来記」を書いたのは、おそらく右の仏海の予言にならって、自己の滅後五十年に至り、日本の禅宗が大いに興るべきを言おうとするものであるが、仏海の予言なるものは、明かに覚阿の嗣法を指すのであり、仏海の後に霊隠に住する仏照のことは能忍の嗣法を暗示する。栄西がそれを明かに言わないのは、すでにこれらの入宋伝法者の間に、法系に関する対立のあったことを思わせる。「未来記」が書かれた建久八年は、『興禅護国論』の成る前年であり、虎関の『元亨釈書《げんこうしゃくしょ》』によると、このころ、栄西と能忍が禅について対決したと言っており、事実、栄西と能忍の禅は、大いにその性質を異にするものであった。それらのことは後に考えよう。

いずれにしても、山を下った人々が奈良・平安の旧仏教と別れをつげて、新しい仏教を摸索し始めたことは確かである。しかし、新しい仏教というのは、実は末法思想を介しての言葉である。末法がこの世の古い価値を標準とするのに対して、新しい仏教はむしろ本来の立場を求めた。それは、この世よりは浄土、顕教よりは密教の本門を価値ありとするものであった。彼等はすべて三国の祖師たちの教えを通して、直ちに仏陀の精神に帰り、さらに阿弥陀仏や大日如来の胸に飛び込む道を拓《ひら》いた。禅と阿弥陀仏や大日を同視するのは厳密でないが、少くとも道元の禅の根底となる本証の思想には、同じ性格のものがある。栄西が生涯を通じて、台密を離れなかったことは、次章以下に考えたい。そうした本覚の立場こそ、実は前代の天台や真言の前提であると言うなら、山を下りた人々こそ、もっとも平安仏教の真髄を生きた人と言える。事実、鎌倉の祖師たちの多くが聖徳太子を讃《たた》えているのは、真の日本仏教の伝統が、この時代に至って初めて自覚されたことを意味する。奈良・平安以来の日本仏教の長い歴史は、ようやく日本人の血肉となったと言ってよい。

　こう考えてくると、平安仏教より鎌倉への移行は、従来言われているような断絶としてよりも、連続発展としての側面にいっそう注意してよいであろう。少くとも、鎌倉新仏教の第一陣と見られる栄西において、そうした特色は最も強い。栄西は、山を下りた面から言えば、確かに新仏教の開拓者であるが、後に考えるように、彼は生涯を通して最澄の仏教の再建を願った人であり、叡山の仏教の最もよき後継者であった。彼の『興禅護国論』は、実は叡山仏教に含まれていた天台止《し》観《かん》の禅を述べようとしたのであり、彼の晩年の禅宗独立の活動は、これに気づかなかった旧仏教が、ことさらに彼を対立側に追いやったにすぎない。

　栄西の仏教のそうした特色を知る手がかりとして、次に鎌倉時代における旧仏教の代表と言われる明恵と対比してみよう。明恵は、叡山には上っていないが、はじめ東大寺に学んだとき、学生の闘諍をまのあたりに見て、ひとり隠遁の地を求め、郷里の紀州と高尾の間を遊行した人であり、彼もまた山を下った「聖」の一人と言ってよい。

インドへの里程

明恵と栄西との直接交渉を伝える説話は、多くは後世の付会であるが、この二人はともに伝統的な戒律と坐禅を尊重し、渡天の願いをもっていた点で、鎌倉仏教の一つの性格を、共通して示すように思われる。

明恵は、幼少よりインドに渡り、まのあたりに仏陀の遺跡を拝したいと願っていた。彼は、人々にそれを告げるとともに、さらに幾度かその実行計画を立てたらしい。今日、高山寺に蔵せられる自筆の行程表によると、彼は、唐の王城長安より中インドの王舎城までを中国里でおよそ五万里とし、これを日本里に当てて、八千三百三十三里十二丁という数字を割出す。さらに彼はこの数字を本として、一日に八里歩けば千日で達するから、正月一日に長安を出ると、第三年目の十月十日に目的地に至ることができ、もし一日七里ずつとすれば、一千百三十日であるから、第四年目の二月二十日となり、もし一日五里ずつとすれば、第五年目の六月十日午刻に到着できると言っている。これらの細心の計算は、彼の渡天の願いがいかに切実であったかを物語る。すでに南宋の中期に当る頃の彼が、なお唐の帝都であった長安を出発の地とするのは、おそらく玄奘《げんじよう》や義浄《ぎじよう》の旅行記によったためであり、ひとしおに彼の慕情の純真さを思わせるが、彼は特にこの「行程表」に注して、

印度ハ仏生国ナリ、恋慕ノ思ヒ抑ヘ難キニ依テ、遊意ノ為メニ之ヲ計ル。

とも記している。明恵の計画は、あるいは彼の病身を案ずる春日明神の夢の告に制せられ、あるいは実際の発病にさえぎられて、結局は実行できなかったが、インドを思う念はつのるばかりであった。彼はついに高尾山を仏陀説法の地に見立てて楞伽山《りようがせん》とし、草庵を花宮殿、羅婆房《らばぼう》などと名づけ、石窟に如来の双足輪の跡を刻して遺跡窟と呼び、常にここに坐禅したと言う。彼がやがて「舎利講式」を作り、涅槃会《ねはんえ》を行うのも、すべて仏国思慕の表われであり、自ら常に「仏陀滅後のみなし子」と称したこととともに、彼の切実な渡天の願いが、末法辺地の弟子としての真剣な反省から出ていることを思わしめる。

かくて、明恵は仏陀の遺跡を慕いつつ、自ら高尾山に坐禅習定《しゆうじよう》し、山中に彼が坐せぬ石はなかったと言われるほどであるが、明恵の禅はあくまで彼が宗とした華厳《けごん》によるものであり、中国の宋朝禅を学んだものでないことは明かである。『明恵上人行状』によると、彼は承久二年に、『坐禅之次第』と『入解脱門義《にゆうげだつもんぎ》』を、翌年に『華厳《けごん》仏光三昧観秘宝蔵《ぶつこうざんまいかんひほうぞう》』等の修禅の書を著しているが、いずれも禅宗のそれではない。ただ、彼に学んだ証定《しようじよう》の『禅宗綱目』になると、唐の澄観や宗密の説によって禅と華厳を一致せしめんとしており、当時すでに栄西等の禅宗の立場が、実際に社会の注目を引いていたことを推せしめ、鎌倉仏教における両者の位置を示すものがある。

ところで、栄西の『菩提心論口決《ぼだいしんろんくけつ》』は、文治二年の冬、第二回入宋の直前の作であるが、彼はその前序に、

濁世は末法を澆《ひた》し、凡心もて仏智を探る。特に陵遅を哀れみ、三国を訪はんと欲す。

と言い、後序に、

予、聖人の大願を発し、西域に趣かんと欲す、解纜《かいらん》の期《ご》におよんで出流を沽《うる》ほはしめんがために、卑拙の決を綴り、末葉に贈らんとす。

と言っており、また『興禅護国論』の宗派血脈門によると、彼はこの時、特に西天の八塔を礼せんと思い、諸宗の血脈や西域方面の地理書をたずさえたと言う。彼の解纜の目的が、さらにインドへの旅にあったことは明かである。もっとも、彼は臨安でインドに渡る旅券を得ることができず、ついにその志を遂げなかったようである。直接の理由は、当時の南宋が一種の鎖国状態にあって、西域交通の安全を保証し得なかったためであるが、もう一つの理由は、あるいはやがて彼が天台山に上り、万年寺の懐《え》敞《しょう》に参じて、臨済の宗風を伝え、大小の両戒を受けたために、ついに入竺の要がなくなったのかもしれない。彼の禅宗相承は、事実上の渡天の願いを満すものであったとも思われる。この点については後にあらためて述べたいが、むしろ、彼が『興禅護国

論』の末尾に、大国説話門の一段を設けて、西天・中華に現に行われる法式の規準を示しているのは、明かに仏陀の遺跡のあるインドと、正法のある中華を同格に見たためであろう。それらは、多く戒律や神異に関するものであるが、彼がいかに西天・中華の地を理想的な大国とし、現在の仏国と考えていたかを示している。中国を仏教の故国とする思想は、後に道元によって最も強められるが、それが真摯《しんし》な日本仏教徒の心情であったのは、奈良以来のことと言ってよい。

栄西は、インドの仏教事情について四項、中国のそれを二十項にわたって説くが、インドの事情はもとよりすべて間接の伝聞である。その一は、まず彼が第一回の入宋を志した時、両朝通事の李徳昭が、さらにそれより六十年前に、東京（おそらく汴京）で一人のインド僧に遇った時の見聞である。その僧は下に単裙《たんくん》を着し、上に袈裟《けさ》をまとうのみで、冬の極寒を越し、もしさらにこの地に留まれば仏制を犯すことを恐れて、その明春にインドに引き上げたというのであり、第二もまた同じく黎州（四川省清渓県）に来ったインド僧が、聖制を守って単衣のままで越冬した話であるが、ここでは、特に彼が神咒《じんじゅ》を誦すると口より光を放ち、これを聞くものの病をいやしたと言っている。栄西はこれを第二次入宋のとき、成都の僧より聞いたとしており、おそらくは、以下すべて第二次渡宋の際の伝聞である。第三は、広州の僧よりの伝聞で、内容は第一第二と大同小異であるが、インド僧が耳を穿《うが》って環をつけていることを特記し、中国僧の威儀のよろしからぬことを附記する。第四は、天台山修禅寺（今の大慈寺）の僧祖詠の語るところで、ビヤリ国なる維摩居士《ゆいまこじ》の方丈が現に存すること、南海の僧常に菩提樹下（おそらくブダガヤのそれである）に観音を巡礼すること、大那蘭陀寺《だいならんだじ》に五千人の僧があって、多く三蔵の仏典を誦すること、仏鉢や商那和修《しょうなわしゅ》の衣が現存すること、および人々が常に仏陀の八塔を巡礼すること等である。これらの見聞が、はるかに日本より入宋した栄西を、いかに感激せしめたかは、十分に想像できる。それは前記の明恵の高尾山における仏蹟思慕と全く同様であると言ってよい。宋初の法賢の訳経のうちに、『仏説八大霊塔名号経《ぶっせつはちだいれいとうみょうごうきょう》』や、『八大霊塔梵讃《ぼんさん》』などがあるところをみると、宋初において仏跡への関心はすでに高かったらしい。

ところで、栄西が、中国仏教の奇特として挙げるのは、大よそ次のごとくである。

一、清涼山《しょうりょうざん》に、文殊《もんじゅ》が獅子《しし》に乗って現ずること（淮南《わいなん》の僧よりの伝聞）。
二、天台山に、生身の羅漢《らかん》がおり、足跡より光明を放つこと。
三、天台山の石橋に青竜が現われ、現われるときは雨ふること。
四、天台山国清寺の聖跡のこと。
五、育王山の舎利が光を放つこと。

六、育王山の池に鰻《うなぎ》が現われ、現われると必ず雨ふること。
七、僧の威儀乱れざること。
八、寺中寂静なること。
九、多く灰身（入定）の人あること。淳熙十六年の春、象田寺の僧が灰身し、今に至って十年なること。
十、僧は多く死の時期を知れること。
十一、俗人の菩薩戒を持すること。
十二、童子の五戒を持すること。
十三、道俗の無我なること。
十四、東掖《とうえき》山の普賢の光を放つこと。
十五、仏殿は生身の仏のいますがごとくであること。
十六、経蔵や僧堂は荘厳にして浄土のごとくなること。
十七、帝王は必ず菩薩戒を受くること。
十八、僧の田業を営む者の無きこと。
十九、畜生に多く人情あること。
二十、官の法は人民を邪枉《じゃおう》せざること。

右の中国仏教の奇特は、インドのそれと異って、栄西の直接の見聞であるが、それらは、彼の当時の叡山仏教で、おそらくすべて反対であったことを、いとも容易に察せしめる。彼は右の二十項を挙げた後に、当時の日本人が常に、

インドや中国は、仏法すでに滅し、我が国のみ独り盛大である。

と言うが、実はそうではなくて、インドでは歴代の国王によって、仏陀や仏弟子の遺跡が保存されていることを強調する。唐の貞観年中に玄奘がインドに渡ったとき、仏蹟は多少は埋もれながらも厳存したのだから、今すでに滅したはずがないではないかと言っている。さらに注目すべきは、その後に続いて、逆に、インドや中国は殊勝の地であるが、日本は辺地であるから、真の持戒や証果《しょうか》の人が出ようはずがないとする意見に対して、栄西は、それもまた誤りであるとする点である。彼は、幾度か『大般若経』に、仏滅度の後五百歳に当って、この経が東北方で大いに仏事を興すとあるのを引き、東北方とは正しく日本を指し、般若は禅宗の意であるとして、天竺、大唐と我が国とを地勢によって分つべきでないと強調する。さらに前記のインド僧の単服越冬のことにふれて、証果は必ずしも威儀《かいぎょう》をからず、あくまで慇懃《いんぎん》なる真修によるべきであるとして、皇慶《こうげい》や延殷《えんいん》等の山門の先輩の戒行全備の事実を挙げ、仏制の形式的な強要を戒め、源信の『一乗要決《いちじょうようけつ》』を引いて、

日本一州は円機純熟し、朝野遠近みな一乗に帰す。

と言っている。これらの持戒の問題は、栄西の仏教の本質を考える上に重要であるから、別にあらためて検討したいが、ただここで言えることは、栄西が、インドや中国の仏教の奇特を称揚したのは、実は右のような日本仏教の新しい創造を願ってのことであり、単にひとり「吾が土の利を捨てて、異域の法水に潤《うるほ》はん」とするものでなかったという一事である。栄西にとって仏陀の故国は、他の鎌倉仏教の祖師と同じく、実は日本であったのである。

菅原通済氏の常盤山文庫に、「栄西禅師東に帰る図」と伝えられる一巻がある。中国に学んだ日本の高僧が、船出するのを見送る中国文人たちを配した水墨である。詩を題している鍾唐傑《しょうとうけつ》と竇従周《とうじゅうしゅう》の二人は、ともに朱子の門下と言われ、日本僧が夙《つと》に最上乗を悟り、中華の仏教を慕って名山を巡礼し、共に詩を語って臭味を同じゅうしたことを詠じている。この図が実際に栄西の東帰を画いたものかどうかは、必ずしも明かでないが、当時すでに日中両国の間に、禅を中心とする密接な文化交流が始まっていたことは確かであり、この図は、やがて後に開かれる宋朝禅の大がかりな日本移植の事実と、その歴史的意義を暗示するものをもつ。後に、全く同じ趣旨の作品が、大応の入宋について伝えられ、『一帆風』と題して現存している。かつて、六朝時代の中国が、インド仏教の新しい故国であったように、鎌倉以後の日本は、中国仏教の第二の故国となるのである。

二　葉上の流れ

入宋沙門栄西

栄西が備中吉備《きび》津の宮（現在の岡山県岡山市）に生れたのは、永治元年（一一四一）四月であり、あたかもそれは隣国の美作《みまさか》稲岡の荘で、法然の父漆間時国《うるまのときくに》が、明石定明《あかしのさだあき》に殺された年である。九歳の法然は「敵をうらむなかれ」という父の遺言に従って、この年より出世間の道をふみはじめる。後に鎌倉新仏教の第一陣をくりひろげる二人の偉人は、こうして山陽の地に誕生し、相いついで叡山に上る。法然と栄西は、後になると、それぞれ専修念仏と禅宗の祖として、全く異質の人のように見られるが、いずれも共に平安末期の叡山の仏教に密着している点で、かなり共通したものをもつ。ついでに、永治元年という年を標準として他の人々を見ると、西行《さいぎょう》は二十四歳、文覚《もんがく》は二十二歳、俊乗房重源《ちょうげん》は二十一歳、前に記した天台座主明雲は二十七歳である。さらに、慈円の誕生は栄西におくれること十四年であり、彼等が同じ空気の中にいたことは確かである。

栄西の伝記は、有名な虎関師錬の『元亨釈書』の巻二にあるものが最も古く、次いで『黄龍十世録』に収める「明庵西公禅師塔銘」や、近世になって書かれた「千光法師祠堂記」、「東山禅窟祖師年譜」などがあり、別に、『延宝伝灯録』、および『本朝高僧伝』の伝もあるが、それらはすべて日本禅宗の開祖としての立伝である。それはもとより当然であるが、鎌倉仏教の第一陣としての栄西の前半生は、むしろ台密の僧としての性格が強い。叡山で、後に彼を葉上流の祖と呼ぶゆえんであり、栄西の禅宗は、そうした密教の背景なしには考えられぬ。事実、彼の『興禅護国論』以外の多くの著述は、すべて密教や戒律に関するものであり、そうした傾向は『興禅護国論』にも入りくんでいる。ここでは、まず『興禅護国論』以外の台密関係の著作の成立を追いつつ、栄西の生い立ちを見ることにする。

栄西、幼名は千寿丸、十一歳のとき、父の友人であった吉備郡安養寺の静心に師事するが、この人は三井寺に学んだ台密の僧である。十八歳のとき、静心が死んだため、その指示によって法兄の千命に従っている。この間に、叡山で得度《とくど》して有弁に師事し、栄西と名乗るが、在山すること前後四年で、やがて二十二歳のとき、疫病の流行のために、故郷の父母を省し、伯耆《ほうき》の大山の基好を訪ねている。栄西が後年に書いた

『教時義《きようじぎ》勘文《かんもん》』の序には、

小僧某、生年十八にして、始めて秘教の門に入り、三十七歳に至つて敢《あ》へて倦《けん》情《じやう》なし。（『渓嵐拾葉集《けいらんじゆうようしゆう》』四十六）

と言っているから、静心、千命、有弁等が、いずれも密教の師であったことは確かである。さらに、当時の大山は、住僧三千を越え、叡山と並ぶ霊場である。栄西の台密相承は、主としてこの基好によるのであり、二人の関係はかなり後年に及んでいる。多賀宗隼氏の『栄西』によると、「八五」と呼ばれる胎金両部最深秘密の法印が、基好より栄西に付属されたのは、建久九年（一一九八）一月十一日である。それは正しく『興禅護国論』が書かれた年であり、栄西の五十八歳の年に当る。栄西にとって、密教と禅宗は最後まで平行していたのであり、彼は一生を通じて、密教を離れたのでもなければ、密教が禅の方便であったのでもない。また、栄西はこの前後のころに、叡山の顕意より台密の灌頂《かんじよう》を受けたというが、それがいつどこにおいてかは確かでない。むしろ、明かなことは、顕意と基好が共に頼昭の穴太《あのう》流に属し、頼昭が谷阿闍梨《たにのあじやり》皇慶《こうけい》に嗣《つ》いでいることであり、栄西が皇慶に対して特別の敬意を払っていたことは、すでに前段にみたように『護国論』にもうかがわれる。後に栄西の『菩《ぼ》提心論《だいしんろん》別記』の何人かの奥書や、『渓嵐拾葉集』が、栄西の密教を穴太流と呼ぶ所以《ゆえん》であり、さらに栄西以後の密教を葉上流と呼ぶのは『渓嵐拾葉集』以来の説である。栄西が自ら葉上房と名乗ったのは、かなり早年のことのようであるが、それは『梵網経《ぼんもうきょう》』に説かれる千葉上の釈迦仏に基づく。この経典が叡山の仏教にとってきわめて重要であったことはいうまでもない。後人が書いた『興禅護国論』の序その他で、栄西が文治元年(一一八五)に後鳥羽天皇の勅によって、神泉苑で雨を祈り、苑中の葉上の露中にことごとく彼の像が影じたことから、葉上の号を賜り、さらにのちに入宋のとき、勅によって除疫を祈った験《しるし》により、特に千光大法師の号を与えられたとするのは、おそらく共に付会である。

ところで、栄西が入宋の志を抱くのは、おそらく叡山においてであり、それは伝教以来の山門の仏教が、長い自花受粉の結果、保守的、閉鎖的な自己満足に陥っているのを見て、直接に祖師の道の源流を大陸に探ろうとしたのであろう。後年の『日本仏法中興願文』に、

求法渡海の絶へてよりここに三百余年、遣唐使停まりて又た二百余年、ただ古実の漸《やうや》く訛謬《くわびう》するのみならず、また墜文を復することも永く得ず。我が国はたとへ法蔵に富むも、何ぞまた一句の墜《お》ちたるを悲しまざらん。

と言っている。この文章は、彼の入宋の目的がどのへんにあったかを証明する。仁安

三年、二十七歳の栄西は、待望の中国の土をふむ。このとき、大陸に滞在したのは四月より九月に至る半カ年で、わずかに明州育王山と台州天台山その他を巡礼したのみで、たまたま天台山で出会った重源に伴われて帰途につくが、さっそくに叡山に上り、天台の新章疏《しょうしょ》六十巻を座主明雲に献じている。また、このとき栄西は「大蔵経」への関心を起したようであり、後に彼が住した今津の誓願寺に、宋版大蔵経を輸入する計画を立てたのも、おそらく第一回入宋の経験によるものらしい。

第一回の入宋によって、栄西が中国の禅宗について知ったことは確かである。彼は帰朝ののち、安然《あんねん》の『教時諍論《きょうじじょうろん》』や、円珍の『教相同異』を読み、さらに伝教の『内《ない》証仏法相承血脈譜《しょうぶつぽうそうじょうけちみゃくふ》』によって、すでに叡山に禅宗の稟承《ひんしょう》あることを知った。これが入竺の志とともに、第二回入宋の願いをさらにかき立てたのである。

しかし、第二回入宋までの二十年間、彼の関心はいぜんとして台密にあった。特に、すでに渡宋巡礼の経験を得た栄西は、いよいよ叡山の仏教に対する自信を強めたと思われる。現存する著述は、ほとんどこの期間のものであり、今後さらに発見の可能性もある。主なものを今日の仏教双書の中から拾うと、

『出纏大綱《しゅつてんたいこう》』一巻（日本大蔵経、天台密教章疏三）承安五年（一一七五）三十五歳の作

『教時義勘文』一巻（右に同じ）安元二年（一一七六）三十六歳の作
『菩提心別記』一巻（右に同じ）治承三年（一一七九）三十九歳の作
『菩提心論口決《ぼだいしんろんくけつ》』一巻（大正蔵七十）文治三年（一一八七）四十七歳の作

等であり、この間に安元元年（一一七五）三十五歳の時に、九州太宰府《だざいふ》の今津に誓願寺を創して、「誓願寺創建縁起」を撰し、さらに治承二年（一一七八）には同寺に一切経を設けるために盂蘭盆会《うらぼんえ》を修し、法華経を写して講演し、「今津《いまづ》誓願寺《せいがんじ》盂蘭盆一《うらぼんいっ》品経《ぽんぎょう》縁起」を撰している。この二文は栄西の自筆が同寺に現存する。また前記の著作も、『出纏大綱』のほかはすべてこの寺で書かれたのであり、彼が宋より帰朝して、しばらく郷里を中心として両備の地に化を敷いたのち、約十年にわたって、長くこの地に留ったのは、おそらく第二回の入宋を期してのことと思われる。前に記したように、栄西は文治元年に後鳥羽天皇の勅を受け、神泉苑で雨を祈ったと言われるが、むしろこの前後の時代は、源平の合戦の最もはげしい時代であり、平重衡によって東大寺が焼かれ、重源がその再建の勧進回国を始めた頃である。また、京洛の人々が大火や地震やつむじ風などの天災地変によっておびえたっていたことは、すでに鴨長明が伝えている。当時の栄西の関心は京都よりも入宋もしくは渡天にあった。この頃、西辺の地で彼はひたすらその機を待っていたのである。彼が文治三年の正月一日、解纜《かいらん》のせまる直前に、今津誓願寺で『菩提心論口決《ぼだいしんろんくけつ》』を書きおわったことはすでに述べた。壇ノ浦に平家一門が入水した寿永二年（一一八三）の冬十四日、同じ僧房で記した『往生講私記《おうじようこう》』の奥書もあり、又これより先、文治と改元される元暦二年（一一八五）の二月十四日、彼が誓願寺の大檀那寛智と女檀仲原氏の太子のために、四カ年の功を畢《おわ》ると奥書した『観普賢経《かんふげんきよう》』一部十軸もある。彼はこの十数年間、今津を離れることはなかったと思われる。

ところで、文治三年、四十七歳の栄西は、再び待望の入宋のために博多をたつ。それがさらに宋よりインドをめざすものであったにかかわらず、はからずも天台山禅林寺で虚庵懐敞《こあんえしよう》に遇い、ついにその法を嗣《つ》いだことについてはすでに見た。この入宋によって、後に日本禅宗の独立が導かれることは、あまねく知られるとおりである。特にこの時の大陸滞在は、前後を通じて五年に及び、彼による天台山の堂塔の復興事業や、天台山の菩提樹、および茶種の将来など、後年の活躍に関係する事件がかなり多い。また、彼が直接に宋朝仏教の持律精神にふれて書いた『出家大綱』の構想も、すでにこの時に始まっている。栄西の仏教は、こうしてようやく新しい変貌を示し始める。栄西における叡山の密教と中国の禅が、やがてどんな展開を示すかについて、ここで節をあらためることにしよう。

密教の菩提心

栄西の前半生における仏教の中心は、一言につくすならば菩提心にある。彼が治承三年(一一七九)、三十九歳のときに記した『菩提心別記』には、

余は少年のときより顕密の法を学んで、菩提心を求め、法門の肝要を究めるべく、善知識を尋ねた。それは、顕密ともに地蔵を心源とし、内外ともに不動を実際とするものである云々。

と言っている。菩提心は、もとより仏道修行の決意であるから、いずれの仏教にも共通するが、栄西の場合、それが大日経所説の地蔵菩薩と不動明王の念持を前提することは、右の文によって明かである。今、彼の最初の著作である『出纏大綱』によって、その主張をうかがってみよう。この書は、承安五年(一一七五)の春、おそらく備前の日応寺で書かれ、「渡宋巡礼沙門　智金剛栄西記」と自署しており、ここに栄西のこの書に対する抱負をうかがうことができる。この書は、栄西が自覚的に自己の仏教について述べた最初であり、彼の仏教の出発点を示すものである。栄西は言う。

竊《ひそ》かに思うに、仏の道は、ほかでもない、天地自然の理そのものであり、菩提は、遠くにあるのでなくて、真俗が共に拠《よ》るところの道である。もし、菩提心を発し、

ネハンの悟りに達しようと思う人は、五智の本質を知らねばならぬ。そのために龍猛菩薩は、木火金水土の五行を春夏秋冬土の五方に配し、金剛、宝、蓮華、羯《かつ》磨《ま》、仏の五部マンダラによって、大円鏡智、平等性智、妙観察智、成所作智、法界体性智の五智を示されたのである。これは真俗二諦の立場より自然法爾《じねんほうに》の不思議を語ったものである。

栄西は、われわれが生れながらにもっている菩提心を開発して、煩悩《ぼんのう》の纏縛《てんばく》を脱し、ネハンの悟りに入る道程を、春夏秋冬の四季と土用に配し、これを出纏と呼ぶ。それは、春風によって万物の種子が発芽するように、全く自然のなりゆきだからである。彼はこの書の中で、出とは出入なき出入の意であり、われわれの心がそのまま仏なるを悟ることであるとする。ここにはすでに、後年の『興禅護国論』の一心の立場に通ずるものが見られるが、密教の念持の立場から、顕教の禅への発展はやはりなお問題が残る。むしろ今は直接に彼が龍猛の『金剛頂宗菩提心論』によっていることによってもわかるように、それが真言の三密瑜伽《さんみつゆが》や阿字観《あじかん》の立場を前提していることに注意したい。それは、前引の『菩提心別記』や、『菩提心論口決』を一貫するもので、栄西の前期の仏教の綱格をなすと言ってよい。

ところで、『出纏大綱』の構成は、大よそ次のような図式を予想している。

春	東	木	発心	阿閦・普賢	大円鏡智	金剛
夏	南	火	修行	宝生・虚空蔵	平等性智	宝
秋	西	金	菩提	弥陀・文殊観音	妙観察智	蓮華
冬	北	水	涅槃	釈迦・弥勒	成所作智	羯磨
土用	中	土	四徳和合	大日・般若	法界体性智	仏

これは実に見事な人間マンダラの思想と言ってよい。こうした配当は、実は栄西の最後の著作である『喫茶《きつさ》養生記《ようじようき》』の五臓和合門にも見られ、彼が生涯を通じて密教の立場を離れなかったことを思わせる。特に、今は発心《ほつしん》より涅槃《ねはん》に至る四徳が、最後に大日如来の随自意なる自受法楽の世界に綜合されていることに注意したい。彼は大日を心王、衆生を心数に配し、五方をすべてわれらが心上にありとして、次のように説明するのである。

かくてわれわれがそのまま大日如来である。今、われわれが、この観（阿字本不生の観）をなす時、ただわれ一人が、蓮華蔵世界の法界空殿に坐し、心数のために三密平等の真言の教えを説くのである。今や、彼の語る言葉は真言であり、身の動作は密印であり、心に念ずるところすべて平等句である。われのほかに別の仏があるのではない。妄執すれば塵労（まよい）となり、覚悟すれば相海（差別のままの悟り）である。迷う故に、一の穢身《えしん》が娑婆《しゃば》にあるかと思い、達観すれば万徳の身が華蔵世界にあるを知る。

これは明かに如実自知心の意であり、台密伝統の本覚法門の立場である。それは、吾がほかに仏なく、仏のほかに吾なき自性法然の説である。

事実、栄西は次のように言っている。

いったい、阿字本不生の室の中には、妄執虚偽の夢は早く覚め、六大法身の膚体には、顚倒分別の衣服はすべて無用である。衆生の起す真俗の智慧と、諸仏の説く二諦の法は、すべて般若菩薩の因中の智の表われならぬはない。心あらんもの、この意を念ずれば、必ずその守護を得るであろう。菩提心の真義について、龍猛菩薩は次のように言われる。

「もし仏の智慧を求めようとする人は、
菩提心に通達するがよい。
父母の生んだ肉身のままで、
すぐさま妙覚の位を証するのだ。」

真言の即身成仏の説は、もとより加持《かじ》や祈請の事相を前提する。阿字観は、親しく伝灯の阿闍梨《あじやり》の指導によらねばならぬ。あくまで口決が尊重される所以である。特に、ここに引かれている龍猛の偈《げ》は、実は空海の『即身成仏義』においても、その根拠とされるものであり、即身成仏や即事而真の説が、広く平安仏教の課題であったことは周知のごとくである。栄西の前期の仏教が、それらの忠実な継承であることは言うまでもないが、彼の即身成仏説は、こうして顕教を密教よりも劣れるものとするのではなく、顕密平等の立場を前提するのであり、それは内容的には事理倶密たる金胎一如の世界への純化を意味する。先の図式に見られるように、五智は同じく毗盧遮那《びるしやな》如来《にようらい》の六大無碍《むげ》の空輪の内にある。五部、五智、五輪、六大は、互いにわれわれの心中に具して、不動不退であり、色空不二である。栄西は後に、『菩提心論口決』を撰して、龍猛の、行願、勝義、三摩地《さんまじ》の三種菩提心を論じ、それらの一異の問題をとり上げる。

行願菩提心とは、生きとし生ける者がすべて如来蔵の性をそなえ、無上菩提に安住するに堪忍なるを知って、妄想を離れるとき、直ちに一切智、自然智、無礙智が現前するのを言う。それは実践的には、一切衆生の畢竟《ひつきよう》成仏の理を知るが故に軽慢の心を生ぜず、大悲心を起して身命を惜まず、一切万行を修してその救済につくすことである。次の勝義菩提心は、一切法の無自性なるを観ずる空観であり、覚悟するにしたがって、一切の法執を離れる意である。最後の三摩地菩提心は、密教独自の立場であり、自己の心中に日月輪、および大日の内証たる三十七尊を観ずるもので、内容的には前に『出纏大綱』によって挙げたものに相当する。しかも、『菩提心論口決』では、前の二者が最後の立場に綜合されるとともに、最後のものによって前の二つが生かされてくるのである。三種菩提心をもって、共に真言独自の説とする所以である。

以上によって、栄西の前期の仏教が、独自な真言の菩提心の追究とその深化にあったことを知るが、さらにこれと関連するのが、栄西の仏身に関する一切仏一仏の説である。それは、主として『教時義勘文』に主張される。この書は、彼の三十六歳の年の作で、『出纏大綱』の書かれた翌年に当り、台密の大成者五大院安然の『真言宗教時問答』四巻より、仏身に関する論議を抽出して、自説を加えたものである。

『真言宗教時問答』四巻は、言うまでもなく真言の事理倶《じりく》密金剛乗《みつこんごうじょう》の立場を明かす教相の書である。まず絶対の一仏一時一処一教の四一を立てて、一切仏教の中に真言宗のみが独りこれに当ることを説き、次に相対的に、一切仏一仏、一切時一時、一切処一処、一切教一教なるを説き、諸宗を摂《おさ》めて真言に終帰せしめようとするもので、それは典型的な本覚法門と言ってよい。なかんずく、顕教の法身不説法の説に対して真言独自な自性身の説法を主張するところに、この書の中心があるのであり、栄西がとり挙げているのもこの点である。いわば、栄西の『教時義勘文』は、自性教主の証拠を安然の書に求めることによって、大日如来の随自意自受法楽の立場を明かにしたのであり、それが前述した自性法然の菩提心の深化であることは言うまでもないが、言うならば、それは絶対を相対の場に転ずることによって、仏の三身もしくは四身のすべてを法界体性智とするのみならず、四身が互いに四身を具し、さらに四智や四種曼荼羅を具する主伴の関係を明かにしようとするのである。

こうして栄西は、自性一仏のほかに他身なき真言の主張を明かにする。それが、大日如来の加持や瑜伽《ゆが》三摩地《さんまじ》の行相を前提することはすでに見たごとくであり、密教の行者としてはもとより当然である。しかし二度目に宋より帰った栄西は、これらの密教の修行よりも、しだいに斎戒や持律を強調するようになる。それが直接に大陸仏教に触れた栄西の新しい出発であったことは言うまでもない。

『元亨釈書』は、栄西が初めて虚庵を訪うたときの様子を、次のように伝える。

虚庵問う、「日本では密教がはなはだ盛んだと聞く、宗旨の始終を一言で尽すとどうか。」

答えて云う、「始めて発心のとき、直ちに正覚を完成し、迷いを捨てることなしにネハンに至ります。」

虚庵云く、「汝の言うところは、全く我が禅宗の旨と同一である。」

栄西は、これより心を尽して参禅につとめた。

栄西の参禅は、日本における密教の学習の深化であり、虚庵はこれを承認したのである。栄西が虚庵より新しく学んだものは、むしろその持律の生活であった。

日本仏教の中興

栄西が、持律の人と見られていたことは有名である。『源平盛衰記』第四十四に、当時の「ことわざ」を挙げて、

智慧第一は法然房
持律第一は葉上房
支度第一は俊乗房
慈悲第一は阿証房

と言っている。平安末期における仏教の衰退が、多くの僧徒の破戒や無戒の事実によって痛切に実感されていたことは、すでに『末法灯明記』にうかがわれる。それは単に僧徒の倫理性の問題であるよりも、日本仏教そのものの根本的な反省を促すもので

あった。伝来の当初より、国家有用の宝として受容された日本仏教において、出家者の戒律の純粋な追究はきわめて困難であった。それらの問題は、後にあらためて考えよう。

周知のように、末法の時代にふさわしい専修念仏の教えが、人々の宗教心の根底にひそむ自力の無意味を知らせたのもこの時代であり、逆にひたすらに持戒持律に徹することによって、日本仏教の再興を叫ぶ復古の人々も出現した。後者は多く旧仏教の側に属したが、栄西、道元に代表される禅宗では、すべて戒律を重視し、独自の菩薩戒を主張した。栄西が宮廷や公家、武家と結び、自ら大師号の下賜を要求したり、鎮護国家や、王法と仏法の一致を説いたことは、いかにも彼が世俗的な関心にのみ生きていた人のごとく、よく清潔無比の生涯を貫いた明恵に比して、はなはだしく不評であるが、彼が持律持戒の人であったことは確かであり、彼は晩年の『斎戒勧進文』に、

栄西ひそかに梵行を修し、遙かに正法を伝へ、末代の慧眼を開かんが為めに、奏聞を経て施行を被りおはれり。

と言っている。王法と仏法の問題は、持戒の運動と関連して、彼の仏教の本質を見る上にきわめて重要である。

栄西が第二回の入宋によって、天台山禅林寺の虚庵懐敞より臨済の宗旨を伝えたこ

とは明かであるが、彼はそれを扶律《ふりつ》の禅とする。いわば彼の禅宗は戒律を初門とするのである。『元亨釈書』が、栄西の禅を以て大日能忍《だいにちのうにん》等の禅と異るものとするのも、両者の戒律に対する見解によるもののごとくである。栄西は入宋のとき、虚庵より黄龍の禅とともに、四分戒、および菩薩戒を受けたことを『興禅護国論』に自ら記している。帰朝ののち、禅による新しい仏教運動の開始にあたって、彼は叡山の旧仏教の反対にあったとき、それが旧仏教に反する新しい宗派を開くものでないことを弁じたのが『興禅護国論』であり、やがてまたそれが叡山の仏教の源流たる伝教大師の精神に復帰するものであることを主張して、『日本仏教中興願文』を著すが、彼がこの両書に強調するのは、すべて持律の精神である。無住の『雑談集』九は、栄西を以て「持斎の中興なり」とする。それが、叡山の台密と本質的にどうつながるかは、かなり困難な問題であるが、栄西はそれがあくまで伝教の精神に合するものと信じたのである。彼は、建仁寺をどこまでも延暦寺の末寺とし、禅とともに止観・遮那の二院を併せ置いたと言われる。それらはおそらく叡山の圧迫に対する便宜的な処置であるよりも、むしろ栄西の仏教そのものの本質であったと思われる。彼は、『日本仏教中興願文』に、

小比丘《びく》栄西、此の陵退を救はんが為めに、身命を忘じて両朝に遊び、如来の戒蔵

を学び、菩薩の戒律を持す、先づ門徒に勧め、漸に疎人に及ぶ。望み請ふらくは、慈恩の自利利他に住し、賢慮の沙門を誘進し、比丘を勧励して、梵行を修し戒律を持たしめんことを。

と言っている。又、彼が二度目の在宋の間に計画した『出家大綱』は、明かにその具体的内容を証明する。彼はこの書にはじめて自ら菩薩比丘栄西と名のる。それは、『日本仏教中興願文』の末尾にも用いられており、晩年の『喫茶養生記』の初稿に、入唐律師栄西とあるのにつながる。栄西が戒律を宗とするのは、伝教の大乗戒の精神を継承するものではあっても、明かに入宋を機とする変化であった。栄西が『日本仏教中興願文』を書いたのは、元久元年（一二〇四）の夏であり、時を同じくして『斎戒勧進文』を作っている。いずれも、鎌倉寿福寺での筆であり、『興禅護国論』が書かれてから、すでに七年を経て、彼の門下はすでに二千に及びつつあったという。第二回入宋以後、栄西の後半生を貫く関心は、戒律の再興にあったと言ってよい。栄西の『出家大綱』は、すでに見たように第二回入宋中に計画され、その序文が書かれたのが、建久六年（一一九五）であり、全体の完成は正治二年（一二〇〇）の正月である。このかなり長い年月は、彼がこの書にかけた情熱を物語る。もちろんこの間に、彼は主著と言われる『興禅護国論』を書いているが、両者の戒律に関する考えは全く一致する。『興禅護国論』の禅宗支目門第八は、全く大国現行の『禅苑清規《ぜんえんしんぎ》』による生活規範であり、『出家大綱』は、その経律による裏付けである。この両書は、彼の構想する新仏教教団の清規であった。『元亨釈書』によると、彼は二度目の帰朝ののち、建久二年の八月、戸部侍郎清貫の創した小院で、始めて禅規を行じたと言う。それが大陸の戒律によるものであったことは明かである。

ところで、『出家大綱』は、その題名の示すように、出家者のよるべき戒法について述べるとともに、当時の仏教に対する批判を含んでいる。たとえば、今、世間では在俗のままで出家する人を入道と呼んでいる。入道とは言っても、真の仏法に入るのではないから、不入道と言うべきである。また世間では僧侶の遁世する人を聖人と呼んでいるが、真の聖法を学ぶのでないから、非聖人と呼ぶべきである。すべて、仏法は長斎であり、聖法は持戒のほかにあり得ない。と言っている。在家の入道は、おそらく平清盛や鴨長明の出家を指し、出家の遁世は、法然や親鸞の新仏教を思わせる。いずれの行き方にも理由のあることではあるが、栄西がそれらをともに正法とせず、長斎と持戒の生活を守ろうとしたことがわかる。栄西は『出家大綱』の中で、「仏法は斎戒を命根とする」ことをくりかえし述べ、『斎戒勧進文』には、斎とは非時に食せざることであり、戒とは菩薩戒であると言っている。

いったい、栄西が、出家の斎戒の規準とするのは、主に義浄三蔵の『南海帰寄内法伝《なんかいききないほうでん》』、および『有部律《うぶりつ》』である。それは長い歴史的変遷のうちに、いつかくずれ去った日本仏教の戒律を、仏教の本来の姿に返そうとするものであり、義浄が唐初に新しくインド仏教の戒律を伝え、則天武后の信任を得て、中興の革命をなさしめたのに比して、栄西自ら中国大陸の戒律を新しく受け入れることによって、日本仏教の中興を目ざすものであった。栄西にとって、戒律の中興は、直ちに仏教の中興であった。事実、栄西が出家の道として挙げるのは、衣食と行儀の二つであり、行儀というのは、行は戒行《かいぎょう》であり、儀は律儀である。さらに、前者を比丘戒と菩薩戒に分ち、後者を俗律と道律に分つ。彼が小乗的な比丘戒や律儀を説くのは、「其の情を取らず、ただその戒を取る」ためであり、「外に声聞の威儀を学び、内に菩薩の慈心を持つ」ものであり、「外は律儀もて非を防ぎ、内は慈悲もて他を利す、これを禅宗と謂《い》ひ仏法と謂《い》ふ」のである。彼が日常の衣食住の生活の一挙一動を、微細に規制するのは、戒に大小乗の区別を見ぬ立場であり、伝教の一向大乗のそれとかなり異った性格のものである。彼は、菩薩戒を説明して、

衆生に対して憎愛の差別なく、仏法に対して大小乗の分別を離れ、行ずべきを速

かに行じ、学ぶべきを直ちに学んで、是非を争わず、ただ菩薩の精神を心にかけ、
人天の福田となるのが菩薩戒である。

と言い、戒はその大小を是非するところにあるのではなくて、ただそれを行ずるか行じないかにあるとする。しかし又彼は、当時、伝教大師の別授菩薩戒を不正とするものがあったのに対して、迷中の是非は是非ともに非であり、夢中の有無は有無ともに無であって、もし別授菩薩戒が非ならば、その戒を受けその戒を行ずる人の問題でこそあれ、これを是非する人にかかわることはないと論ずる。

こうして、栄西の戒律再興の願いは、黄龍の禅の伝来を含めて、当初はひたすらに伝教大師の仏教の継承をめざすものであったにもかかわらず、しだいにそれは日本仏教そのものの中興であり、新しい時代に応じた正法の建立という意味をもつに至る。それは、出家の行儀を古きにもどすという、復古の運動でありながら、事実上はやはり新しい日本仏教の開創以外の何ものでもなかったからである。栄西その人の個人的な心情のいかんにかかわらず、時代はすでに彼に新仏教を求めていた。栄西を鎌倉新仏教の最前線に立たせたものは、ほかならぬ叡山の禅宗停止令の奏上であり、これに対して栄西が自己の立場を明かにした『興禅護国論』の誕生である。あたかもそれは、法然が『選択本願念仏集《せんちゃくほんがんねんぶつしゅう》』を書いたのと同年であり、源頼朝が幕府を開いた年より、

ともに六年の後である。古代はすでに終り、新しい中世の開幕がにわかに始まっていたのである。新しい仏教は、法然の念仏や、栄西、道元の持戒の主張が端的に示すように、行住坐臥《ぎょうじゅうざが》を通じての生活の仏教であり、行の仏教であった。日常生活の実践を離れたとき、新仏教ほど無意味な観念論はないであろう。

三　大いなるかな心や

『興禅護国論』の成立

建久二年（一一九一）の七月、宋より帰った栄西は、なおしばらく今津の誓願寺に住《とど》まり、ここを中心として活動していたようである。今日、彼の開創と伝える寺院がかなりこの地方に存し、この時代における彼の仏教の新しい動向をうかがわしめる。あたかも彼の五十一歳より五十九歳に至る間であるが、彼はそれらの新設寺院で禅規を行じ、菩薩大戒の布薩《ふさつ》を始めている。建久六年に建立された安国山聖福寺（現福岡市御供所町）は、扶桑《ふそう》最初の禅窟と呼ばれ、すでに彼の禅宗独立運動の抱負を示す。

しかし、『百練抄』巻十、建久五年七月五日の条には、

入唐上人栄西、在京上人能忍等、達磨宗を建立せしむるの由風聞す、停止せらる可きの旨、天台宗の僧徒奏聞すと云々。停止に従う可きの趣き、宣下せらる云々。

とあり、栄西の禅宗興行は、すでに叡山の反感を買うに十分であった。あたかも、こ

の時の天台座主は、『愚管抄』の筆者慈円であり、後に栄西が大師号の下賜を乞うたとき、これを退けたのも彼である。もっとも、叡山による達磨宗停止の奏聞は、直接にはおそらく在京上人能忍の活動に対するものである。彼は、筑紫博多の出身で、早年より叡山に学び、大日房と号した人、おそらくは栄西より先輩であろう。彼は自ら習禅して悟境に達したが、明師の証明なきを思い、文治五年（一一八九）の夏に至って、弟子二人を遣して入宋せしめ、育王山の拙庵徳光にその見解を呈し、印可の証として、法衣、道号、および附賛の達磨と拙庵の頂相《ちんぞう》を得、のちに摂津水田（現吹田市）に三宝寺を創して、達磨宗を宣揚した。大日能忍の達磨宗は、当時、かなりの流行を示したようで、栄西の『興禅護国論』に、すでにこれについて批判するところがあり、能忍の達磨宗より出て、のちに道元の弟子となった人に懐奘《えじよう》や義演があることは周知のごとくである。さらに、日蓮の『開目抄』、および藤原定家や鴨長明がともに達磨宗について論じているところを見ると、それが和歌の新しい動向にも影響していたのであり、旧仏教としては黙視し難いものがあったにちがいない。

栄西と能忍が、直接に相知ることがあったかどうか、史実的には確かでないが、京都に近い三宝寺の達磨宗と、博多の栄西の活動とが、あたかも時を同じくして、旧仏教を刺戟したことは明かである。『元亨釈書』によると、当時筑前筥崎《はこざき》の良弁《ろうべん》なるも

のが、栄西の禅宗を攻撃したという。栄西もまた『興禅護国論』の末尾に、

> 宝積経《ほうしやくきやう》に云く、「戯論諍論の処には、多く諸の煩悩を起す、智者は応《まさ》に遠離すべし、当《まさ》に百由旬を去るべしと云々」と。西府に謗家有り、東洛に障者有り、避けんと欲するに百由旬の地無し、省せんと欲するに身は智者に非ず。当に之を如何せん。須《すべか》らく再び巨海を渡り、迹を台岳の雲に晦《くらま》さんとすべしと雖《いへ》ども、唯《た》だ恨むことは、吾が土の利を捨てて、異域の法水に潤ほはんや。
>
> 無浄三昧経に云く、「若し人、我れに大慧有りと称して、一切の坐禅人を軽んじ毀《そし》らば、三千世界の人を殺すが如く、其の罪の甚だ重きこと、斯《こ》れよりも過ぎたり」と。
>
> 姦人と妨者と、自ら此の罪を得るは、亦《ま》た朝家の為めに以て益する無からん。予誤つて其の根源と為ること、また悲しからずや。

と言っている。やがて、栄西が鎌倉におもむくのは、このような京洛と九州における対立を避けるためであり、『興禅護国論』は、まさしくそうした旧仏教の誤解に対する弁明の書であった。彼がこの書を完成したのは、建久九年戊午の年（一一九八）である。当時、栄西がどこにいたかは明かでないが、この書は何よりも公家に訴えたものであり、多賀宗隼氏の言われるように、この書の成立の背景に九条兼実が予想され

る。もしこの推定が正しければ、この年に兼実は、法然と栄西より二つの新仏教の独立宣言を受けたのである。ただし、『興禅護国論』に引かれる無数の経律論の文は、彼が自ら言うように暗引のみとは思われぬ。この書の制作は、しばらく京都にいた間のことではあるまい。栄西は、あるいは先に宋版大蔵経を備えた誓願寺に、なおもとどまっていたのでなかろうか。

いずれにしても、栄西は『興禅護国論』によって、新しい仏教者としての第一声を挙げる。彼はこの書で、自己の抱負を次のような十条に分って主張する。

令法久住《りょうぼうくじゅう》門第一
鎮護国家門第二
世人決疑門第三
古《こ》徳誠証《とくじょうしょう》門第四
宗派血脈《しゅうはけちみゃく》門第五
典拠増信門第六
大綱勧参門第七
建立支目《こんりゅうしもく》門第八
大国説話門第九

廻《え》向発願《こうほつがん》門第十

第一は、仏が戒を制定したのは、正法を世に長くとどめるためであり、仏法を学ぶものはまず戒により、律を学ぶものは必ず禅を習うべしとするもの。第二は、『仁王般若経』に、仏が般若を将来の国王に附し鎮護国家の法としたのは、持戒の人ある国の永遠なるを言ったものであり、般若とは禅宗である。禅宗を興すのは国家を守護する意であるとする。さらに、第三は、新たに禅宗を興すについて、世人の疑問と非難に答え、第四に、日本における禅宗伝来の歴史、第五に、インド・中国におけるその伝統を述べ、自ら黄龍宗の正法を伝えた由来を説く。第六および第七は、禅宗の主張する不立文字《ふりゅうもんじ》・教外別伝《きょうげべつでん》の説を、経論を引いて根拠づけ、その正法たるを論じて参禅をすすめるもの。第八は、『禅苑清規《ぜんえんしんぎ》』による日常生活の規範、第九は、前述したようにインド・中国の仏教の現状を述べ、第十は後序に当る文であり、この後にさらに「未来記」がついている。「未来記」はすでに見たように、覚阿と能忍に対する批判を意図するもので、彼の『興禅護国論』の背景を伝える。

これらを一貫して、栄西が持律持戒を主張し、その根拠としての禅宗の立場を解明しようとしていることはいうまでもないが、これを最も明確に言うのは、第三の世人決疑門の一段である。いったい世人決疑門は、『興禅護国論』の中心をなすもので、分量的にもかなり長い。特に注意してよいのは、ここに挙げられる課題の多くが、道元の「弁道話」に見られることである。両者を比較しつつ、それらの問題点の主なるものをみることにしよう。

1　ある人は言う、仏陀滅して後五百年の今、鈍根小智の人々に禅宗が適当かどうか。――これは、いうまでもなく末法思想を前提する。彼は、再び伝教の『末法灯明記』の末法無戒の説について論ずるが、別にそれが時機相応を説く浄土教を予想していることは明かであり、道元もまたこれにふれている。ただし、道元は正法に末世なしと簡単に割り切るのに対し、栄西は末世のゆえにこそ禅宗が必要だと答え、『般若経』に仏滅度の後五百歳に、東北方に般若が行われるとあるのは、結局は日本を指すのであり、日本こそ禅宗流行の地であるとし、また、禅を非難する人があるのはむしろ逆縁だとする。この一段は、栄西の先駆者としての苦心を物語るものである。

2　ある人は言う、禅宗は不立文字であり、経説によるところがない。はたして、国王の信を得ることができるか。――栄西は、ここでも『仁王般若経』を引き、仏陀は末世無法のときを予想して、般若の法を付嘱されたのであるから、禅を謗《そし》るのは仏法を破し、国土を破る者だときめつける。「予は陵遅《りょうち》の禅を興さんと欲す、汝は強ひて短を求む、たとひ小比丘不肖なりと雖《いへ》ども、何ぞ禅法の非にかかはらんや、仏子かへつて仏法を毀《こぼ》つ」、これが栄西の決意である。道元もまた言っている、「仏法を国中に弘通《ぐづう》すること、王勅をまつべしといへども、ふたたび霊山の遺嘱をおもへば、いま百万億刹に現出せる王公、相将、みなともにかたじけなく仏勅をうけて、夙生《しゆくせい》に仏法を護持する素懐をわすれず、生来せるものなり云々」。もって当時の禅者の心情を知るに足る一段である。

3

ある人は言う、禅は諸宗に通用の法である。特別の一宗を建てるにおよばぬ。——栄西はここで、「禅宗は諸教の極理、仏法の総法なり、別に一宗を立つるも妨げなし」と答える。これは有名な句である。彼はさらに、伝教の『内証仏法相承血脈譜』、円珍の『教相同異』、安然の『教時諍論』などを引き、八宗の外に一宗を立てるのは古来のことであるとし、さらに中国にさかのぼって、「此の宗は梁代に起り、宋朝に煽《さか》んにして、陳隋の明匠は総別を諍《あらそ》はず、唐宋の賢皇は並びに施行す云々」と論じ、三国ともに行ずるところとする。この点は道元が、「この禅宗の号は、神丹以東におこれり、竺乾にはきかず、はじめ達磨大師、嵩山の少林寺にして九年面壁のあひだ、道俗いまだ仏正法をしらず、坐禅を宗とする婆羅門《ばらもん》となづけき、のち代々の諸祖、みなつねに坐禅をもはらす、これをみるおろかなる俗家は、実をしらず、ひたたけて坐禅といひき、いまのよには、坐のことばを簡して、ただ禅宗といふなり」と言うのと異るが、その意とするところは同じである。

4 ある人は言う、宗を立つるは希代のことである、汝その人に非ず、なんぞこの大事を成さん。

5 ある人は言う、古来の祖師はすべて菩薩の化生である、汝その人に非ず、なんぞ廃絶を興さん。

6 ある人は言う、禅宗の不立文字の説は、嬾惰《らんだ》の輩《やから》に口実を与えて、聖教の学習を怠らしめる。

7 ある人は言う、伝教大師の『末法灯明記』に、末法の世に持戒の人なしというに反する。

8 ある人は難じて言う、今、新たに禅宗を令法久住の法とするのはなぜか。

9 ある人は難じて言う、禅宗を特に鎮護国家の法とするのはなぜか。

10 ある人は言う、禅宗の不立文字は悪取空に同じくないか。

11 ある人は言う、昔、奝然《ちょうねん》が唐より帰り、三学宗を建てようとして得なかったが、その宗と同異如何。

12 ある人は言う、念仏宗は勅によらずして流行しているのに、禅宗のみ国王の勅を求めるのはなぜか。
13　ある人は言う、日本には古より八宗あって、九宗の名なし。
14　ある人は言う、仏教に一千余巻の書あり、禅はこれに依るのか依らぬのか。

王法と仏法

『興禅護国論』の全体を通じて、明確にうかがわれるのは、王仏一如の主張である。その当否はしばらく論ぜず、この思想が日本仏教の重要な伝統をなしていることは、すでに周知のごとくである。特に、最澄以来、鎮護国家を謳《うた》う叡山仏教の伝統を、必ずしも否定せぬ栄西において、その傾向が強化されるのは当然である。さらに彼が入宋して親しく見聞した大陸の禅宗も、五山十刹の制に見られるように、また徹底した国家主義のそれであった。すでに周知のように、遼や金の圧迫に抗しつつ、漢民族の伝統文化を守らねばならなかった宋朝の仏教が、そうした性格をもっていたことは当然のことである。

『平家物語』巻二の「一行阿闍梨之沙汰《いちぎようあじやり》」で、明雲座主を奪いかえした大衆の代表として、戒浄房阿闍梨が、「それ当山は日本無双の霊地、鎮護国家の道場、山王の御威光盛にして、仏法王法牛角也云々」と建議する有名な一段がある。『愚管抄』にもまた九条兼実が、「王法仏法ハ牛角ノ如シ、滅サル可カラズ」と、三井寺より奈良に逃れた以仁王《もちひとおう》を追討せんとする御前会議の席上で語る。牛角とは、二にして一なるものの意であり、もと天台の言葉らしいが、それはこの時代における叡山の仏教の体質を語るものである。『愚管抄』の慈円が、王法の根底に仏法を考えたことは有名であるが、栄西もまたおそらくは同じ意見をもっていたと思われる。さらに栄西が『興禅護国論』に引く『仁王般若経』は、『金光明経』とともに、護国の経典として、奈良朝以来の永い歴史をもつ。それは、中国においても同様である。宋初の契嵩《かいすう》や賛寧《さんねい》が儒家の排仏に対決したのも、やはりこの経典によるものであり、特にそれは禅の伝統説とも密着している。『仁王般若経』は、本来は、おそらく国王の権力が最も強力であった地方で、仏教に対する政治的な干渉が強まった時代に、純粋な仏教の出世間性を真面目に護ろうとする仏教徒によって、ひそかに作られた経典である。少くとも、中国では六朝時代の末期に、末法の問題が表面化したとき、この経典は切実な実感をもって人々にせまったのである。唐代に至って、不空が重訳した時にも、その意図はもとより同様であった。最澄に帰せられる『末法灯明記』もまたこの経典を重視している。王法と仏法を牛角のごとくならしめようという願いは、必ずしも単なる俗権の肯定や、仏法の王法奉仕を意図するものではなかった。

法然や親鸞が、『末法灯明記』より引き出したものは、どこまでも純粋な末世の悲歎と、時機相応の仏教の要求であったが、一方には、末世のゆえに、純粋な王仏一如の国家の実現を願う人々があって不思議はない。むしろ、『末法灯明記』の主題はここにあったと言わねばならぬ。それは、『末法灯明記』の作者とされる伝教の意図を継ぎ、さかのぼって『仁王般若経』の精神を直接に日本に実現しようとするものであった。法然や親鸞の浄土教が、持戒や持律を超えたところに、純なる宗教の生活を見出したのに対して、栄西は、持戒持律の障碍《しょうげ》を除き、正常なる持戒持律の生活をとりもどすことによって、正法の実現を意図したのである。ことに、中国仏教の歴史に見られるような、国家権力による廃仏の経験なく、むしろ国権による仏法の利用と、過度の保護のゆえに、かえって末法を招来した日本仏教は、まず王仏関係の正常な調整を必要とした。叡山の禅宗停止令に対して、栄西が抗争よりも弁明につとめたのは、彼の新仏教が体質的に叡山の伝統を継承するものであったことを意味する。さらに、南北朝・室町以後の時代に、日本仏教の諸宗がたどった道は、ほとんどすべて国家仏教の復活であり、純粋に王権を超えた仏教を守ったものはきわめて少ない。教団としての戒律は、好むと好まざるとを超えて、必ず国家権力との交渉を余儀なくされるからである。このことは、もとより王権の無条件なる承認を意味せぬが、それが、日本の仏教史に固有なる課題の一つであったことは確かである。

いずれにしても、栄西は仏教の戒律をもって王法と同一視する。彼は戒律を尊重するがゆえに、王法を重視するのである。たとえば、彼は言う。

其れ仏法は持戒を以て先と為す、若し仏戒を破して仏子と号する者は、譬《たと》へば国王の臣の、王命に順はずして王臣と称するがごとし。

これは持戒を王命に比したものであるが、彼の意は単なる譬喩《ひゆ》にとどまるものではないであろう。彼はまた次のように言う。

仏法は必ず国王によつて施行せしむべし、この故に仏は慇懃《おんごん》に国王に付嘱せり、又、王益もまた莫大なればなり。

こうして、彼はどこまでも国王による禅宗流通の宣下を求め、これを妨難するものに対決しようとする。

日域の聖王、一貧の訴に応じ、蓋《けだ》し一紙の宣を賜ふ、汝の妨難は、是れ仏法を破るの因縁、国土を破るの因縁なり。

先に、『日本仏法中興願文』より引いたように、栄西は「遁世の聖人」を認めぬ。それは、持戒の道に反するからである。彼は仏教と非仏教を持戒によって判ずる。「聖」の仏教は、彼からみると、正統な三国の仏教の歴史に反するものである。もとより「聖」の仏教の新しい興起は、従来の正統仏教が、実は真に正統でなかったからである。末世に持戒の人あるは、市に虎あるごとしと言う『末法灯明記』は、単に破戒や無戒を肯定するものではなくて、因習化した持戒が実は持戒にあらざることへの批判にほかならぬ。すでに最澄が自受自誓の一向大乗戒を主張したのも、伝統的な戒律に対する深き批判より起れるものであった。ことに、戒律はあくまで僧伽を前提する。戒律は個人の反省である前に、教団の倫理である。教団なくして戒律はあり得ない。持戒持律は、教団の一員としての倫理的反省である。しかも教団は、さらに正常な国家の存在を予想する。出家教団の健康な発展は、必ず仁王の理解と保護によらねばならぬ。歴史的に、仏教が国家の上位にあったインドと異り、常に王権の支配下に発展し来たった中国と日本の仏教が、真に健康な教団を形成するためには、王法と仏教の平和共存は絶対に必要であった。

たとえば、有名な聖徳太子の『法華義疏《ほっけぎしょ》』に、「安楽行品《あんらくぎょうぼん》」の、「常に坐禅を好み、閑処にあつて其の心を修し摂《をさ》めよ」という句を、「親近すべからざる処」と解して、

常に坐することを好む小乗の禅師に親しみ近づくなかれ。

と言っているのは、よく日本仏教の特色を示すものである。それは、「国王大臣に親しみ近づくなかれ」という安楽行の教えを、当初より国王大臣の保護によって受け入

れた日本仏教の皮肉な立場を、最もよく示している。

いずれにしても、栄西は国王大臣による禅宗興隆の宣下を望んで、『興禅護国論』を書いたのである。それは、あくまで政治的な建白の書である。長い中国・日本の禅の歴史の上に、こうした性質の書は空前絶後と言ってよい。日本における最初の禅書でありながら、彼がここで禅そのものについて説くことの極めて少いのは、それが内容的に特殊な立場を主張するものではなくて、叡山の仏教の再建にほかならなかったためであろう。この書が、叡山を開いた伝教の『学生式』にきわめてよく似通うものをもっているのも当然で、彼が鎌倉時代の最澄と目されるゆえんであろう。事実、栄西は、『興禅護国論』の序に次のように言う。

　我が朝は聖日昌しく明かに、賢風遐《はる》かに暢《あ》ぐ、雞貴象尊の国も丹墀《たんち》に頓首し、金隣玉嶺の郷も、信を碧砌《へきせい》に投ず、素臣は治世の経を行じ、緇侶《しりょ》は出世の道を弘む。四章の法は猶《な》ほ以てこれを用ふ、五家の禅は、豈《あ》に敢《あへ》てこれを捨てんや。しかるに此を謗《そし》るものありて、謂ひて暗証の禅となし、此を疑ふものありて、謂ひて悪取空となす。亦《ま》た末世の法に非ずと謂ひ、我が国の要に非ずと謂ふ。或は我の斗《と》筲《せう》を賤しみ、以て未だ文に徴せずとなし、或は我の機根を軽んじて、以て廃を興し難しと為す。これは則ち持法の者が、法宝を滅す、我れなるもの我が心を知れるに非ずや。ただ禅関の宗門を塞《ふさ》ぐのみにあらず、かへって亦た叡岳の祖道を毀つなり。慨然悄然、是か非か。仍《よ》つて三篋《さんけふ》の大綱を蘊《あつ》めて、これを時哲に示し、一宗の要目を記してこれを後昆に貽《のこ》す。跋して三巻となし、分つて十門を立つ。これを名づけて『興禅護国論』といふは、法王、仁王の元意に称《かな》はんが為めの故なり。

栄西にとって、陵遅の禅宗を興すことは、戒律を建て直すことであり、それは同時に国家を鎮護する道であった。彼が後にあえて東大寺再建の勧進職に任ずるのは、聖武天皇の鎮護国家の仏教の再建を願うものであるとともに、おそらくはこの寺が鑑真以来の戒律の伝統にとって、きわめて重大であったためであろう。

禅宗の独立

栄西の創《はじ》めた禅宗が、黄龍派のそれであったことは確かであるが、彼は黄龍禅の特色について説かない。それは、彼が入宋したとき、黄龍と楊岐《ようぎ》、もしくは五家の禅の中から、一つの宗派を選んだのでないことを意味する。彼にとって、黄龍禅は五家の禅の一派でも、仏教諸宗の中の一宗でもなかった。いわば、黄龍の禅は、直ちに禅宗そのものであり、大陸仏教のすべてであった。

栄西はこの立場を仏禅と呼び、浄禅、又は如来禅、最上如来禅などと言う。彼が『興禅護国論』に引く数十種の古典のうち、純粋に中国禅宗の書といえるものは『宗鏡録《すぎょうろく》』と『禅苑清規《ぜんえんしんぎ》』である。栄西が中国禅宗の語録について、どれほどの知識をもっていたかはわからぬが、彼が『宗鏡録』を用いていることはきわめて重要である。この書は、周知のように、法眼宗に属する延寿の編集であるが、いわゆる「六十部の経論により、三宗の妙義を蘊め、三百余家の語句を註した」ものである。それは、かつて黄龍の晦堂祖心《まいどうそしん》が、百巻を刪《さく》して三巻の『冥枢会要《めいすうえよう》』を編したことでもわかるように、はじめ黄龍宗で重視され、やがて長く宋以後の中国禅宗の方向を決し、教禅一致の指標をなすとともに、栄西以後における日本禅宗史にもかなり大きく影響している。たとえば、円尓弁円《えんにべんえん》が後嵯峨天皇のためにこの書を進講したことや、彼の開創した東福寺が、この書に因む慧日《えにち》山の名で呼ばれることなどは、そのもっとも大きい事件と言ってよい。また、栄西が、彼の『興禅護国論』に、特に『禅苑清規』の名を挙げるのは、もとより彼の新しい教団における生活と修行のよりどころを示すためであるが、それは『禅苑清規』が中国における歴代の清規の中で、戒律について説くことの最も強い書であることと関係する。栄西が日常の細行をつつしみ、厳しい持律の生活を守ったことは、後に道元の『正法眼蔵随聞記』などにもうかがわれるが、何より重要なことは、それが前記の浄禅、もしくは仏禅の立場と密接につながっている点である。

栄西は、達磨宗の人々が、無行無修を主張し、事戒や事行を用いず、日常、ただ偃《えん》臥《が》を事としたのを批判する。彼はそれを聖教に言う空見の人であり、悪取空にほかならぬとし、この人とともに語り、一所に座すべからず、まさに百由旬を避くべきものとする。栄西の禅宗と達磨宗との区別のことは、今はしばらく措く。むしろ重要なのは、彼がきびしくその空見を批判していることである。彼は『天台止観』に、淮北、河北で大乗空を行ずる狂人を批判しているのを引き、『法華玄義』に、「智目行足を具して始めて清涼池に到る」とあるのを引く。栄西は、どこまでも教禅一致の禅を主張するのである。それが、叡山における止観の伝統であったことはいうまでもない。さらに、栄西は唐の義浄三蔵《ぎじようさんぞう》の次の言葉を引く。

直指《じきし》の空門を仏陀の本意と思う人がある。どうして多くの戒律が仏陀の本意でないと知るのか。ある立場を貴び、他の立場を軽んずることは、すべて臆見にほかならぬ。戒経を読まず、二巻の空門の経を写すのみで、彼らはそれが原理的に三蔵を包含するものと思い、その常に咽にする水の苦がさに気づかぬ。ましてや、何人が自ら一歩一歩に賊住（形式を盗んで利養のために出家すること）の報いを招いていることを知ろうか。浮袋の空気を洩さぬように、日常を守ることこそ、正しく真の菩薩の心であり、小さい過ちを軽んぜぬことこそ、かえって最後的な大乗の立場を全うするものである。道理として大小乗を合せ修めてこそ、まさに仏陀の教えに順ずるものである。些細な罪を防いで大乗の空を観じ、利他のために自心を浄めること以外に、いったい何の道があろう。八万の聖教というも、要はただ一つである。それは、外に世俗に順じ、内に真実の智を練ることである。インドにおける日常の生活の真理は、清浄なる戒行こそ始めである云々。

これは、義浄の『南海寄帰内法伝』第一の受斎軌則の文である。ここで直指の空門というのは、煩悩も菩提もともに空なりとする般若の立場であるが、それはとかく誤解されやすい。二巻の空門の経とは、おそらく『金剛般若経』を指す。それが六祖慧能以後の唐代の禅を予想していることは容易に察せられる。義浄が当時における誤れる禅者の空見を批判したこと、および義浄に学んだ慈愍《じみん》三蔵《さんぞう》慧日《えにち》が、同じく禅の空見を破して、『浄土慈悲集』を編したことは、後に延寿の『宗鏡録』や『万善同帰集』に大きく影響しており、栄西がそれらの主張を強く受けていることは明かである。彼は『宝雲経』の次の文を引いて、空見をきびしく批判する。

むしろ我見を起すこと須弥山《しゅみせん》のごとくなるも、空見をもって増上慢を起すこと莫《なか》れ、そのゆえは、一切の諸見は空を以て脱することが出来るが、もし空見を起せば対治しようがないからである。

栄西は、さらに多くの義浄の言葉を『出家大綱』に引いている。それが彼の入宋時代における見聞に基づくことは、すでに見たごとくである。今、『興禅護国論』における禅宗の立場は、栄西が、いわゆる「直指人心見性成仏」を主張する直指の禅、あるいは教外別伝の祖師禅に対して、はっきりと一線を画していたことを思わしめる。たとえば、先に見た達磨宗の空見に対する批判のごとき、その著しいものであり、『興禅護国論』の末尾に附せられている「未来記」なるものも、大いにこれと関係する。彼はおそらく、霊隠の仏海や仏照の祖師禅に対してかなり批判的な意見をもっていたのである。思うに、栄西の禅は、戒の場合と同じように、大小乗の別を見ぬものであった。彼は、天台の『止観』によって、

悪念を破るのは浄慧により、浄慧は浄禅により、浄禅は浄戒による。

という句を幾度となく引き、

禅宗は、必ずしも長遠の果を望まず、敢えて後日の益を期せず。浄戒を以て方便となし、眼前の毒箭を抜き、即生の妙術を期するのみ。

と言っている。又、禅は諸宗のすべてに通ずるものとして、

八宗の修行はそれぞれ区別があるが、悟りと実践は必ず禅によらねばならぬ。念仏の行なども、禅によらねば順序ある修行とはならぬ。

と言い、さらに、有名な「諸教の総府」、「仏法の極理」としての禅宗を説いて、

一代五時の経律論は、すべて仏禅の奥義を説いたものである。仏の教える生活の威儀は、行住坐臥ともにすべて禅の意である。

とも言っている。

かくて、栄西にとって、仏教はすべて仏禅であるとともに、さらに教と言い禅と言うもまた仮の名にすぎぬ。それは、ただ日常の行住坐臥の中に在って、一糸毫も添え得ず、一糸毫も減じ得ぬ心の当体だからである。こうした「一心」に対して、彼は『興禅護国論』の巻首に、次の有名な讃辞を与える。

大いなるかな、わたしの心よ、天の高さは極むべくもないが、心はさらに天の上に至る。地の深さは測ることもできぬが、心はさらに地よりも下に至る。月日の光の明るさは越えようがないが、心は日月よりも明るい。大千沙界（宇宙）の広さは窮めようがないが、心は大千沙界の外に広がる。それは太虚（自然の命）なのか、それとも元気（人の個性）なのか。心はおそらく太虚を包み、元気を含むものである。天はわたしを覆い、地はわたしを載せて存在し、日月はわたしを中

心として運行し、四時はわたしの囲りに移りゆき、万物はわたしのために発生する。大いなるかな、わたしの心よ。わたしは、やむを得ずそれを強いて心と呼ぶ。あるいは最上乗と呼び、第一義と呼び、般若、実相、菩提と呼び、楞厳三昧《りょうごんざんまい》と呼び、正法眼蔵と呼び、また涅槃妙心と呼ぶ。それゆえに、三転の法輪も、八蔵の経も、二対のサラ双樹の下で説かれた最後の教も、五乗の宗旨も、すべてがこの心の中にこもっている。かつて、偉大なる釈迦仏は、この心を金色の頭陀《ずだ》行者(マカカショウ)に伝えて、教外別伝と呼んだ。鷲の峯で師がふりかえり、鶏の山で弟子がほほえんでより、一くきの華が千枝を開き、深き水源が万派に流れるように、インドの後継者と、晋以来の学徒が、一つのグループとして数えられる。それは実に過去の仏がともに弘めた真理のゆえに、法とそのシンボルである袈裟は自らに伝わり、先輩たちの修行のよりどころとして、その形式はもとより真実である。法の真理性が師と弟子の関係を完全にし、修行の順序に混乱のありようはない。こうして、インドを発した偉大なる師が、南海で船を捨て、東川に杖をとどめてより、法眼宗の流れは高麗に至り、牛頭《ごず》宗の一派は日本にまでも及ぶ。それを学ぶ人は仏教の諸宗に通達し、それを実践する人は、深く人生の意味を知る。外に涅槃経の戒律の精神を生かし、内に般若経の智慧を完うするもの、思うにこれが禅宗である。

ここに、栄西の歌い上げる一心が、大乗仏教の般若を指していることは自明である。又、それは何よりも中国ダルマ禅の強調するところであり、唐代禅宗の「平常心」の説、および『宗鏡録』の教禅一致、諸宗綜合の立場を承けていることも、あらためて言うに及ばぬであろう。特に、華厳と禅との統一は、後に明恵の弟子証定に至って、はっきりと打ち出される。しかし、ここで注意してよいのは、すでに見たように、栄西その人における一心の立場が、かつて唐の中期に興揚された般若の運動よりも、おそらくは彼の密教の立場の自らなる純化発展であった点である。もとより『興禅護国論』の一書は、栄西が叡山の弾圧に抗して、禅宗の独立を朝廷に奏しようとした建白書である。特に、この書において、彼は自己の宗とする禅が、「悟を以て則とする」ものであることを、明確に主張する。中国禅宗の歴史の上に、この語が始めて現われるのは、おそらく『潙山警策《いさんけいさく》』においてであり、この書をはじめて日本に伝えたと言う能忍と栄西の歴史的交渉について、ここにはかなり興味ぶかい問題を残すようである。

しかし、栄西の禅の坐りは、あくまで教禅一致にあり、『宗鏡録』に拠るものであった。それは宋初の禅である。「悟を以て則となす」本格的な教外別伝の禅宗は、やはり彼が「未来記」に予言したように、滅後五十年、ないし百年を待たねばならなかった。

四　鎌倉の新星

寿福寺と建仁寺

栄西は、『興禅護国論』を書き上げた翌年、にわかに鎌倉に下る。『吾妻鏡』巻六の正治元年九月の条には、すでに、

廿六日乙卯、幕府に於て不動尊一体を供養せらる。導師は葉上房律師栄西にして、布施《ふせ》は被物五重、裹物五、馬一疋なり。

と見える。栄西が、この年のいつ頃、鎌倉に来たかは明かでないが、彼が『興禅護国論』の末尾で、すでに九州および京都における宣教活動を断念していることは、すでに見たとおりである。正治元年（一一九九）は、四月二十七日に、建久十年を改めた称であるが、あたかもこの年の正月、鎌倉では源頼朝が急死し、長子頼家が将軍職をつぐ。しかも、梶原景時の内乱を期として、やがて源氏の旧臣たちが次々に殺され、頼家もまた廃されて、政権は着実に北条氏の手中に移ってゆく。栄西が鎌倉に過した

晩年の十五カ年は、新しい中世の支配者がはげしい混乱と動揺の中から、着実な成長を見せる頃である。京都では、禅や浄土教などの新仏教に対する叡山の弾圧が、しだいにその狂態を示しはじめる。法然の浄土教は、なおしばらく京洛の故地に拠るが、栄西はいち早く京洛を脱して、新しい天地を関東に求めたのである。

正治二年の正月に書かれた『出家大綱』の末尾で、栄西は次のように言っている。

栄西この頃、種々の妨難を負ふ、其の人は、則ち弟子中に多々にして、他門の中にもまた数有り。

鎌倉に来った栄西が、なお種々の妨難にあったことは確かである。それは、彼の教団がしだいに成長していたことを示すもので、元久元年（一二〇四）初夏の『中興願文』によると、

日本国六十六州に、小比丘栄西の門徒の散在するもの二千人、乃至《ないし》孫業は一万か、其の中に何ぞ一千人の各広大随喜心に住して、清浄梵行を修せしむべきもの無からんや。

と言っている。これは、実にたいへんな抱負である。彼の鎌倉における活動は、すでに輝かしい成功を収めていたと言っていい。

いったい、栄西の鎌倉下降と前後して、幕府の護持僧であったのは、退耕行勇《たいこうぎょうゆう》であ

る。この人は、もと相州酒匂に生れ、真言僧としてはじめて政子の帰依をうけ、幕府の祈願所鶴岡八幡宮を中心として、鎌倉武士の間に宣教していたらしいが、栄西の東来とともにその門に加わっている。また、やがて世良田《せらだ》の長楽寺に新しい宗風を布《し》く栄朝が栄西に投じたのも、正治元年のことと言われる。栄朝は後に東福寺を開く弁円や、浄土宗の記主禅師良忠の師となる人である。これらの人々が、いずれも密教系の僧であることは注目しなければならないが、栄西は鎌倉に来ると同時に、すでに相いついで有力な門下を得たのである。

無住の『沙石集』六に、次のような坂東の祈禱僧の説法を伝える。僧の名は秘せられているが、当時の事にちがいない。

坂東ニ、或大名ノ後家ノ禅尼、仏事営テ、年来ノ祈師《イノリシ》ノ老僧ヲ、導師ニ請ジテ、大日如来ヲ供養セサセケリ、施主分ノ法門ナンドコマヤカニ申ケル程ニ、「真言ノ法門ニハ、加持力ト申テ、仏身ト衆生身ト感応道交シテ、天月水ニ宿リテハナレザルガ如ク、又煨《ヲキ》ト炭ト寄合テ、煨ヲ炭ト指付レバ、炭ヤガテ煨ニナリ候ヤウニ、信心ノ行人ニ、仏ノ御身ヲ打付テ、行人ヲヤガテ仏ニナスヲ、加持力ト申候。目出《メデタ》キ法門ニテ候也。サレバ禅定比丘尼ノ御信心ヲ、大日如来照シテ、哀トヲボシ、糸惜《イトホシ》ト思食《オボシメ》シテ、打合サセ給ハバ、尼御前御額、金色ニナラセ給ナムズ、大日如来ノ御胸ト、尼御前ノ御胸ト打合サセ給ハバ、尼御前ノ胸、金色ニナラセ給ナムズ、大日如来ノ御腹ト、尼御前ノ御腹ト打合サセ給ハバ、尼御前ノ御腹、金色ニ成セ給ナムズ、大日如来ノホソ云々」

無住は、この話の後に「施主分ノコマヤカナルハ、カカル勝事出来ル、大方斗《バカリ》申べカリケルニヤ」と評しているが、そのことは今は問題でない。注意してよいのは、当時の坂東における将軍家の祈禱僧の布教の実態を、この逸話がかなり如実に伝えている事である。新しい時代の支配者となった坂東武者たちは、前代の京洛の貴族が叡山の仏教に求めたのと同じように、追福《ついふく》作《さ》善《ぜん》の信仰に生きていたのである。それはむしろ、連日の血なまぐさい闘争に明け暮れる彼らにとって、かつての公家などと比較にならぬほどに切実であったと思われる。鎌倉に来った栄西が、前に『興禅護国論』で強調した禅宗の立場を後退させ、ふたたび台密による祈禱僧としての活動にもどるのは、むしろ当然であった。それは先に見たように、彼が幕府において最初になしたのが不動尊の供養であったことにうかがわれるが、『吾妻鏡』十六の正治二年正月の条には、彼が頼家の請によって、頼朝の一周忌の導師をつとめたことを、次のように記録している。

十三日庚子晴云々、故幕下将軍周闋《シウケツ》御忌ノ景ヲ迎ヘ、彼ノ法華堂ニ於テ仏事ヲ修セラル、北条殿以下ノ諸大名、群リ参ジテ市ヲナス、仏ハ絵像ノ釈迦三尊一鋪、阿字一鋪（御台所、御除髪ヲ以テ、之ヲ縫ヒ奉ラル）、経ハ金字ノ法華経六部、五部ノ大乗経ヲ摺写ス、導師ハ葉房律師栄西、請僧ハ十二口云々。

こうして、将軍家の祈禱僧となった栄西は、正治二年（一二〇〇）、閏二月十三日、政子より源義朝の邸跡である亀谷の地を与えられて、寿福寺の造営を始める。この地は、すでに治承四年、岡崎義実が義朝の追福のために草堂を営んでいたところである。新しく創せられた寿福寺は、鎌倉幕府の祈禱所として、やがてこの地の仏教の中心となってゆく。鎌倉幕府の実力者たちは、この寺の創建を期として、次々に新しい寺院の建立を計るが、彼らがそれらの事業に託した願いは、全く今日の想像を超えるものがある。やがて、栄西は重源の後を承けて奈良東大寺再建の勧進職に任ぜられ、また、京都では法勝寺《ほっしょうじ》の九重塔の修理の役を負う。それは、彼の鎌倉における手腕を買われたためである。事実、栄西は生涯を通じて、かなり多くの寺院を建立している。二回に及ぶ入宋の経験をもつ栄西に対して、社会はようやく新しい期待を寄せはじめたと見てよい。寿福寺の開創についで、栄西は永福寺の多宝塔供養に導師をつとめ、やがてこれと前後して、京都東山山麓の建仁寺の開創が計画される。建仁寺は、『沙石集』八によると、はじめ頼朝の信頼を得た梶原平三景時が、北条氏に討たれたのち、その女房の鹿野を教化するために、栄西が彼女の所領三カ所をもって禅寺建立の資としたものであり、やがて建仁二年（一二〇二）に至って、将軍頼家より京都の五条以北、鴨河原以東の地を与えられ、にわかにその竣功をみるのである。

建仁寺は、懐奘の『正法眼蔵随聞記』によると、インドの祇園精舎に擬するものであったらしい。後の鎌倉の禅院が、中国の径山《きんざん》その他の五山にならったのに対して、栄西の禅宗の本質をうかがわしめるものである。この寺は、同年六月二十二日、宣旨により、年号を冠して建仁寺と号し、日本最初の公認された禅寺となるが、はじめ、天台別院として、真言、止観、禅門の三宗を合せ置いたことは、あまねく知られるごとくである。たとえば、無住の『沙石集』十ノ末に、

> 故建仁寺ノ本願僧正栄西ノ流ハ、法々ノ是非揀択《ケンチャク》ナク、戒律ヲモ学シテ威儀ヲ守リ、天台、真言、禅門共ニ翫《モテアソ》バル。念仏ヲモススメラレケリ、遁世ノ身ナガラ、僧正ニナラレケルニ、遁世ノ人ヲバ非人トテ、ユイカイナキ事ニ、名僧思アヒタル事ヲ、仏法ノ為メ利益無ク思ヒ給テ、名聞ニハ非ズ、遁世門ノ光ヲケタジト也。……鎮西ノ聖福寺、洛陽ノ建仁寺、関東寿福寺、彼ノ創草ノ禅院ノ始ナリ、然ドモ、国ノ風儀ニソムカズシテ、戒門、天台、真言ナンドカネテ、一向ノ唐様ヲ行ゼラレズ、時ヲ待ツ故ニヤ、深キ心アルベシ。殊ニ真言ヲ面トシテ、禅門ハ内行

ナリキ。

と言っている。無住は梶原景時の一族から出た人で、彼の栄西に対する敬意は他と異っている。彼は当時における栄西の心情をかなり正確に伝えていると言ってよい。また、彼のために建仁寺開創の檀越《だんおち》となった頼家はやがて廃せられる。内紛と混乱の続く幕府の祈禱師であった栄西にとって、確かに密教は禅よりも重要であった。

こうして栄西が鎌倉と京都の間を往来しつつ、三宗綜合の仏教を鼓吹したことは、叡山の仏教の新しい展開として、しだいに人々の支持と理解を深めてゆく。当時、寿福寺、および浄妙寺には、すでに彼を嗣いだ退耕行勇あり、上野《こうずけ》の世良田には栄朝がいた。いずれも、禅僧としてよりも、葉上流の密教の継承者としての性格の強い人々である。晩年の栄西に帰せられる『真禅融心義《しんぜんゆうしんぎ》』の一書は、その名のごとくに真言と禅の調和を説いたものであるが、多く空海の密教を主張していることにより、後に高野山に金剛三昧院を創した行勇の作であろうと言われる。その作者が何人であっても、真言と禅との調和は、新しい支配者となった武士階級の教化に直面した晩年の栄西にとって、どうしても必要であったのである。

ところで、鎌倉下向を期として、相い次ぐ新寺院の建立に、栄西が異常な情熱を示すのは、先に引いたように、すでに彼をめぐる新しい教団の形成を予想せしめる。しかも、彼がそれらの教団に求めたものが、きびしい持戒持律の生活であったことは言うまでもない。この頃に至って、『出家大綱』が改訂されたり、『日本仏教中興願文』があらためて書かれたゆえんである。彼の新仏教は、どこまでも出家者の戒律の再興をめざすものであり、在家檀越のために授戒や斎戒を要求するものである。ここには、この当時における彼の教団の実態を知る手がかりとして、ふたたび無住の『沙石集』六によって、次のような栄朝の説法を引いておこう。

上野国新田庄世良田ノ長楽寺ノ本願、律師栄朝上人ハ、止事《ヤンゴト》無キ高僧、慈悲モ深ク、顕密共ニ達シテ、坂東ニハ、諸国帰シタリキ。諸法諸戒実ニ尊カリケレバ、近国ノ道俗市ヲナシテ、聴聞シケリ。或時、説戒ノ座ニ、聴衆殊ニ多カリケル時、「我ガ国辺地ニシテ仏法時ヲヲウテスタレテ、如法ノ僧ナキ事、浅猿《アサマシ》ク侍リ。……受戒ストハイヘドモ、戒儀モ知ラズ守ラズ、ナマジヒニ法師トハ名ケ、布施ヲトリ、供養ヲウケナガラ、不可思議ノ異類、異形ノ法師、国ニミチテ、仏弟子ノ名ヲケガシ、一戒ヲ持タズ、或ハ妻子ヲ帯シ、或ハ兵杖ヲヨコタヘ、狩リ漁リヲシ、合戦、殺害ヲスコシモ憚ラズ、カカル心憂キ末代ニナリテ、マシテ、布薩ナンドハ名モ知ヌ人モ有リ……」。

僧は貧なるべし

懐奘の『正法眼蔵随聞記』は、道元の眼に写った栄西の素顔のいくつかを、異常なほどに刻明に伝える。道元が、直接に栄西に参じたかどうかは、なお問題を残すけれども、はじめて禅の道を志した十五歳の道元が、建仁寺を訪ねた頃、ここには確かに栄西に始まる鎌倉新仏教の息吹が、最も純粋に生きていた。少くとも、後に道元とともに宋に渡り、彼の地に没した明全は、栄西の禅を嗣いだ人であり、行勇や栄朝と違っていたと思われる。彼が本師叡山の明融阿闍梨の臨終を見舞おうともせずに入宋したという話は、彼の学道に対する非情の一面を伝えるものである。おそらく、建仁寺には、寿福寺や浄妙寺などの、鎌倉の寺院と異る何かがあったのである。

さらに、『正法眼蔵随聞記』の筆録者である懐奘もまたかつて宋より帰った道元を建仁寺に訪ねた経験をもつ。この書は嘉禎年中（一二三五—三八）の筆録であり、道元が始めて建仁寺を訪ねた時から、約二十年後の追憶であるが、当時、道元は深草および宇治の興聖寺《こうしょうじ》を中心として、彼の教団の新しい形成にあたって、かつての建仁寺における学道の生活を、弟子たちに語ることが多かったのである。もっとも、懐奘が最後的にこの書を編して、『正法眼蔵随聞記』と名づけたのは、『正法眼蔵』の存在を前提し、あるいは彼の弟子の頃かもしれず、それはかなり後年のことであるが、今はそれを問題とするにおよばぬであろう。

ところで、道元が語る栄西および明全の追憶は、おおよそ次のごとくである。（見出し番号は岩波版、古典文学大系のテキストによる）

一の十二　道者ノ用心、常ノ人ニ殊ナルコト有リ云々。
二の一　実ノ得道ノ為ニハ、只坐禅功夫、仏祖ノ相伝也云々。
二の四　七逆既ニ懺悔ヲ許サバ云々。
二の十四　世間ノ男女老少、多ク雑談ノ次云々。
三の二　故僧正建仁寺ニ御《オハ》セシ時、独リノ貧人来テ云々。
三の五　故建仁寺僧正ノ伝ヲバ顕兼中納言入道書タル也云々。
三の六　故僧正云、衆各所用ノ衣粮等ノ事、予ガ与ルト思コト無レ云々。
四の四　仏法陵遅シ行コト眼前ニ近シ云々。
五の八　昔年建仁寺ニ初メテ入シ時ハ、僧衆随分ニ三業ヲ守テ云々。
六の六　故僧正云、人ノ供養ヲ得テ悦《ヨロコ》ブハ制ニタガフ云々。
六の十三　先師全和尚入宋セントセシ時云々。
六の二十三　建仁寺ニ寓セシトキ云々。

今、右のすべてを一貫して、まず注目すべきは、栄西が持戒持律の人であり、日常、清貧の生活に徹していたことである。栄西の持律持戒の主張は、すでに見たように、それは彼に関するあらゆる資料が、ひとしく伝えるところであるが、若き道元の見聞を通して伝えられる栄西の家風は、ひとしおに切実である。たとえば、二の十四段に、

雑話ノ次ニ云、世間ノ男女老少、多ク雑談ノ次、或ハ交会淫色等ノ事ヲ談ズ。是ヲ以テ心ノ慰トシ、興言トスルコトアリ、一旦心モ遊戯シ、徒然モ慰ムト云トモ、僧ハ尤禁断スベキコト也……。宋土ノ寺院ナンドニハ、惣《スベ》テ雑談ヲセザレバ、左右ニ及バズ、我国モ、近ゴロ建仁寺ノ僧正存生ノ時ハ、一向アカラサマニモ是ノ如キ言語出デ来ラズ、滅後モ在世ノ門弟子等少々残リ留リシ時ハ、一切ニ言ザリキ。近ゴロ七八年ヨリ以来、今出ノ若人達、時々談ズル也、存外ノ次第也。

と言い、道元は栄西在世当時の、建仁寺の厳粛な修道生活を偲《しの》んでいる。これは、おそらく次のような四の四段につながるものである。

仏法陵遅シ行コト眼前ニ近シ、予、始メ建仁寺ニ入リシ時見シト、後七八年ニ次第ニカハリユクコトハ、寺ノ寮々ニ各々塗籠ヲシ、器物ヲ持チ、美服ヲ好ミ、財物ヲ貯ヘ、放逸之言語ヲ好ミ、問訊、礼拝等陵遅スルコトヲ以テ思フニ、余所モ推察セラルル也。仏法者ハ、衣鉢ノ外ハ財ヲモツベカラズ。何ヲ置カン為ニ塗籠ヲシツラフベキゾ。人ニカクス程ノ物ヲ持ツベカラズ、持タズバ返テヤスキ也。

人ヲバ殺ストモ、人ニ殺サレジナンド、思フ時コソ、身モクルシク、用心モセラルレ。人ハ我ヲ殺ストモ、我ハ報ヲ加ヘジト思定メツレバ、先ヅ用心モセラレズ、盗賊モ愁ヘラレザル也。時トシテ安楽ナラズト云コトナシ。

学道ノ人、衣食ヲ貪ルコトナカレ。僧ハ須ラク貧ナルベシ——それは出家の根本態度である。インド・中国の仏教の歴史を通じて、仏教が真に生きていたのは、この精神が生きていた時であった。雑談の喧噪は、貧に徹する心のゆるみを示す。ここに語られている学道の用心は、右の五の八、六の二十三とも共通する。それらは、時代の仏教に対する道元その人のきびしい批判を含んでいる。おそらく彼はそれを栄西の初期教団に学んだのである。われわれは、栄西が、『興禅護国論』の第九大国説話門に掲げているインド僧の生活や、中国僧の威儀の乱れざること、寺中寂静にして、多く灰身の人あること、僧の多く死期を知れること、僧の田業を営むもののなきことなど、中国仏教に関する感激的な見聞の記録の条々を想起したい。それらは、おそらく栄西がようやく人となった頃、日本の仏教においてすでに見ることのできぬものであった。彼が、『出家大綱』や『日本仏教中興願文』、『斎戒勧進文』に強調する持律持戒の生活は、すべてそうした陵遅《りょうち》した日本仏教の現状へのはげしい怒りと反省であった。彼があえて建仁寺を創めたのは、必ずやそうした日本仏教の陵遅を建て直そうとするものであった。鎌倉新仏教の第一陣として、栄西の不抜の功績は、実にここにあったと言ってよい。しかも、そうした栄西のきびしい持律持戒の家風は、時代と社会を離れたものではなかった。『正法眼蔵随聞記』に道元が感激をもって語るのは、実に貧者に対する栄西の暖い思いやりの条々である。周知の一段ではあるが、たとえば左記を見るがよい。

> 故僧正建仁寺ニ御《オハ》セシ時、独リノ貧人来テ道《イッ》テ云、「我ガ家、貧ニシテ絶煙数日ニ及ブ、夫婦子息両三人、餓死シナントス。慈悲ヲモテ是ヲ救ヒ給ヘ」ト云。其時、房中ニ都《スベ》テ衣食財物等無リキ。思慮ヲメグラスニ計略尽ヌ。時ニ薬師ノ仏像ヲ造ラントテ、光ノ料ニ打ノベタル銅少分アリキ。之ヲ取テ、自カラ打折テ、束《ツカ》ネ円《マル》メテ、彼ノ貧客ニ与テ云、「是ヲ以テ食物ニカヘテ、餓ヲ塞《フサ》グ可シ。」彼ノ俗、悦デ退リ出ヌ。門弟子等、歎ジテ云ク、「正ク是レ仏像ノ光也。以テ俗人ニ与フ、仏物己用ノ罪如何。」僧正答ヘテ云ク、「実ニ然也、但シ仏意ヲ思フニ、身肉手足、分テ衆生ニ施ス可シ、現ニ餓死ス可キ衆生ニハ、直饒《タトヒ》、全体ヲ以テ与フトモ、仏意ニ叶フ可シ、又我レ此ノ罪ニ依テ、縦《タト》ヒ悪趣ニ堕ス可クトモ、只ダ衆生ノ餓ヲ救フ可シ云々。」
>
> 先達ノ心中ノタケ、今ノ学人モ思フ可シ、忘ルルコト莫レ。(三の二段)

右とほとんど同様の事件は、巻一の十二にも見える。当時、饑饉や悪病の流行のために、寺中が絶食せねばならぬことは、おそらくしばしばであったと思われる。末世的な社会不安の様相は、すでに鴨長明が伝えている。栄西は、おそらく余分の食料や生活の道具を、信者や支持者たちに乞うことをしなかった。彼が建仁寺を官寺としたのは、あくまで仏教の理想を実現するためであり、僧衆の衣食を確保するためではなかった。たとえば、『正法眼蔵随聞記』の三の六段に、

故僧正云ク、「衆各用ル所ノ衣粮等ノ事、予ガ与ルト思フコト無レ、皆是レ諸天ノ供ズル所ナリ、我ハ取リ次人ニ当タルバカリ也。又、各々一期ノ命分具足ス、奔走スルコト勿レ。」

と言っている。この一段は、道元が当時多く造像起塔等の事を仏法興隆とする人々に加えたきびしい批判の文につづくものである。それは、直ちに栄西の家風であったと思われる。往々に、栄西があえて公家と結び、栄華の生活を望んだかのごとく伝えるのは、おそらく故意の説である。先に引いた一の十二段の始めに、道元が、

学者ノ用心、常ノ人ニ殊ナルコト有リ。

と言っているのはおおいに注目してよいであろう。それは明かに建仁寺時代の栄西の家風を伝えるものである。しかもさらに注意すべきは、そうした清貧の生活が、単な

る苦行の道ではなくて、学道者にとって安楽の行道であったことである。栄西は、『興禅護国論』の第八禅宗支目門に、次のように言っている。

思ふに、世間の男女すら父母の能を学ぶ、ただ能を得んことを思うて労倦を辞せず、必ず以て風を継ぐ。茲に因て鐵師、瓦師、職師、幻師、農夫等、絶えざるなり。然るにかの所作は、皆なこれ辛苦艱難の業なり。ただ仏子の風をつぐは、これ安楽の法門なり、かの世業の力をつくし骨を砕くが如くなるに非ず。

安楽の法門とは、別に第七大綱勤参門に、栄西が坐禅について言うところであり、後に道元に至って一層強調されること周知のごとくであるが、それは明らかに『法華経』の四安楽行から来ており、栄西の右の主張はもっとも注目すべきである。ひたすらに仏祖の戒律を守りつつ、あらゆる階層の人々とともに清貧の生活に徹しようとした人——それが建仁寺故僧正の家風であった。

喫茶の功徳

栄西が二度の入宋に際して、菩提樹と茶種を将来したことは、すでに周知の通りである。それがいつであったかは明かでないが、はじめ、菩提樹は筑前の香椎神社に、茶種は肥前の背振山《せぶりやま》にうえられ、やがて前者は東大寺に移され、茶は京都の栂尾《とがのお》・宇治を中心として、諸方に広がる。栄西が栂尾の明恵に茶種を贈り、喫茶をすすめた史実はなお確かでないが、栂尾がより早くすぐれた茶の産地であったことはいうまでもない。後に、『喫茶往来』の茶の批判の条に、本願上人の模様を心に浮べ、閼伽井坊《あかいぼう》の名作を脣におくと言うのは、すでに栄西と明恵がともに茶の開祖とされていたことを物語る。

栄西は、茶のすぐれた功用について知ったいきさつを、自ら『喫茶養生記』の末尾に、次のように叙べている。

わたくし栄西は、中国にいたとき、天台山を起って明州に到着した。それはちょうど、六月十日であった。かんかん照りの天気で、人々はみな気を失いそうであった。その時、亭主が銚子に丁子八分を入れて、水を一ぱいに加えて長いあいだ煎じた。はじめ、わたしはそれが何のためか気付かなかったが、彼はそれを煎じ終ると、茶椀にそそいで持って来て、わたしに服《の》ませて言った、「御僧は、この暑い時候に、遠い道を歩いて来られて、すっかり汗を流され、さぞ気分の悪いことでしょう、これをお服みなされ。」その材料は、たとえてみれば丁子一升、水一升半を煎じつめて二合ばかりにしたものだった。やがて、わたしは身体も涼しく、心持も清潔となった。

丁子は、もとより五香の一つであって直ちに茶ではないが、栄西によれば、茶は五香と同じ効果があると言う。いったい、入宋律師としての栄西は、そうした中国社会に行われていた新しい薬品や、生活文化の紹介者として、公家や武士たちから特別の尊敬を受けたのであり、特に彼が関東に下ってから、武士たちの関心はそうした点に向けられることが多かったと思われる。

『喫茶養生記』二巻の作製は、承元五年（一二一一）正月のことで、栄西七十一歳の年に当る。それが誰か貴人の需《もと》めに応じたものであることは、上下ともにその末尾の部に、「今、仰せによって撰した」と言っているのによってうかがわれ、下巻の末には特に、

承元五年辛未正月三日、無言行法の次で、自ら筆を染め、謹んでこれを書す、権律師法橋上人位栄西。

と自署している。この書の撰述の地は明確でないが、やがて建保二年（一二一四）正月に至って再治しており、この時は明らかに鎌倉においてである。『吾妻鏡』二十二によると、この年の二月四日、栄西は将軍実朝の枕頭に加持して茶をすすめ、「茶の徳を誉むる書」一巻を呈したと言う。それがこの書の一部を指すことは確かである。

いったい、日本に喫茶の風が知られたのは、すでに平安初期以来のことらしいが、

日宋交通の衰退とともにすたれ、今あらためてそれが注目されるのは、もとより宋朝禅院における喫茶の例にならうものであり、周知のようにこの風潮は、宋朝新文化の移植の一環として、後に至っていっそう強まる。栄西の『興禅護国論』は、宋朝禅の最初の紹介者としての彼の位置を決したものであるが、『喫茶養生記』の撰述は、彼の禅の性格を側面より示すものと言ってよい。たとえば、薬品としての茶の普及は、同時代の叡尊や忍性等の律宗の人々にも見られ、むしろ彼らがそれを貧人の救済や社会福祉事業に応用していることは、栄西の茶に見られぬ特色である。

ところで、『喫茶養生記』二巻は、後に日本茶道の源流と見られるが、この書はもともとその書名が示すように、健康法としての茶の功用を述べたものである。彼はこの書に序して、次のように言っている。

> 茶は、末世における健康のためのふしぎな薬品であり、長生のためのすぐれた技術である。この木の生える山谷は、神霊の地であり、これを採る人々は長命である。インドでも唐でも同じように茶を尊重し、わが日本でも昔はかつて愛好された。古来、いずれの国でももともに尊重して来た茶を、今になって顧みぬ法はない。まして、茶は末世における健康の良薬である。研究せずにおけぬではないか。思うに、太古の人の身体は、その四大の構成がすぐれ、天上の神と同様に強壮であ

ったが、末世の人は、骨も肉もひ弱で朽ちた木のようである。針も灸もともにだめで、湯治も効かぬ。それらの治療を好んで続ける人は、治療を加えるほど身体を弱めるのみである。怕《おそ》れぬわけにいかぬ。

栄西は、こうして人間の健康を司る五臓の構成と、五臓を養う五味について述べ、五臓の中では心臓が中心であり、心臓を強壮にするには苦味が必要であり、苦味は茶によって得られるとする。こうして、『喫茶養生記』に説かれる健康法は、いちじるしく密教的である。

この書は周知のように、「五臓和合門」（五臓を調整する方法）、および「遣除鬼魅門」（病魔をはらう方法）の二部より成るが、彼はそれらの根拠として『尊勝陀羅尼破地獄儀軌秘鈔《そんしょうだらにはじごくぎきひしょう》』や『五臓曼荼羅儀軌鈔《ごぞうまんだらぎきしょう》』、『大元帥大将儀軌秘鈔《だいげんすいたいしょうぎきひしょう》』等の密教の書を引く。それは、この書が栄西の青年時代以来の関心の中心であった密教研究の総決算であったことを示す。特に、五臓や五味の配当は、彼の最初の著述である『出纏大綱』を想起させる。もともと密教は、色心不二を立場とする。加持や祈禱の修法が、不老長生や色力軽安の思想に結びつく可能性はきわめて強い。特に中国において、医術や本草の学問が、道教とともに発展したことは周知のごとくであり、密教と道教もまた不離の関係にある。元来、養生とは道家の思想であり、栄西もまたこの書に、『抱朴子《ほうぼくし》』

や『桐君録』、および陶弘景の書などを引いており、さらに彼の引くその他の古典も、すべて登仙の思想につながる。有名な唐の陸羽の『茶経』のごときも、隠者の理想を述べたものとしては、道教的な色彩をもつ。それらは森鹿三氏の指摘されるように、宋初の一大百科全書たる『太平御覧《たいへいぎょらん》』の孫引であり、栄西がそれらの書を直接に研究したことを意味しない。特に彼の『喫茶養生記』は、下巻の「遺除鬼魅門」に、茶よりも桑の功用について述べており、いちじるしく上巻との調和を欠くが、それらはともに薬品としての茶や桑の功用とともに、中国におけるその由来を説く点で、文化史的な性質を強めている。彼にとって、喫茶は健康の技術であるとともに、あくまで中国の禅院における喫茶の先例に従ったものであり、睡魔を払い、仏道の修行を助けるものであった。後に虎関の編という『異制庭訓往来《いせいていきんおうらい》』に、栂尾の茶を本茶と称する理由を説いて、

開山祖師は、習禅勤行の障りは、睡魔が最も強敵たるにより、これを対治降伏するために、茶を植えて精進幢となし、華厳の教えを伝え、秘密の奥義を窮められたのである。

と言っており、それはおそらく鎌倉後期における茶の信仰であったと思われる。

いずれにしても、栄西によって伝えられた喫茶の風は、滔々たる宋朝文化の流行と

ともに、鎌倉以後の日本社会を風靡する。彼の『喫茶養生記』が日本茶道史の輝しい源流となるのは、栄西の仏教が本質的にもっていた密教思想と、宋朝禅のこよなき調和の、いっそうの発展であったと言ってよい。宋朝文化の流行は、次章で考えるように、時として意外な逸脱を示すけれども、常にそれを仏教の正道に引き戻したのは日本仏教の伝統としての密教であった。中国の禅宗が、密教の色彩を完全に払拭して、日本社会に定着し、新しい日本文化を創造するには、さらに五十年ないし百年を要したのである。

第二の章　夢中問答〔夢窓〕

一　バサラの時代

喫茶往来

建保三年（一二一五）の六月、栄西が七十五歳の生涯を閉じたのち、彼の教えを受けた直弟《じきてい》や、その二世三世たちが、鎌倉と京都を中心に、彼の新仏教を拡めていったことはいうまでもないが、彼らはすべて葉上流の台密に属する人々であった。たとえば、はじめ栄西の弟子の栄朝に学び、のちに入宋して径山の仏鑑の禅を伝えた円尓弁円《えんにべんえん》（一二〇二―八〇）が、九条道家に迎えられて東福寺を創したとき、この寺はあくまで栄西の『興禅護国論』の精神を実現しようとするものであった。弁円が道家のために書いた「総処分」と呼ばれるこの寺の創立趣意書は、明確にそのことをうたっている。奈良以来の総国分寺たる東大寺と、藤原氏の菩提寺《ぼだいじ》であった興福寺との、二字をとって名づけた東福寺は、栄西が拠《よ》り用いた『宗鏡録《すぎようろく》』の編者の名に基づいて、その山号を慧日山と称せられた。また、宋より帰った弁円が、後嵯峨天皇のためにまず最初に進講したのも『宗鏡録』であった。さらに、東福寺の光明峯寺には、空海の影堂が設けられたと言い、この寺は東密にも関係している。無住の『沙石集《しやせきしゆう》』に、円尓の功をたたえて、

本朝ノ禅門ノ繁昌、是ヨリコトヲコレリ。

というのは、けっして誇大の辞ではない。円尓は栄西によって築かれた方針を正しく推進した人である。

さらに、同じく栄朝に学び、弁円とともに径山の仏鑑に参じた栄尊や一翁も、すべて同じ傾向の人である。のちに世良田の長楽寺の二世となった一翁は、やがて新たに来朝した無学祖元の法を嗣いでいるが、彼が円尓と協力して、無学の来朝を導いたことは確かである。また、栄西の鎌倉における活動を助けた退耕行勇《たいこうぎようゆう》（一一六三―一二四一）に学んだ心地《しんち》覚心《かくしん》（一二〇七―九八）が、のちに入宋して無《む》門慧《もんえ》開《かい》（一一八三―一二六〇）の禅を伝えた例もある。彼らは、新しく宋朝の禅を受けながら、いずれも生涯にわたって台密を捨てず、禅と教を双《なら》び行じた点で、正しく栄西の禅を発展せしめた人々である。それは叡山の旧仏教に対する政治的な顧慮というよりも、彼ら自身の信仰であったと思われる。

ところが、やがて鎌倉中期より末期に至ると、彼らと異る新しい二つの傾向が現わ

れる。一つは、すでに道元によって始められていた曹洞宗の形成であり、他は蘭渓道《らんけいどう》隆《りゅう》（一二一三—七八）に始まる中国禅僧たちの連続的な渡来である。日本より入宋求法を志す人々も、やがてしだいに増加する。特に、注目してよいのは、はじめ栄西と異る正伝の仏法を標榜した道元の教団が、しだいに臨済系と同じ方向をたどるようになることである。たとえば後醍醐天皇の十種勅問のごとき、たとえ伝説としても道元の真意に沿うものではない。いずれにしても、それは、蘭渓に始まる大陸の禅の日本亡命が、もはや単なる日本仏教のみの問題でなかったことを意味する。

蘭渓道隆のために、鎌倉幕府が創した建長寺や、無学祖元（一二二六—八六）のために建てられた円覚寺は、まさしく宋朝禅の栄華を日本において再現したものである。建長寺は、明らかに南宋の主都たる臨安の径山に摸したものであり、やがて発展する京・鎌倉の五山十刹の禅は、単に宋朝官寺のそれを学んだというよりも、あるいはこれを一歩前進させたものである。少くとも、栄西門流の人々が、密教による宋朝禅の受容を計ったのに対して、帰化僧たちの禅は、大陸仏教そのものの本格的な発展であった。蒙古の大軍が博多におしよせたのは、蘭渓が没して四年、無学祖元が来日して三年目であり、円覚寺の開創は、まさしくその翌年に当る。執権北条時宗をして、あの国難をきり抜けさせたものが、無学の指導する禅の力であったか、日蓮による法華の信仰であったか、それとも皇室における台密の修法の結果であったか、今それを決する必要はない。とにかく、大陸における宋の滅亡と元の世界制覇という変動の時に際して、建長寺や円覚寺を中心とする宋朝禅の本格的な移植が始まっていることは確かである。しかもこの傾向は、北条氏の滅亡とともに、鎌倉より京都に移り、南北朝の動乱を期として、ついに中世日本仏教の主流となってゆくのである。

さらに注目すべきは、こうした宋朝禅の日本における発展が、単なる仏教内部の問題にとどまらず、それが大陸文化の移植を伴ったことから、日本の新しい権力者たちを中心として、日本人の宋朝風の趣味生活に影響し、独自な中世日本文化の形成に進んでいることである。たとえば、かつて栄西が移入した喫茶《きっさ》の風習が、しだいに一般社会の関心を呼んで、新しい社交様式としての茶寄合《ちゃよりあい》の流行を生み、新しい権力者の間にバサラと呼ばれるぜいたくな中国趣味を生んでいることである。もとよりそれは脱線であるが、禅がそうした中世文化の動揺とともに定着し、趣味の洗練や深化を導いたことは認めねばならない。少くとも夢窓や大灯が生きた時代は、一方にそうした徹底した文化のデカダンスが見られるとともに、これに対する反省がようやくに起り始めた頃である。

今、玄慧法印（一二六九―一三五〇）の編集とされる『喫茶往来』と、有名な兼好の『徒然草』によって、この時代の空気をうかがってみよう。玄慧は花園法皇にはじめて宋学を講じた人として知られるが、彼はまた足利尊氏や直義の帰依をうけ、『太平記』の成立にも関係する当代一流の文化人である。また『大灯国師行状』によると、有名な正中の宗論（一三二五）で、彼は叡山側を代表して、南禅寺の通翁鏡円や、宗峯妙超（大灯）と対論し、後には宗峯のために大徳寺の開創を助けたとも言われる。『喫茶往来』の編者としての玄慧は、必ずしも確かと言えず、かなり微妙なものを残すが、今は直ちにその記載を見ることにしよう。

そもそも彼の茶会と言えば、客殿に珠《たま》のすだれを懸《か》け、前庭に白沙をしきつめ、軒に幕をはり、窓に帷《とばり》をつるし……、左には張思恭の彩色の絵——釈迦仏が霊山に説法したもうおごそかなる作品を、右には牧渓の墨絵の観音——すなわち普陀山に姿を現じたもうのびやかなる作品をかけ、さらに普賢《ふげん》と文殊《もんじゅ》の図を両脇とし、前には寒山・拾得《じっとく》の図をかざる……卓には金襴をかけて胡銅の花びんをおき、机には錦繡をしいて鍮石《ちゅうせき》の香匙《こうじ》と火箸《ひばし》を立てる。花びんのあたりにはあでやかな花が匂い、呉の名山の千葉の美しさを思わせ、炉《ろ》の中には芬郁《ふんいく》たる名香が、遠き海の彼方《かなた》より岸に打ち上げた三銖《さんじゅ》の烟《けむり》を偲《しの》ばせる。客のための胡床《こしょう》には豹の皮をしき、主人の坐する竹の椅子が金の砂の上におかれる。さらに、あたりのふすまには、種々の唐絵をかざり云々。

ここに描かれている豪奢な茶会の様子は、直ちに『太平記』の「公家武家栄枯地ヲ易《カ》フル事」が伝える、有名な佐々木道誉の茶会を連想せしめる。極度にぜいたくなこの茶会の中心をなすのは、舶載された中国文化に対するひたむきな信仰である。それは、うちつづく動乱を乗り超えて、にわかに功を成した一旗物の心情を思わせる。当時彼らの間では、諸方の茶を飲みくらべて、その出所を当てる遊戯が流行していた。かつて栄西が伝えた喫茶の法と、それはきわめて異質であり、むしろ平安末期以来の新しい実力者たちの中国趣味が、その極限にまできたものと言ってよい。夢窓の『夢中問答』第五十七段に、

今時世間にけしからず茶をもてなさるるやからを見れば、養生の分にもなるべからず、いはんや其の中に学のため道のためと思へる人あるべからず。

と言っている。しかし、当時の茶の流行を追う人々は、かつての古代日本のよき時代であった平安貴族の生活趣味を、宋の文化と生活様式の摂取によって革新しようとするのである。それは一面に野放図で粗大な精神であるが、とにもかくにも、当代の大陸で、最も爛熟した文化社会を背景として成立していた禅宗の思想を、この国の風土に移植するのに、それが役立ったことは否定できない。

貞治二年（一三六三）に書かれた鎌倉円覚寺の『仏日庵公物目録《ぶつにちあんくもつもくろく》』によると、南宋より元朝に至る大陸の代表的な墨蹟や水墨画の逸品が、ほとんど完全に網羅《もうら》されている。前記の『喫茶往来』の記載に見えるのも、もとよりその一部であるが、周知のように、それらが後の『君台観左右帳記《くんだいかんさうちょうき》』の品評の基礎となり、室町文化の理想とされたことはいうまでもない。新しい権力者たちが、それらを真に理解し得たかどうかは、今の問題でない。むしろ、新しい実力者たちがわがもの顔に右往左往する乱世の片すみに生きて、手放しの中国文化一辺倒の様子を眺めながら、有名な「不完全の美しさ」を主張した兼好について、次に節をあらためて考えてみよう。

乱世の徒然

兼好が『徒然草』の稿を終えたのは、元徳二年（一三三〇）、彼の四十八歳の頃であるという。それはあたかも建武中興の四年前である。当時、彼の身辺にはすでに持明院統と大覚寺統の対立が、決定的な様相をもって迫っていたはずである。彼が特に、後醍醐天皇に位をゆずった二十二歳の新院花園上皇の歌として、

殿守のとものみやつこよそにして
　はらはぬ庭に花ぞ散りしく

の一首を書き留め、「今の世のこと繁きにまぎれて、院にはまゐる人もなきぞさびしげなる、かかる折にぞ、人の心もあらはれぬべき」と言っているのは、おおいに注意してよいであろう。兼好がこの記事をかいたのは、おそらく右の元徳よりもさらに十年を溯《さかのぼ》る頃のことと思われるが、彼の『徒然草』は、そうしたこと繁き世にまぎれぬ、まれなる人の心の真実を書き留めようとしたものと言ってよい。

『徒然草』が、中世社会の根底をなす無常の道理を、最も深く人々に訴えた書であることは、すでに周知のとおりである。『方丈記』に始まる末の世の無常の慨《なげ》きは、この書に至って一つの悟りに達したと見てよい。必死に無常の世に堪えようとする無名の人々の心を、兼好は常なるもの以上に永遠であり、美しいものとする。ものとのおりたるは、すべて悪しきものである。それは乱世の片すみに生きる中世知識人の宗教であり、哲学である。有名な第百三十七段の、「花はさかりに、月はくまなきをのみ見るものかは」という主張は、そうした無常の体験から生れた。そこには、「月花をさのみ目にて見るものかは」という別の見方が潜んでいる。本居宣長がこれを批評して、「後の世のさかしら心」であり、「まことのみやび心にあらず」というのは、おそらく中世という時代を知らぬものである。宣長とても、前節に引いたごとき豪奢な茶会を、まことのみやびとはせぬであろう。兼好が、『徒然草』の第八十二段に、

「羅の表紙は、とく損ずるがわびしき」と人のいひしに、頓阿が「羅は上下はづれ、螺鈿《らでん》の軸は貝落ちて後こそいみじけれ」と申侍《はべり》しこそ、心まさりて覚えしか。一部とある草子などの、同じやうにもあらぬを見にくしといへど、弘融僧都《こうゆうそうづ》が、「物を必ず一具に調へんとするは、つたなきもののする事なり、不具なるこそよけれ」と言ひしも、いみじく覚えしなり。

と言うのは、まぎれもなくそうした上代的な完全性の否定を指す。「不具なるこそよけれ」とは、単なるさかしらではない。それは上代的な不完全や不備未熟ではなくて、中世的な価値の本質を言ったものである。たとえば、第九十七段に、

その物につきて、その物を費しそこなふ物、数を知らずあり。身に虱《しらみ》あり、家に鼠あり、国に賊あり、小人に財あり、君子に仁義あり、僧に法あり。

という場合の、仁義や法は、それが誤った仁義であり不完全な法であるが故に、君子や僧をそこなうのではない。むしろ、従来ならば君子や僧の本質と見られた仁義や法が、実は虱や賊と同系列のものにすぎぬとする批判である。ここには、世間的なものと出世間的なものを、ともに同列に観照する冷徹無比な批判精神がある。それは第二百十一段に、

よろずの事はたのむべからず、いきほひ、たから、才、徳ありとて頼むべからず。

という場合についても全く同様である。有名な「高名の木のぼり」の話なども、単なる処世訓ではなかろうし、第九十八段に、『一言芳談』より引く法然の念仏の教えなども、謂《い》うところの念仏に尽きぬものをもっているように思われる。また、第百九十三段に、文字の法師と暗証の禅師の争いについて言うのも、ここでは『摩訶止観《まかしかん》』の原意とも、かつて栄西が『興禅護国論』でとり上げたのとも、すでに問題意識が違ってきている。これらの根底には、すべての頼むべきものの失われた時代に生きねばならぬ中世人の人生観がある。それは、謂うところの悟りをもう一度切り捨てたような悟りである。ここから、兼好の「生を愛すべし」という人間肯定の主張が生れる。

いったい、兼好がくりかえし主張するのは、「ただ今の一念」である。たとえば第九十二段に、弓射ることを習うのに、二本の矢を持つなかれと言い、第百八段に、寸陰を惜しむべしと説き、第百八十八段に、一事をなさんと思わば他事を思ってはならぬ、というのなどがそれである。これらは通途《つうず》に解せられるような倫理的な意味でも、単なる処世の術でもない。ここには、ただひとすじの道に生きるしかない中世知識人の悟りが、最もはっきりと看取される。それは、第二百三十五段に、「ぬしある家には、すずろなる人、心のままに入りくる事なし……虚空よく物を容る、我等がこころに念々のほしきままに来りうかぶも、心といふもののなきにやあらん。心にぬしあらましかば、胸のうちに若干のことは入りきたらざらまし」と言っているのによって明らかである。それは、無常な人生の瞬間瞬間を、最も充実して生きる意であるが、ここではむしろそうした人間的な努力の限界をつき破ったところがあるようである。只今の一念は、不具なるものを美しいとする立場と表裏する。つれづれなるままに日暮らし硯《すずり》にむかっている兼好は、そうした只今の一念に生きた人である。

兼好の悟りが、いかなる仏教によって導かれたかはわからない。彼は若い頃から叡山の横川《よかわ》にこもって、かなり長い修行の生活を過しているし、旧仏教の教養は、『徒然草』の随処にうかがわれる。法然の念仏や、時衆の記事も散見する。しかし、彼の仏教はおそらくそうした新旧の宗派にかかわらぬものであったようである。最近、注目されているのは、安良岡康作氏の「兼好の遁世生活とつれづれ草の成立」(『文学』昭和三十三年九月)に指摘される大応国師の系統の禅との交渉である。大徳寺文書によると、兼好は元亨二年(一三二二)四月二十七日、当時、彼の経済生活の重要なささえであった山城国山科《やましろのくにやましな》小野庄の水田一町を、大応国師の塔頭《たっちゅう》である龍翔寺《りょうしょうじ》に売却している。彼が受けとった三十貫文は、かつて彼がこの水田を買った時の九十貫文に比して三分の一にすぎず、実際は寄進であったと言ってよい。彼はこの頃を境として、過去十年の横川隠棲を止め、中央歌壇に活躍する。それはまさしく後醍醐天皇による建武中興の準備が、着々と進められていた頃である。これにつづく『徒然草』の完成は、けっして隠遁のつれづれをまぎらすものではなくて、あえて事繁き世の流れに棹《さお》さした一智識人の提言であった。

当時、龍翔寺の塔頭を守っていたのは、大応国師の弟子絶崖宗卓《ぜつがいそうたく》（ー一三三四）であり、それは大応寂後十四年目のことである。宗卓は、その四年前に当る文保元年（一三一七）、後宇多天皇の勅によって南禅寺に住しており、同門の宗峯妙超《しゅうほうみょうちょう》（大灯）とともに、しきりに花園法皇の室に入内《じゅだい》している。兼好が中央歌壇における一方の雄として、それら皇室周辺の禅僧と交渉をもっていたことは、きわめて自然に推せられる。『徒然草』には、不思議にも禅に関する記載を見ないが、彼の主張の根底に潜んでいる悟りは、あるいは最も禅に近いのでなかろうか。

放下の禅師

前節に見たように、新来の禅宗は、鎌倉末期より南北朝にかけて、ようやく京都を中心として日本の国土に定着する。かつて王城の仏教の伝統を守って、栄西や大日能忍の禅宗の興行をはげしく弾圧した旧仏教は、やはりその態度を改めはしなかった。それは、浄土教や日蓮の宗教についても同様であるが、鎌倉新仏教のうちで、特に旧仏教の地盤である皇室や上層知識人を新しい布教の対象とする臨済系の動向に、旧仏教としては、すこぶる黙し難いものがあったと思われる。たとえば、無象静照《むしょうじょうしょう》の『行状記』や、東巌恵安《とうがんえあん》の『行実』、および『太平記』第二十四の「天龍寺建立ノ事」以下の数段、巻第四十の「南禅寺ト三井寺ト確執ノ事」などに、その一端をうかがうことができるが、政治的な問題を別とするならば、対立は禅の教外別伝や不立文字の立場に対する誤解に出ているものが多い。誤解は、もとより新旧いずれの側にもあるが、当時、禅を主張する人々の側に、かなりのいさみ足があったことは事実である。無象静照が『興禅記』に説く禅の弁護は、かつての栄西の『興禅護国論』の論調を一歩も出ていないが、それは、当時の禅宗がなおそうした空見に堕する傾向にあったからである。永仁三年（一二九五）に源有房が書いた『野守鏡』や、その翌年の成立と言われる『天狗草紙』によると、すでに巷間に禅を売物にする野狐禅の目にあまるものがあったらしい。辻善之助氏の『日本仏教史』第三巻に引く後者の文を借りるならば、

> 放下の禅師と号して、髪をそらずして烏帽子《えぼし》をき、坐禅の床を忘て、南北のちまたに佐々良すり、工夫の窓をいでて東西の路に狂言す。又叢林に居する僧、案貴《ママ》をまほる輩、鉄壁に向て□《ママ》をかふり、銀山に対して道をふさく。寸草なき万里に

正路をうしなひ、嶮崖に手をはなちて泥梨に堕す。一棟《ママ》をくたす所をしらず、何ぞ喝する時節をわきまへむ。知識なを見解なし、小師あに得法せんや。われ本分をえたりと自称す、痴見解の至極なるべし。ここをもちて、摩訶止観云、淮河の北に大乗を行する人あり、禁なくして蚫《へび》をと□《ママ》ものなりと。又髪を被、祖身にして礼度によらず、又蓬頭散帯たるあり。如此の輩、世にあらば、これすなはち魔果をたとみ、もて宋朝の亡国になりぬる事、ひとへに教法すたれて、禅門さかりなるゆへなり。

とある。ここには、新来の禅に一辺倒であった人々の実態が、かなり克明に伝えられている。放下は、後に大道芸人を指す言葉であり、能楽の題ともなるが、元来はすべてを捨てきった無所得の境地を指す禅語である。それは物欲をすて、伝統的な固定観念を捨てた自由人のことであるが、ややもすると禅とニヒリズムが安易に混同されることは、昔も今も変らぬらしい。右の天狗草紙の記事は、当時の禅者が得々としてそうした自由の生活を誇示したことを推せしめる。巷間に出た禅は、心地覚心が伝えたと言われる普化宗《ふけしゅう》のように、あるいは念仏と習合し、時衆の活動ともつながるものを想像せしめる。新来の禅宗がそうした形で社会に進出していたことは大いに注意してよいであろう。蓬頭散帯は、いかにも寒山・拾得の像を想像せしめる。宋朝の禅僧の中に、時に長髪の人があったことは事実である。日本人でも、大応国師に学んだ月谷宗忠のごときは、頭髪鬔鬆《ほうそう》として双眉青しと言われる。問題は、異様な外形が必ずしも内実を伴わぬことである。南宋の滅亡が、禅宗の盛んであったためというのは、旧仏教にとっていかにも恰好の論点である。新しい禅宗の流行が、人々に不吉な思いをさそったこともあったに相違ない。『野守鏡』は、明確にそのことを衝いて次のように言っている。

禅宗の諸国に流布することは、関東に建長寺を建てられしゆへ也、是まことに神慮にかなはざりけるやらん、建長・正嘉・正元と打続き人のやみうせ、飢饉せしことおびただしかりし事ぞかし、是をもまた思ひ咎むる人なかりしかば、文永に彗星いで、また箱崎宮焼しにも、御託宣の旨をさとる人なかりし程に、異国の難きたり侍りき。それよりして今に至るまで、国のさわぎとなれり。また後鳥羽院の御時、建仁寺いできてのち、王法衰へ、かの寺、禅院の洛陽にたてし初めなり……すでに都鄙、建の字の年号の時、禅院みなたちはじめて後より、仏法すゑになれり、恐るべきはこの建の字、つゝしむべきはまた禅の法なり。ただしいづれも仏法なれば、そのとがあるべからずといへども、かの宗の趣きは、自然智厳の義をたてつつ、扇をあげ木を動かして、得法をしるやうになるによりて人皆迷へり、まことに上根上智、もしは広学多聞の人より外は、その心をさとるべからず、しかあるに学もなく、智もなき下根のともがら、をろかなる心を師として、是を伝習はんに、豈《あに》邪見にいらざらんや。……すべて至りてかしこきと至りてをろかなるとは、ものにいたく不審をなさざるが故に、今此宗の心得がたきをも心得易く思ひ、さとりがたきをもさとりやすく思へり、至りてをろかなる所也。然則末世の下根になりて、この宗盛りに流布せるなるべし。

これによると、建仁と建長の二寺が、新しい禅の根拠地であったらしい。栄西の系統と渡来僧たちの宋朝禅が、すでに人々の批判を受けていたのである。『野守鏡』の他の部分に見られる国粋的な神道信仰は問題であるが、禅が日本仏教の伝統に対する異端であったことは確かである。「心を師として」とは、自分勝手にふるまうことであり、正しくは自由の意である。この言葉の由来については、あらためて考えねばならぬが、ここでは広学多聞と反対に、それが空疎な邪見や無知嬾惰《らんだ》の意に用いられていることに注目しよう。一般社会の人々の眼に映じた禅宗は、おおむねそうしたものであった。『野守鏡』は、禅宗に対する十種の非難を挙げる。その要は、不立文字・教外別伝と称して諸教を軽んじ、心がすなわち仏だと言って惰眠を事とし、妄想妄念をほしいままにするものがあったと言う。さらに、臨終に辞世の頌《じゅ》を示して、生死自在の心境を誇るが、たいていは平生に作っておいたものであり、単なる名聞にすぎぬとも言っている。臨終の問題は、『徒然草』の第百四十三段にもまた次のように言っている。

人の終焉の有様のいみじかりし事など、人の語るを聞くに、ただ閑にして乱れずといはば心にくかるべきを、愚かなる人はあやしく異なる相を語りつけ、いひし言葉もふるまひも、己が好む方にほめなすこそ、その人の日来の本意にもあらずやと覚ゆれ。

この一段は、『吾妻鏡』第五十一、弘長三年十一月二十二日の条に、三十七歳の最明寺入道北条時頼が、

業鏡高懸、三十七年。
一槌打砕、大道坦然。

の一頌を遺して、動揺の気もなく終焉したという記事を想起せしめる。この偈《げ》が、彼より十五年前に死んでいる中国の笑翁妙堪の遺偈《ゆいげ》のイミテーションであることは、すでに古くより知られている。『吾妻鏡』の記載についての史実的な考証は、全く必要でない。禅者の死を、何か普通人のそれと異ったものとする考え方の発生そのことが重要なのである。無住の『沙石集』は、その巻十に「臨終目出キ人々ノ事」の一段を

設けて、栄西、法心《ほっしん》、蘭渓、聖一《しょういち》、院豪《いんごう》等のすぐれた辞世、あるいは入寂の不思議を伝える。それらは、おそらくはすべて真実であり、すぐれてまれなる事実であった。しかし、禅宗が一般社会に広まるにつれて、宋朝の禅僧と同格の辞世を求めることには無理が生れる。鎌倉末より南北朝に至る頃は、まさしくそうした時代であった。事は遺偈のみにとどまらない。不立文字・教外別伝という禅の立場そのものにとって、さらに多くの困難があった。第一、中国において禅宗が発生したのは、仏典の学問研究の行きづまりを打開するためであった。超えられる教があってはじめて教外の禅は意味をもった。栄西等が宋朝の禅を求めたのも、叡山の旧仏教を建て直すためであった。ところが、今は様相が違ってきていた。宋朝の禅宗と宋朝文化そのものが時代の課題であった。叡山の仏教も、またすでに昔日の権威を失いつつあった。栄西や弁円が方向づけた日本的な教禅一致の線と、渡来する中国僧による宋朝禅の立場は、すでに多くの矛盾を示しはじめた。一方には徹底した禅のデカダンスが始まりつつあった。そうした混乱の中に、夢窓と大灯という二人の天才が登場するのである。

二　幻住の思想――夢窓の生い立ち――

九想の図

夢窓が生れたのは、鎌倉時代もようやく中期を過ぎる建治元年（一二七五）である。蒙古軍がはじめてわが国に来襲する文永の役はその前年であり、二度目に壊滅する弘安の役は、彼の七歳の年に当る。それはまた親鸞滅後十三年、日蓮が身延に隠れた翌年であり、言うなれば、鎌倉新仏教の成果が、ようやく人々の評価を決しはじめる頃である。さらにまた鎌倉建長寺の開山蘭渓道隆の入寂は、夢窓の四歳の年であり、同じく円覚寺の開山無学祖元の来日は、さらにその翌年である。後に大徳寺を開く大灯は夢窓の七歳の時に生れており、その法を嗣ぐ妙心寺の関山慧玄は、夢窓より二歳の後輩であった。周知のように、これらの人々が、そろって鎌倉新仏教の後を承《う》け、日本中世仏教の大山脈を形成するわけである。

後にわが五山の禅宗を代表する大教団の開祖となる夢窓には、かなり多くの伝記資料が書かれている。最も重要なのは、彼の血縁の甥であり、宗門のすぐれた後継者であり、事実上の相国寺の開山である春屋妙葩《しゅんおくみょうは》が、師の寂後に直ちに編した『天龍開山夢窓正覚心宗普済国師年譜』であるが、同じく妙葩が、宋より来たって夢窓なき後の天龍寺や南禅寺の住持となった東陵永璵《とうりょうえいよ》に書かせた『塔銘』があり、さらに妙葩とならぶ夢窓門下の一方の雄である義堂周信や絶海中津《ぜっかいちゅうしん》が、当時における中国文壇の最高峯と見られていた宋濂《そうれん》に書を送って撰せしめた『碑銘』もある。また別に夢窓その人の自叙伝とも見られる『西山夜話』や、『臨川家訓』なども参考されてよい。今日、それらはすべて妙葩の編した『夢窓国師語録』に収められており、夢窓の南禅寺より天龍寺に至る開堂語録を含めて、夢窓の伝と思想を知るための根本資料となっている。

また、夢窓には、彼の晩年の帰依者であった足利直義に与えた和文の法語を集めた、有名な『夢中問答』があり、この書の念仏の説に対して、浄土宗の智演（一二八三―一三七二）が『夢中松風論』を書いて批判したのに答えた『谷響集』の作もある。いずれも仮名法語としてすぐれたものであり、わが国における禅宗発展の歴史の上からも、夢窓の仏教を知る重要な手がかりである。以下、これらの資料を主として、彼の生い立ちと思想をうかがうことにしよう。

『年譜』によると、夢窓の父は伊勢の人で、源氏の末流であり、母は平氏の出身と言われる。一説には、近江の佐々木氏の支族とも言うから、有名な佐々木道誉の血族である。もとより両者の直接交渉は認められないが、夢窓の多難な生涯は、激動の乱世を巧みに生き抜いた道誉と一脈相通ずるものを思わせる。

夢窓の四歳のとき、父は母方の族の争いを避けて、一家を挙げて甲斐に移っており、彼の母はこの年に死んだという。そのためか、彼が九歳になると、父は子を伴って平塩山の空阿大徳の下に行き、固く出家を願っている。それが、敵方の追手を逃れるためであることは容易に推せられる。翌年、十歳の子はすでに母の菩提を弔《とむら》って、『法華経』を誦している。『年譜』は、彼が継母に仕えて至孝であったというから、この頃、夢窓は平塩山寺と生家の間を往来しつつ成人するのである。平塩山は本来は天台宗であったが、当時は真言宗に属し、東密系の有力な学問道場であったらしい。十三歳になった頃、彼は自ら『九想の図』を画いて一室に対坐思惟したという。運命の家系に生れた子の胸中には、すでに恩愛の世に対する厭離の願いがきざしはじめたのであり、しだいに自律的な出家の志が熟したことを物語る。

『九想の図』というのは、人の屍体が膨脹し、変色し、腐敗して、しだいに白骨の破片と化する順序を、九つの図に画いたもので、道に入った若い修行者たちは、愛欲の激動を制するために、まずこれを細かに観察し、意識を集中してゆくのである。古代インドでは、実際に塚や墓地の中に出かけて、屍体と対坐したらしいが、後にはそれを図に画いたものが作られ、敦煌《とんこう》写本の中にもこれを詠じた詩があり、わが空海の『性霊集《しょうりょうしゅう》』にも、その作品が収められている。また、源信の『往生要集』に、同じ不浄観が説かれ、日本人の精神生活に大きい影響を与えていることは、周知のごとくである。

こうして、自覚的な修道生活に入った夢窓に、やがて一大転機がおとずれる。生涯を通じて、夢窓は幾度も心境の変化を乗り越えているが、これはその最初であり、謂うところの教より禅への転換である。十八歳になった年、彼は奈良にゆき、叔父に当る内山明真なる講師を介して、戒壇院で具足戒を受け、一人前の僧として出発するのであるが、この頃まで彼が師事して来た学問の師がにわかに死に、その臨終の様子に疑念をもった夢窓は、生死の問題に対する学問の無力を痛感するのだ。空阿大徳、および右の学問の師について、他の資料の徴すべきものはないが、夢窓の仏教の形成にとって、いずれも重要な人々である。夢窓は、百日を期して一室にこもり、深く従来の自己の学問を反省し、ついに禅の道を選ぶのである。彼が自ら夢窓、および疎石と名乗るのは、この時の一夜の夢に、唐の疎山と石頭の二禅師に出会ったのによるという。彼が禅を選んだのは、おそらくそれが従来の真言や台密の学問と異る新しい魅力ある仏教として、すでにかなり広く知られていたことを示す。

禅を選んだ夢窓は、まず紀州由良の興国寺に心地覚心を訪うべく、甲斐より京都に上る。心地覚心は、すでに見たように、はじめ栄西の門弟行勇に学び、入宋して無門慧開の禅を伝え、高野山の金剛三昧院や、京都の北山妙光寺に開法し、密教と禅と念仏に通ずる人として、広く人々の信仰を集めていた人である。一遍の時宗やぼろんじと呼ばれる普化宗との関係が伝えられるように、心地の禅は、他の人々に比して庶民的習合的な性格をもっていたらしい。この頃、心地はすでに八十八歳である。東密の寺に養われた夢窓が、禅への転出を志して、この人を師に選ぼうとしたのはきわめて自然であった。当時、鎌倉は、来朝する宋の禅僧による本格的な禅宗の根拠地である。禅を志した夢窓が、近くの鎌倉に向わなかったのは、おそらく幼時以来の密教を完全に捨て得なかったためであり、それは後からみると鎌倉の禅に対する彼の一つの対決を示すものであった。事実、禅宗は夢窓によってはじめて鎌倉より京都に移されるのである。

運命は実に皮肉であった。鎌倉を避けて特に心地を訪うために、わざわざ京都に来た二十歳の夢窓は、ここで偶然の機会から建仁寺に入り、蘭渓道隆の弟子に当る無隠円範に参じ、にわかに鎌倉系の本格的な宋朝禅に近づいてゆく。この時代の建仁寺は、先の『野守鏡』にあるように、建長寺とともに新しい宋朝禅の根本道場である。はじめ天台宗の末寺として出発したこの寺も、今やしだいに禅宗の専門道場として脱皮しつつあった。栄西が入寂してより八十年、偶然に建仁寺に来た夢窓は、こうして自ら進んで本格的な禅宗の流れに身を投ずる。翌年、彼は鎌倉に下り、東勝寺の無及徳詮《むぎゅうとくせん》、建長寺の葦航道然《いこうどうねん》と痴鈍空性《ちどんくうしょう》、円覚寺の桃渓徳悟《とうけいとくご》等の蘭渓下の諸師に歴参し、永仁七年（一二九九）に至ってふたたび建仁寺の無隠の下に帰り、ここでやがて来朝僧一山《いっさん》一寧《いちねい》に出遇う。

一山一寧は、はじめ元寇後の親善使節として西磵子曇《せいかんしどん》と共に来朝した人であり、彼が建長寺に開堂するのは、正安元年（一二九九）十二月七日である。彼の鎌倉における人気は未曽有のことで、天下の修道者が建長寺におしかけ、この寺の収容人員をはるかに超過したために、偈頌《げじゅ》による入門の試験が行われたという。

しかし、偈頌の試験を最高の成績でパスし、いよいよ第一流の宋僧の下で、本格的な禅の修行を始めることになった夢窓は、やはりそれに満足しなかった。年譜によると、翌年、二十六歳の彼は建長寺を辞してひとり出羽に旅出つ。途上、ふとした機会から、ふたたび天台の学問と止観に対する関心がよみがえり、鎌倉の禅宗そのものへの疑問が、しだいに彼の心を動揺せしめる。これは夢窓の生涯における第二の転機であるが、夢窓が、このような動揺をのりこえて、ふたたび禅への前進を決するのは、この頃はじめて那須の雲巌寺の住持であった高峯顕日《こうほうけんにち》（一二四一―一三一六）の名を聞き、やがて鎌倉に帰ったとき、あたかも万寿寺の住持として鎌倉に来た顕日に参じてからである。彼はついにこの人の法を受けるのであり、後に室町時代の五山の禅の開山としての夢窓は、この顕日との偶然の出遇いによって誕生するのだ。

いったい、夢窓が一山の下を離れて、ひとり奥州に旅出した疑問は何であったか。また仏国禅師高峯顕日とはいかなる人か。次に夢窓その人の言葉によって、それをうかがうことにする。

ひとり坐禅

『西山夜話』によると、後年、夢窓は弟子に語って次のように言っている。

わたしは、二十歳ではじめて建仁寺の門をたたき、僧堂にこもって、ひたすら禅の法を求めた。翌年の冬、関東に下って巨福山《こふく》（建長寺）にとどまっていたとき、一人の先輩がわたしに云った、「君は、古人の開悟の話を集めた語録の書のあることを知っているだろう。それは、初歩の修行者に、求道の手がかりを与えるためである。今頃は、それが誤られて、ほとんど名聞利養の道具となっている。自ら修道者と称しながら、師に参ぜず語録をよまず、ただぼんやりと坐禅ばかりしているのは、すべて禅の書の目的を知らぬものだ。末法の世に、真の師と言いうる人は少い。せめて志をはげまして禅の書を読むなら、古人こそわが師である。どこに古と今との時間の差があろう」と。わたしは、その通りだと思って、坐禅の余暇に、衆寮（図書室）に入り、ひたすら語録に親しんだ。あたかも、そのころ一山国師が建長寺と円覚寺に住せられたから、わたしは数年のあいだ朝な夕なに彼に参じて、禅の宗旨を極めた。そして禅の宗旨はもはや知らざるところなしと考えた。ところが、わたしは同時に、いまだ胸中はなはだ穏かならぬものがあるのに気づいた。このときはじめて、「外よりとり込んだものは真に自己の宝でない」ことを知ったのである。わたしは学問を捨てて、禅の門に入りながら、学ぶ対象は変っても、それを知解《ちげ》によって究めようとしていたのである。それは、空しく時を送って、真実の自分の生命をくらますにすぎなかった。すぐにわたしは、年来集めてきた雑物を火に投じた。その頃、仏国禅師（高峯顕日）が万寿寺におられた。わたしははじめてその室に入り、わたしの胸中をうちあけた。仏国は歎じて云った。「余もまた十六のとき、東福寺で出家し、一人の先達についたが、彼は余に禅録を読むことを教えた。余は最初の一行を見て、それがいかなる意味かを彼に尋ねた。彼は、禅門の教えは、一般の学問のごとくでないから、それを説明するわけにゆかぬ、と答えた。もし説明していただけぬなら、どうして禅録の趣旨を知るのか、と問うと、彼は、自分で悟って知るほかはない、と云う。自分で努めて書を読むことで、自然に悟りが得られるのか、と問うと、彼が言う、もし悟りたければ、ひたすらに自から究めよ、と。余はそれを聞くと、もう書を読むことをやめて、すぐに僧堂にこもって打坐した。多くの仲間は余にすすめて言った、少年時代には、まず学問すべきである。一時の出来心でよく終りを完《まっと》うできるものではない。老いて必ず後悔するぞと。余は決意を変えず、ますます坐禅につとめた。今、すでに六十を過ぎて、なお悔いることがない」と。師は言い終って笑った。わたしは彼の激励をきき、いよいよ決意を堅めた。風雨をはばからず、毎日参禅した。少しばかり進歩があったが、なおいまだ十分とは言えなかった。それで、わたしは深山幽谷の間に退いて、ひたすらこの道を究めようと思った。ひとり鎌倉を出て奥州に下り、とある山中に庵をむすんで自ら誓った、「もしこの道を究明し得ぬなら、草木とともにここに朽ち去ろう」と。警策の書として、『円悟心要』と『大慧書』、および『林間録』だけを机上に置き、他は何も留めなかった。庵居すること三年、わたしの心境はなお純一とならなかった。

ある日、突然わたしの心中に、仏国がわたしと別れるに際して教えてくれた次の言葉がよみがえった、「修行者よ、もし世間と出世間とのあいだに、一すじの毛ばかりもわだかまりを残すなら、それはまだ悟りではない」と。わたしは、すでに世間の道理について、何の執着もないと思っていたが、しかしまだひたすらに仏法の道理を思うことそのことが、悟りのさまたげとなっていることに気付かなかった。この誤りに気づいたとき、わたしの心から動揺の念が消えた。私はただひたすら従来のままに時を過したが、ある晩、今まで私の胸中にわだかまっていた妄念のカラを、驀然《まくねん》とつき破ることができた。そして、仏国が教えた言葉の嘘でないことを知った。それからというものは、今まで携えて来た三部の語録まで、すべて人にくれてしまって読もうとも思わず、横になって眠ることもなく、ひたすら暇のあいた心を守って、すでに二十年を過した。昨今、老衰で不断の坐禅に堪えられなくなって、いかなる業風の吹きまわしか、寺をもち弟子を養って、西東にかけ廻ることとなった。しかし初志を誤って塵縁に混じ、本来の生命を失うことはない。それも、かつての常坐不臥の力によるのである。

これは夢窓の自叙伝である。ここには、実に多くの事が語られている。なかんずく、彼と仏国との内面的な出遇いの秘密を、かなり明確にうかがうことができる。夢窓は、後に見るように、学問と禅との二元的な分別を、きびしく戒めた人であるが、ここでは、知解による禅の理解が、本当の理解でないことを、自己の体験と仏国の言葉によって示している。おそらく最も豊かな広学多聞の天分に恵まれ、そうした学問の環境に育ってきた夢窓にとって、知解の放棄は、きわめて難しい課題であった。その解決を彼は常坐不臥の坐禅の道に求めているが、それが一般に考えられやすい単なる打坐や閑坐でないことは明らかである。また、仏国との問答が、謂うところの公案によるものでないことは、おおいに注意しなければならない。日本における禅宗の歴史の中で、開悟の道程を自ら明らかにしたもの、あるいは夢窓が最初でなかろうか。このことは、後に大灯にも、白隠にも明らかにうかがわれるが、彼以前においてはその記録を見ぬように思われる。

彼は、同じ『西山夜話』の中で、仏光が仏国に告げた言葉として、この国の修道者が、ひたすら才智を求めて、真実の悟りのあり方に気付かず、ひろく内外の典籍をよんで、文章の巧拙を問題にするのみであることと、逆にそうした博覧強記にたええぬ者が、もっぱら無意味な閑坐を事として、真実の道を見失っていることをあげて、強く彼を戒めたと言っている。当時、新来の禅を志すものにとって、まず何よりも必要であったのは、大陸の文化と教養に通ずることであったが、そうした必要がいつの間にか目的となり、本当の道が忘れられていたのである。夢窓の鎌倉禅に対する再度のためらいも、おそらくこれと関係していたと思われる。

投機の偈

夢窓と仏国との出遇いは、『年譜』によると正安二年(一三〇〇)、一山の許《もと》を辞して、第一回目の奥州旅行のとき、那須を過ぎてその徳望を耳にしたのが縁である。彼は、直ちに雲巌寺に上るが、あたかも仏国は鎌倉の浄妙寺に出かけていて遇うことができず、その留守を守る太平妙準の好意でここに越冬し、やがてふたたび建長寺に帰って、しばらくは一山の許にとどまるのであり、それより三年目の嘉元元年(一三〇三)、いよいよ鎌倉の万寿寺に仏国を訪うのだ。このときの最初の問答は、およそ次のようである。

仏国問う、「円覚和尚(一山)が君に教えたのはどういうことか、試みに言ってみよ。」

師云く、「私には教えというものがなく、また人に伝えるべき法は何もない。」

仏国は声を荒げて言う、「どうして言わぬのだ、『和尚さん、ぼけようがきつうございますぞ』と。」

『年譜』は言う、師、言下に省あり、しかれども機弁なお滞《とどこ》おるあり、誓って言う、われもし大休歇《きゆうけつ》の地に到らずんば、決してまた来って和尚に見《まみ》えず、と。

言下に省ありとは、自己本具の真理に気づくことであるが、なおいまだ十分ならざる意である。こうして、夢窓は第二回目の奥州旅行を志す。彼は遠く奥州白鳥に至って庵居し、ついで常州臼庭《うすば》まで帰ったとき、前に引用した『西山夜話』で夢窓が自ら語るような経験を得て、ついに仏国の真意を悟るのである。『年譜』はこの時の様子を、次のように伝える。

五月末のある日、庭前の樹下で涼をとって坐していたとき、思わず深更に至った。彼は身の疲れを休めるために庵に入り、床に上ろうとしたが、壁の無いところを壁と誤り、身を寄せようとして顚落した。（彼は）このとき思わずわれにかえって失笑し、次の偈を作った。

「長いあいだ、わたしは地を掘って青い空を求めた、苦労して幾重にも無駄な障碍を加えた。ある夜、わたしは暗中に敷瓦《しきがわら》をけとばして、思いもかけず、虚空の骨を木端微塵に打ちくだいた。」

彼は、それよりあらためて先師の教えの真意を考え、もう一つの偈を作った、

「西隣の秦とも、東隣の魯とも、

交信は全く絶えた。
　蛇が大蛇を呑み、
　　虎が大虎を咬み殺したように。」

ここに見られる開悟の詳細な記録は、先に言ったように、おそらく日本人のものとして最初であり、後の公案禅によるものといちじるしく様相を異にする。それは、古く唐代の禅に近いものである。もとより、記録者の修飾もあろうが、ここに見られる夢窓の悟りは、後年の彼の多端な世間的活動の秘密を示すもので、後に『夢中問答』の第六段に、臼庭での体験が別の角度より語られているのを見ても、彼はこの時に生涯の転機を迎えたのである。

開悟に際して、その心情を叙《の》べた詩を、禅では特に投機の偈と呼ぶ。それは意識的に作られた詩ではない。かつてブッダが、何かの感興に即して、思わず口ずさんだ短い詩をウダーナと言い、漢訳者は無問自説経と呼んでいる。すぐれた詩の伝統をもつ中国人の間で発達した禅が、詩と結びつくことは自然であり、中国の文学を自己の文学としてきたわが上代知識人にとっても、また全く同様であった。夢窓の偈が、後代のように型にはまったものでないことは、何よりもそれを証拠立てるものである。

こうして、その冬の十月、夢窓は臼庭より鎌倉に出で、浄智寺に再び仏国を訪ねて、右の経過を告げる。この時、一回の問答を交えたのみで、夢窓は仏国の印可を受け、直ちに甲州に帰り、村人に迎えられて浄居寺に庵居する。彼の帰郷は、二十歳で京都に旅立ってより十二年目である。『年譜』は、このとき本師の静達上人より密教の伝法をすすめられたという。先の空阿上人と静達との関係は明かでないが、彼は後に京都の南禅寺や鎌倉の円覚寺に住したのちに、六十歳に近くなってふたたびこの地に帰り、恵林寺や東光寺を創している。郷国甲州は、あくまで夢窓にとって有縁の地であった。

この後、夢窓は徳治二年（一三〇七）に至り、あらためて万寿寺に仏国を訪ね、嗣法の印証として師の頂相《ちんぞう》の賛と、仏国がかつて仏光より与えられた径山無準《きんざんぶしゅん》の法衣を受け、翌年は師の許で紀綱《きこう》の役をつとめる。紀綱は、師を助けて門下を指導する先達の職である。彼はその翌年にも、仏国が那須の雲巌寺に帰るのに従い、引きつづいて弟子たちの指導に当る。仏国は、この時もまた仏光より授けられた法語を夢窓に付して、その労を謝するが、この年を最後として、二人の直接交渉は終りを告げる。時に師の仏国は六十九歳、夢窓は三十五歳である。

この後といえども、夢窓は、あるいは弟子の僧を介して仏国の下に贈物をとどけ、あるいは書を送って偈頌の応答を重ねるけれども、彼はついに直接に自ら師を訪ねることをしない。むしろ、それを避けているようにすら思われる。それは、いかにも不思議である。

彼は、ふたたび甲州の笛吹川の上流に草庵を結び、自ら龍山と号して、彼を訪う人々を避けようとする。この頃の歌に、

流れては里へもいづるやま川に
　世をいとふ身の影はうつさじ

と言っている。龍山は唐の馬祖の弟子で、世を避けて終生山を出でず、一名隠山とも呼ばれた人の名に因《ちな》むものである。この頃の夢窓の理想をうかがわしめる。夢窓は、やがて龍山を捨てて遠濃二州の山中に逃れるが、正和二年（一三一三）、三十九歳の暮には、美濃の古渓山に庵居している。今の虎渓山永保寺である。

仏国が正和五年（一三一六）十月二十日、七十六歳で雲巌に入寂したとき、古渓でその報を聞いた夢窓は、直ちに「祭文」を作って先師を弔うが、このときもまた直接に雲巌に赴くことはなかった。夢窓の心底は、もとより知るべくもないが、この頃の彼は、仏国の真精神を継ぐ弟子としての矜持と、仏国の晩年における鎌倉禅への接近に対するかなりの批判があったのでなかろうか。仏国その人は、どこまでも徹底した山居の人であったが、彼の背後には仏光系の鎌倉禅の勢力があった。

名聞を逃れて

夢窓が、最後に師の許《もと》を辞して、甲州の郷里に帰った頃、那須の雲巌寺は常に一千の修行者を擁する大僧堂であった。それはすでに弘安以来のことで、当時、九州の横嶽山崇福寺とならんで、東西の二大道場と呼ばれ、天下を中分する状態にあった。しかも、崇福寺の住持であった大応国師南浦《なんぽ》は、後宇多上皇に召されて嘉元三年（一三〇五）に京都に上り、その三年ののちに、鎌倉の建長寺で入寂している。

晩年の仏国の夢窓に寄せる期待は、絶大であった。夢窓が甲州の龍山にいたとき、浄智寺に来ていた仏国は、夢窓を上野の長楽寺に迎えようとする。長楽寺は、かつて栄西に嗣いだ行勇以来の台密の伝統をもつ古刹であり、仏国にとってもゆかりの土地である。また、元応元年（一三一九）、仏国寂後の雲巌寺を守っていた太平妙準は、鎌倉の勝栄寺にいた夢窓を尋ねて、雲巌寺の後継者たらしめようとする。夢窓は故意か偶然かこの法兄に遇うことなく、その請待を辞して近くの三浦の里に逃れ、横須賀に泊船庵をかまえて山居してしまう。この時代の夢窓は、仏光、仏国系とのつながりをことさらに避け、各地を逃げ廻っているように見える。それはあたかも平安朝の末に、叡山を下った「聖」たちに似ている。「聖」の仏教を批判したのが栄西であるとすれば、夢窓は、その前半生を「聖」の生活に、後半生を栄西に学んで、その不二を行じた人と言える。

これよりさき、古渓で仏国の入寂を聞いた翌年、彼は随従を乞う弟子たちを無下に退け、ひとり古渓を出でて京都の北山に隠れるが、かつて仏国の遺嘱を受け、彼を鎌倉に迎えようとする覚海夫人（北条高時の母）の命を帯びた幕府の使者が彼を訪うと、夢窓はにわかに土佐に下り、吸江庵を結んで隠れる。その翌年に至って、さらに幕府の追及のきびしいのを知った彼は、一たび鎌倉に下って勝栄寺にとどまるが、この時は、右に見たように全くの申しわけであったようであり、彼は泊船庵よりさらに上総の千町荘に退耕庵を作って退く。これに続くのが、後醍醐天皇による南禅寺への勅請であり、ついに逃れ難きを観念した彼は、やむことなくこれに応ずるけれども、在住わずか一年でふたたび鎌倉に下り、永福寺の近くに南方庵を営むのであり、ついで一時は浄智寺と円覚寺に入るが、この間も別に瑞泉寺を創して住し、元徳元年（一三二九）に郷里の甲州に退き、郷人の帰依によって恵林寺、および東光寺を建てたことは、すでに見たとおりである。

建武中興以後における、夢窓の京都での活動については、後にあらためて考えたいが、こうして一切の世間的なつながりを避けて、頑として各地の山中に庵居を続ける夢窓の心底は、いったいどこにあったのであろうか。彼が、自己の師に当る仏国、およびその背後にある鎌倉の禅に対して、かなりの批判をもっていたことはすでに述べたが、いったい仏国その人もまた徹底した山居主義の人であった。彼は後嵯峨天皇の子と言われ、若くして東福寺の円尓弁円の下で出家し、師と同門の兀庵《ごったん》をたよって鎌倉に下り、おそらくここで世良田の院豪を知り、彼に伴われて那須に入り、東山雲巌寺を創して庵居すること五十年、ほとんど雲巌を出なかったようである。もっとも、この間に弘安四年（一二八一）の九月には、院豪とともに、新たに来朝した建長寺の仏光より伝法を受け、その関係で、晩年には浄妙、浄智、万寿、建長等の大刹に関法したが、いずれも二三年で打ち切って、早々に雲巌寺に引き上げている。夢窓が仏国に随従したのは、その晩年約十年であるが、仏国と鎌倉との関係は、おそらくすでに十分に知悉していたはずである。彼の山居癖は、師の仏国に承けながら、さらに師のそれを越え、平安末以来の「聖」の伝統を承けるものであったようだ。

ところで、夢窓の心底には、この当時の彼の山居主義をささえるもう一人の、心の師があったのでなかろうか。それは、あたかも当時の大陸で、度重なる元朝の勅請を辞して各地の山中に逃れ、同じ名の知足や幻住と呼ぶ草庵を結んで、清浄な山居の生活を楽しんでいた中峯明本《ちゅうほうみょうほん》（一二六三―一三二三）のことである。夢窓の『西山夜話』は、中峯の『山房夜話』に似ており、『臨川家訓』は『幻住家訓』に対している。

少くとも、夢窓の弟子が、これらの書を編したとき、中峯の書が彼らの念頭にあったことは確かである。名利を逃れ、世間を幻住と見る思想を、夢窓は中峯に学んだのではなかろうか。中峯は、夢窓の四十九歳のとき、元の至治三年（一三二三）、六十一歳で入寂している。『夢窓語録』巻下之一に収める中峯の讃は、おそらくこの時の作品であろう。入元の経験をもたなかった夢窓が、同時代の大陸の先輩に寄せる異常なまでの思慕の情が、この作品にはうかがわれる。実際、彼の語録の中で、彼が大陸の禅僧に寄せた作品は、直接の法系に属する径山仏鑑を除けば、中峯およびその師の高峯元妙のみである。

仏国と中峯、おそらくこの二人が夢窓の師であった。当時、入元して直接に中峯に参じた日本僧は、かなりの数に上る。有名な永源寺の開山寂室（一二九〇―一三六七）のごときもその一人であるが、山居主義の中峯は、必ずしも正式の嗣法を許さなかったらしい。中峯の山居の精神を、入元の経験をもたぬ夢窓において認めることは、あながちに牽強付会ではないであろう。少くとも、夢窓の前半生は、中峯の行履《あんり》にあまりにも一致しすぎるように思われる。次に、夢窓の中峯に寄せる讃を引いておこう、

その勢は儼しく気は柔に、
神《こころ》は清く貌《すがた》は古なり。

生機迅捷にして、
旋嵐の空を過ぐるごとく、
黠慧《かつえ》高明にして、
杲日《こうじつ》の午に亭《いた》るごとし。
人の前に向って青氈を売らず、
天目山巓《さんてん》に毒鼓を打つ。
知足の一庵に捿遅しつつ、
嘉声自ら寰宇《かんう》に喧し。
顕にしては世塵に混ずるにあらず、
隠れては門戸を閉すにあらず。
徳は異邦に覃《およ》び、
名を聞いて猶《な》お会晤《えご》するがごとし。
矧《いわ》んや大元国のうち、
王臣もまた風度に服す。
是れ僥倖《ぎょうこう》にして然るにあらず、
道香、煨芋《わいう》より生ずるなり。

仏慈円照広慧禅師と号すること、
其れ誰か諡《し》うるに鉄炉の歩を以てせん。

理致と機関

夢窓の前半生の活動が、鎌倉の禅に対する対決と見られることはすでに考えたとおりである。それは一山や仏光等に代表される来朝僧の宋朝禅の誤った受容に対する批判であった。すでに見たように、博覧強記や、単なる閑坐が真の仏教の道でないことは、仏光の言葉にうかがわれる。博覧強記の誤りを、弟子に向って誡めること、夢窓のごとくはげしい人はまれである。彼の遺戒は、最も端的にそれを示すのであるが、しかしまたそうした才能に、彼くらい恵まれていた人も少ない。華やかな宋朝の文化を背景として成立し、そのことのゆえにわが上流社会の多くの関心を集めていた臨済禅は、常にそうした誤解と堕落の危険に身をさらさねばならなかった。夢窓の場合、この危険を救ってくれたのは、ほとんど偶然のように現われた仏国の指導であったが、そうした博学の危険性は、やはり夢窓その人のもっともよく理解するところであったと思われる。夢窓は、先に見たのと同じ『西山夜話』の中で、彼が宋朝風の臨済禅の公案をもって弟子を導かず、常に経典を講じて人に教えているのはなぜか、という弟子の質問に答えて、学問と公案とがともに必要である理由と、それらを別とする二元的な見方の誤りであることを教えている。彼の言葉に従えば、それは理致と機関と呼ばれるが、理致とは学問的な理解であり、機関とは端的に禅を体得する方法としての公案を指す。当時、宋朝の禅林で多く用いられていたのは、そうした機関としての公案である。夢窓は、理致と機関の二つが、ともに弟子の素質（機根）に応じて工夫されたものであり、それにふさわしい相手でなければ益なきことを説き、当時、あるいは理致をよろこぶ者は機関を嫌い、機関を愛する者は理致を嫌う傾向のあることを批判して、次のように言うのである。

古人云く、馬祖、百丈より以前は、多く理致を用いて、機関を示すことなく、馬祖、百丈以後は、機関多くして理致は少いと。いったいこれは何を意味するのか。上代の学者に禅の眼がなかったために、多く理致を用いたのであるか。それとも近代の学者が教の眼なきゆえに、上代の人と異る機関のみを用いるのか。まさに知るべし、禅門においては、他の教学のように、一尺はどこまでも一尺、二尺はどこまでも二尺であるごとくでないことを。大切なのは学者の根性である、一本の道を貫きつつ、きまった格にとらわれぬこと、これが「破家散宅」と呼ばれる悟りの立場である。

古人とは、円悟《えんご》克勤《こくごん》を指す。夢窓が愛読した『円悟心要』のなかに、円悟は愛弟子の虎丘《くきゅう》紹隆《じょうりゅう》に対して、インドの二十八祖は多く理致を示して機関を用いることが少いが、禅法の付授に際して、いずれも直接提示せざるはないと言っている。夢窓はおそらく円悟の真意を最も深く理解し得た一人である。我が中世の禅宗で、円悟や大慧が重視されるようになるのは、夢窓と大灯以後のことであるが、この二人の態度はかなり意識的に異っている。また、理致と機関の説は、『聖一国師語録』にも、無住の『聖財集』にも引かれている。それは、学問と公案の区別が、すでに当時のわが国の禅宗にとって、最も大きな問題の一つであったことを物語る。しかし、夢窓にとっては、先に見たように、学問が方便であったのと同じく、公案もまた方便であった。目的と方便の混同は、彼の最も戒めるところである。まして、機関としての公案の理解が、単にその体裁を誇示するのみで、その利益を顧みることなきにおいてをやである。

夢窓は、『夢中問答』第八十段に、教と禅の一体なる理由を述べて、次のように言っている。

> 釈迦如来、我は教者とも仰せられず、禅者ともなのり玉はず、所説の法門においても、是は教の分なり、是は禅の分なりともわけられず。如来の内証は教にもあらず、禅にもあらざる故なり。此の内証不思議の応用、機に随つて教・禅の差異

をなせり。

また、第九十一段に、

> 教者の禅をそしるは、禅をしらざるのみにあらず、教をもしらざる故なり。禅者の教をそしるは、教をしらざるのみにあらず、禅をもしらざる故なり。天台大師の文字の法師、暗証の禅師と仰せられたるはかやうの人の事なり。

とも言う。これは栄西以来の立場であり、第七十七段に、五家の別もまた人をして本分に到らしめんための方便にすぎず、小艶《しょうえん》の詩に「頻《しき》りに小玉《しょうぎょく》をよぶも元より無事」という意であると言っている。彼はこうして、理致と機関、教と禅をともに一なりとする。古来の禅門の課題である如来禅と祖師禅の差についても、彼はこれを無益な分別とする。さらに、公案の要不要についても、日常生活の中に工夫するのと、工夫の中に日常生活を失わぬのと、いずれが是なりやという質問を挙げて、その分別の誤りを指摘する。『夢中問答』の一書は、実にそうした二元分別を奪うために書かれたと言ってよい。それは、おそらく彼自身の生涯の課題であった。師の仏国より与えられた世間と出世間の問題にしても、鎌倉と京都の対立問題にしても、後にその渦の中に巻き込まれざるを得なかった大覚寺統と持明院統の対立や、足利尊氏と直義の対立に際して、彼が常に念願したのは、それらの真の和解と統一であった。すべてが二分対立の時代であった。彼くらい、はげしい闘争の現実に生きながら、闘争なき世界を願った人はまれである。『夢中問答』第四十一段には、彼の弟子が教院の僧と湯屋（浴室）を共用して、盛んに争ったのを戒めた逸話をとどめている。彼があえて激動の中に生き得たのは、おそらく対立を超えた世界に対する密教的な信仰であった。金剛界と胎蔵界との「不二」こそ、彼の悟りの至境であった。先にあげた彼の投機の偈は不二の内容を最もよく示している。後に、花園院が彼の禅を批評して、教学を出でざるものと言うのは、夢窓の限界を指摘したものとして至当であるが、そのゆえに彼の禅の本質を見誤ってはならぬであろう。

三　あえて世間に入る——夢窓の開法——

太平興国南禅寺

正中二年（一三二五）八月二十九日、夢窓は後醍醐天皇の勅によって京都の南禅寺に開堂する。彼の五十一歳の秋である。

開堂は、中国で五代宋初に始まった禅院の儀式の一つで、新しく公式の住持となった僧が、禅の第一義を宣揚して、先師の恩を謝し、皇帝および官僚たちの長寿と国家の太平を祈るものである。それは、今まで山間にあってもっぱら自己を磨いていた修行者が、あえて世間に入り、世のため人のために法を説くという意味で出世といわれる。もとより釈尊の出山と説法教化になぞらえるものであるが、それは出家方外の賓といえども、国家権力の埒外にあるを許さぬ徹底した中国の政治的統一と、宋代に起る新儒教と仏教との対決的な姿勢の所産であった。そして、南宋に入って官寺としての五山十刹の制が完成したとき、後者の意味がより重視され、しだいに世俗化したことは争われない。日本では、嘉禎二年（一二三六）十月に道元が宇治の興聖寺で開堂したのが最初であり、その後、新しく宋朝の禅を伝えた彼此の禅僧が、この制を継承したことは当然である。かつて栄西のとき、新しい禅宗の開法が、叡山の旧仏教に対立したのは、一つにはそうした宋朝禅の王法主義的な傾向が、鎮護国家の旧仏教と同じ性格であったからであり、南北朝の内乱時代に至って、臨済系の禅がにわかに京都に興るのも、やはり同じ理由であると思われる。いわば、この系統の禅は、旧仏教の鎮護国家的な役割を意識的に継承したのであり、そうした最初の契機が夢窓の南禅寺開堂であったと言ってよい。夢窓が後に七朝帝師と呼ばれるのは、彼が七人の天皇の帰依を得たからである。国師とか帝師とかいう呼び名は、もとより古く六朝より唐代に始まり、わが平安朝にその先例があるが、それが特に禅宗の独占のようになるのは、宮廷と結びついて発展したこの時代の禅の特殊な性格によるのである。

南禅寺は、亀山上皇の離宮であった禅林寺殿の後であり、開山は東福寺の円尓《えんに》の法を受けた無関普門である。弘安の頃、上皇の普門への帰依によって、はじめ南禅院が営まれ、やがて瑞龍山太平興国南禅寺と改めたと言われる。もっとも、普門は実際は南禅寺に住することなくして寂したから、事実はその弟子の南院国師の開創で、南院の開堂は、正応五年（一二九二）三月に行われている。その後この寺は、来朝僧一山一寧をはじめ、各派の高僧が歴住するが、亀山法皇に始まる大覚寺統の帰依によって、皇室の勅願所としての性格を強めたことは当然である。

いったい、禅宗と皇室との接触は、円尓が後嵯峨天皇の勅によって入内し、『宗鏡録』を講じたのに始まると言われるが、亀山上皇の南禅寺経営が、この傾向を一歩前進せしめたことは言うまでもない。やがて、後醍醐天皇による大徳寺、花園法皇の妙心寺の開創がこれに続くのであり、夢窓の南禅寺開堂は、そうした京都禅の興隆を決する一契機であったと言える。また、夢窓の師である仏国禅師が後嵯峨天皇の皇子であったことや、後醍醐の皇子の無《む》文元選《もんげんせん》のごとき、この時代の禅宗は、皇室および上層貴族の信仰を抜きにして考えることはできない。

夢窓の南禅寺開堂は、前節に見てきた彼の経歴からすると、けっしてその本意ではなかったと思われる。今まできびしく守り続けてきた隠遁的な山居主義を捨て去ったのは、よほど大きい決意であったはずである。彼がそれによって何をねらったかは、もとよりわからぬが、後に京都を中心とする五山の禅の大山脈は、明らかにこの皇室への接近によって始まるのである。夢窓の「住山城州瑞龍山南禅寺語録」は、いうまでもなくこの時の記録であるが、それは渡海の経験をもたぬ日本人禅僧の、おそらく最初で最高の実力を内外に示したものである。

ところで、夢窓が提綱《ていこう》と呼ばれるこの開堂の儀式の最後のレクチュアーで、宋の法灯和尚の故事をもち出しているのは、特に注目すべきである。法灯和尚というのは、法眼文益《ほうげんぶんえき》（八八五—九五八）の法をついで、金陵の清涼院に住していた泰欽（？—九七四）のことで、『伝灯録』第二十五にその伝を収めている。もっとも、ここにとり上げられる話そのものは、後に慧洪の『林間録』などで発展し、宋代禅林では周知の話題であったものの一つである。すなわち、ある日、法灯が弟子に語りかける。

わたしは、もともと深山幽谷に隠れて、ひっそりとわが身を養うつもりだったが、何とも先師に「未了底の公案」があったので、こうしてわざわざ世間に出て、彼のためにそれを決しようというのだ。

その時、一人の僧が進み出て尋ねた、

先師の「未了底の公案」とは何ですか。

法灯は、すかさずその僧を打って言う、

先祖の魂祭りが完全に行われぬと、そのむくいが子孫に及ぶ。

先師の「未了底の公案」とは、直接には、法眼文益がなおいまだ完全に理解し得なかった真理の意である。それは、禅の真理そのものであり、仏法の極意と言ってもよい。ただそれが、ここで否定的に言われているところに無限の生命感を潜めている。

それは何人の理解をも許さぬ一人の人間の個性だからである。法灯はここで、これを知らしめた先師の養育の恩に対して、限りなき感謝を示すのである。

この話は、また夢窓の師である仏国が、鎌倉の浄妙寺に開堂したときにも取り上げられており、仏国は、『論語』の「子は父のために隠し、父は子のために隠す、直きことその中に在り」という句によって結んでいる。夢窓は、それを踏まえながら、同じ原義を次のように演出する。

法灯は、てっきり古い手持ちの滞貨を売り払って、大もうけすることかと思ったが、何と気でも狂ったのか、先祖以来の家庭の秘密を、自分で世間にぶちまけてしまったぞ。それに対して、わたし石上座は、今までひっそりと山谷に恥を隠して来たために、それが病みつきになって、いつか風月の情が身を離れぬ。ただ、先師に「未了底の公案」などという秘密がないおかげで、こうして世間に顔を出して、彼の恩義を謝するのである。諸君よ、いったい法灯の場合とわたしのと、優劣があるかどうか。(しばらく黙したのち)、『荘子』にあるあの変りものの任公《にんこう》子《し》でなくては、わたしが釣ろうとしている魚の秘密を、いくら話しても無駄なことだ。

ここには、夢窓のこの開堂によせる切実な心情がうかがわれるとともに、北宋より南宋の間に、大陸の禅院で練り上げられた禅文学の面目が、いかにも躍如として示されている。それはあたかもつづれ錦のように、一語一句の裏に、無限の時間を距てて幾重にも発展してきた故事と、その種々の解釈と鑑賞の歴史が、時間を抜いた形で圧縮されているのである。文章もまた正統な古典と平俗な口語との破調音をかなでる。それは、何でもないような表現の根底に潜められている無限な空間と、こちらの打ち方によって、どうにでも響いてくる動的で自由な対話である。それは禅文学の形態として、別に「著語《じゃくご》」や「下語《あぎょ》」に発展すべきものであり、この時代の大勢を占めていたわが連歌や俳諧につながるものであるが、それらの文学的な意味については、後にあらためて考えたい。いずれにしても、そうした短言寸句の背後にひそむ真理に対して、生命的な感激と、豊富な言葉の知識を欠くものにとって、宋朝風の本格的な禅文学は、全く無意味で退屈な暗号にすぎないし、また逆にそれらの微妙な言葉の出所や転義に通じている者にとっては、それが単なる知識の遊戯に終る危険性は十分であったと思われる。むしろ、中国文化一辺倒であった当時の上層知識人にとって、後者の危険の方がより強かったかもしれぬ。夢窓は、それを十分に自覚していたはずである。彼はそれを知っていたからこそ、逆にその危険を乗り超える冒険を、あえて平安以来の伝統をもつ王城の地に試みようとするのである。禅文学の正しい理解には、どうしても新しい教養が前提される。しかも、健康な教養の育成には、平和な社会が必要であった。鎌倉の文運は、やはり底が薄かったのだ。

一片の間雲変態多し

夢窓は、南禅寺にわずかに一年留ったのみで、翌年の八月にはまた鎌倉に下る。彼は、南禅寺を去るとき、次の偈を残している。

一片の間雲、変態多し、
龍に従って、暫《しばら》く此の山頭に寄る。
釘釘《ちょうちょう》懸挂《けんか》して、没交渉《もつきょうしょう》、
また秋風を逐《お》うて別州に過ぐ。

淡々たる行雲流水に寄せつつ、ここにはあえて最初の京都進出を試みたのちの、夢窓の失意が感ぜられる。一片の間雲は、陶淵明の「夏雲奇峰多し」の句によるのであろうが、それはおそらくあわただしい当時の皇室の動向を指すとともに、また彼自身の動揺の多い性格を反省するもののようである。すでに鎌倉に育ち、鎌倉の政治と文化に通じていた彼は、それゆえに、鎌倉の動向に対してかなりの批判をもっていた。聡明な彼には北条氏の末路が、すでに見通されていたのではないかと思われる。それだけに、京都の将来に対する彼の期待は大きい。彼は一回の京都進出の失敗によって、自らくじけることはなかった。事実、建武中興の成る年の十月、彼はふたたび勅によって南禅寺に上る。この第二回の京都進出が、ついに彼の生涯を決定し、室町時代の禅の発展を約束したのである。もちろん、それが真に日本の禅の発展であったかどうかはわからぬが、彼の南禅寺再住の意義は大きい。この間に、ひとたび鎌倉に下った夢窓は、しばらく永福寺に入ったのち、幕府の帰依によって、浄智寺と円覚寺に住し、かたわらに南芳庵と瑞泉寺を創し、ついで甲州に帰って恵林寺を開いている。こうして、ひとたび世に出ることを決意した夢窓は、きわめて活動的である。浄智寺と円覚寺は、彼の師である仏国と、さらにその師に当る仏光の開いた寺である。『年譜』の編者は、彼がそれらの寺に出世することを再三再四にわたって固辞したと言っているが、この時期の彼の活動は、むしろかなり意欲的である。元徳二年（一三三〇）九月、円覚寺を退いた時、彼は次の一偈を作ったという。

聚散の因縁、皆な自《よ》る有り、
秋雲岫を出ずれば、まさに遮《さえぎ》るべからず。
道人の胸次、胡越なし、
地北と天南と、共に一家。

先の南禅下山の詩とともに、この時期の夢窓の心境を示すものである。これは建武中興の直前の作である。彼には鎌倉と京都の将来が、すでに予見されていたはずである。しからば、多難な世間に、あえて踏み入ろうとする彼のねらいはどこにあったか。

夢窓の勢力的な後半世の活動を考えるとき、彼の信条となっていたのは、かつて仏国より与えられた「世間と出世間とのわだかまりを去れ」という問題でなかっただろうか。それは彼自身においては、天性の隠遁性と世俗性、もしくは教と禅との統一であり、おそらくは少年時代の彼が親しみ学んだ密教の、金剛界マンダラと胎蔵界マンダラの、不二の関係でもある。後半生の活動の背景となる鎌倉と京都、大覚寺統と持明院統との問題にもつながる。そうした多難な分裂の社会に、彼はあえて身をさらすことによって、唯一なる自己の真実を試みようとしたのである。それは、彼の前半生をささえてきた隠遁主義と幻住の思想の発展であると言ってよい。世間を如幻と見るように、如幻の世間を避けるのではなくて、あえて世間の中に如幻の真実を生きようとするのである。それはさらに、彼の前半生を導いた同時代の中峯明本より、南宋禅の最高峰たる大慧《だいえ》宗杲《そうこう》にさかのぼるものであった。事実、日本の臨済系の禅宗は、そうした方向に発展するのであるが、夢窓その人にすでにそれが見られることは、おおいに注目してよいと思われる。

夢窓は、元徳元年（一三二九）の秋、『円覚寺語録』の、都寺《つうす》を謝する上堂で、

世間に入得すれば出世無余なり、事に触れ縁に応じて、すべて外料にあらず。

と言っている。都寺は、禅院の庶務課に当り、世間的な一切の交渉に当る役である。それは彼自らが、仏教の都寺たらんとする意気を含むものでなかろうか。もとより、語録の一句を抽象して、発展的な解釈を加えることはつつしまねばならぬが、かつて仏国によって導かれた世間と出世間を統一しようとする立場の、それは自然な帰結であったと思われる。

右の言葉は、実は仏国その人の『雲巌語録』にとり上げられており、さらにさかのぼると、まぎれもなく大慧宗杲によって、最も強く主張された禅の社会原理の一つである。たとえば、彼がかつて愛読した『大慧書』上巻に収める「汪内翰《おうないかん》に与うる書」や、下巻の「楼枢密《ろうすうみつ》に答うる書」に、先聖の語として引かれるものである。それはおそらく経典の引用であり、目下、その出処を明かにすることは難しいが、その意とするところは、いうまでもなく大乗仏教の基本原理たる真俗不二の立場である。たとえば、『智度論』第三十九に、

世間の法は出世間に異らず、出世間の法は世間に異らず、世間の法が即ち是れ出世間、出世間の法が即ち是れ世間なり云々。

などとあるのが参考されてよい。さらにこの言葉は、後に鈴木正三《しょうさん》の『万民徳用』などで、『華厳経』の言葉として引き、仏教の職業倫理の指標とされている。それは、中世以後の日本仏教の一つの動向を考えしめる。

さらに、夢窓が仏教の世間的な立場を語るとき、よく引用するものに『像法決疑経』がある。この書は、すでにその標題よりうかがわれるように、仏滅後一千年に当る像法時代の、在家仏教徒の在り方を語るもので、もとより六朝時代末期の中国で作られた偽経であり、それが多難な六朝末の仏教の苦悩を反映していることは重要である。この経典は、信行の三階教などで盛んに用いられた形跡があり、わが国でも弘安八年(一二八五)の刊本があるというから、夢窓の時代に一般に流布していたものと思われる。『像法決疑経』の趣旨は、

善男子よ、諸仏が出世し、遊行止住されるのは、すべてみな世間の相を遠離して、しかも世間を離れずに、実相の法を顕示するにある。

という一句に代表される。これが夢窓の社会活動の原理であった理由は明かであると言ってよい。

かくて、夢窓があえて世間に入り、皇室を中心とする上層の権勢に近づこうとした心情を理解することができる。それは一言に尽せば、奈良平安以来の国家仏教の継承

であるが、かつてのそれがきわめて安定した国家権力の擁護を期待し得たのに反して、今はむしろはなはだしく不安定である。当時としては、国家仏教の復活ほど冒険なことはなかった。しかし、仏教の母国である大陸において、最高度に国家主義的であり、そうした環境においてのみ発達し得た禅と禅文学を、この国における健全な移植と発展にもってゆくためには、どうしても天下の統一と平和が望まれた。夢窓が、あえて太平興国の四字を冠する南禅寺に上って、天皇と国家の長久を祈るのは、単なる目前の権勢を望むものでなかったはずである。

かくて、禅が王城の地における鎮護国家の立場を強力に打ち出すとき、古くよりそうした寿祝の使命を受けもっていた旧仏教との対立は、やはり逃れ得ぬ宿命であった。それが次の問題である。

密教と浄土教

夢窓は、すでに前節に見たように、建武元年（一三三四）十月、勅によってふたたび南禅寺に祝聖開堂の儀式を行う。それは、彼が新しい世の将来を期待する後醍醐天皇の中興の事業への寿祝の意をもっていた。これより先、天皇の夢窓に対する帰依はいよいよ深く、鎌倉が滅びると同時に、足利尊氏に命じて彼を召し、もと第一皇子世良親王の所有であった嵯峨の亀山殿を改めて臨川寺《りんせんじ》とし、夢窓の弟子元翁の住院としていたのを、夢窓の開山とした。これによって、夢窓の京都進出は、今や時と処を得たのである。

しかし、周知のように、建武中興は数年でくずれはじめる。後醍醐天皇は吉野に逃れ、持明院統を支持する足利尊氏の北朝と対立し、世は南北朝の内乱となる。夢窓は直ちに南禅寺を退き、しばらく門下とともに臨川寺にこもるが、この頃よりあらためて新しい檀越としての尊氏、および直義との交渉が始まる。足利兄弟と夢窓を結びつけたのは、ほかならぬ後醍醐天皇であるが、あるいはすでに鎌倉時代に相知っていたのかもしれない。やがて、吉野の山中で、悲劇的な生涯を終る後醍醐天皇のために、霊亀山天龍資聖寺が営まれるが、それは、足利幕府と夢窓の教団との緊密な提携の始めであり、わが国の中世文化の開花を約束するものであった。ちなみに、資聖寺は、宋初の延寿が開いた雪竇山《せっちょうざん》にかたどり、『碧巌録《へきがんろく》』に深い関係をもっている。天龍寺が、そうした宋朝禅の理想を追うものであったことは確かだ。

しかし、夢窓その人にとって、現実の激動はあまりにも大きかった。彼はその生涯を通じて幾度か危機を超えたが、この晩年の変動は、あえて世間に入ることを決意した彼を、幾度かたじろがせたのでなかろうか。『夢窓語録』の末尾に、「乱に因《ちな》んで懐《おも》

いを書す」と題する次の詩がある、

世途今古、幾たびか窮しまた通ず、
万否千臧、一空に帰す。
傀儡《かいらい》棚頭に彼我を論じ、
蝸牛《かぎゆう》角上に英雄闘う。
須《すべか》らく知るべし、鷸蚌《いつぼう》相い持する処、
終に閻魔《えんま》考鞫の中に堕せんことを。
馬を華山に放つは、何の日をか待たん、
如《し》かず、轡を覚城の東に頓《とど》めんには。

夢窓の悲願であった世間と出世間の統一の道は、実際としてはなお遠かった。この詩には、そうした現実の空しさと、彼の理想との距離に対する生々しい悲哀がある。それは、おそらく現実のみに生きた佐々木道誉のバサラの世界にないものであり、次に考えようとする大灯のそれとも異っている。夢窓は、後に足利直義にすすめて、全国六十六カ所に及ぶ大規模な安国寺利生塔を作っている。それは、『夢窓語録』に収める康永元年（一三四二）の「八坂法観寺塔落慶供養法語」に言うように、南北朝の内乱に死んだ武士や庶民を供養するためである。どうすることもできぬ現実の悲哀に処して、出世間人の彼がなし得たのは、そうした祈りであったと思われる。それは夢窓の仏教の特色と言ってよい。彼は、幼少より親しんで来た密教のなごりを、依然として残しているように思われる。むしろ旧《ふる》い伝統をもつ王城の地で、新しい禅宗を興すために、彼の密教は重要な意味をもっていた。宮廷、および上層貴族の公式の信仰は、あくまで密教であった。また、この時代に先立って、後宇多天皇が大覚寺を中興してより、大覚寺統の帰依による東密の復興は、きわめて著しいものがある。後醍醐天皇もまた密教の灌頂を受けた人である。上層社会に近づいていった夢窓は、密教との対決をせまられたはずである。以下、『夢中問答』によって、この問題をうかがおう。

『夢中問答』は、周知のように、夢窓が足利直義の種々の質問に答えたもので、夢窓の晩年に近い康永元年（一三四二）、宋僧梵僊《ぼんせん》の跋を添えて出版されている。この時代の夢窓の仏教の性質を知るに恰好である。

この書の第十五段に、左記がある。

問、真言宗には、衆生の苦厄をやむる加持門あり。禅宗にはかやうの利益かけたりと難ずる人あり。其の謂《い》はれありや。

答、密宗は、十界の凡聖本位をあらためず、全く是れ大日如来なりと談ず。しかれば賢愚貴賤の勝劣もなし、禍福苦楽の差別もあるべからず。何をか祈り、何をか求むべきや。しかれども、いまだこの深理に達せざる人を誘引せんために、有相の悉地《しつぢ》を明せり。かやうの方便をば教門にゆづる故に、禅門には直に本分をしめすのみなり。若《も》し本分に到りぬれば、本より生死の相なきことをしる、乃《いま》し是れ真実の延命の法なり。災殃《さいあう》の相をみず、乃し是れ真実の息災なり。貪福の相をはなれたり、乃し是れ真実の増益なり。怨敵とて厭ふべき者なし、乃し是れ真実の調伏なり。憎愛のへだてもなし、乃し是れ真実の敬愛なり。若し此の理を信ずる人は、禅宗には苦厄をやむる利益かけたりと難ずべからず。

夢窓は、密教の加持祈禱の儀式を、真の悟りに達せぬ人を誘引するための方便とする。彼によると、それが真言宗の本質である。今頃はそうした真言の本領が忘れられたために、これに代る禅宗が必要となったにすぎない。しかも、有相の真言と無相の禅宗とは、完全に同一であり、禅宗を興すことは、真言を盛んにするゆえんである。この論理は、かつて栄西が主張したのと同じであるが、栄西は台密によって禅を受容したのに対し、夢窓は禅によって真言を統一しようとしている、と見てよい。彼は、さらに次のように言う。

近代も、真言を信じ玉へる御事はたえせねども、秘蔵の奥旨をきはめて、真実の加持門に趣きて、即身成仏の理を証せんとおぼしめすことはまれになりて、ひたすら世間の御祈りのためばかりになれる故に、密宗を紹隆し玉ふ高僧達も、自宗の本意とは思ひ玉はねども、大法秘法を行ふて、これを奉公にあてらる、よしになれり。其の中に、密宗の奥旨をもしり玉はぬ事相真言師は、これを本意と思ふて、自身の名利のために檀方の御祈りを申して、奉公につのり玉ふこともありげなり。かかる故に、密宗漸くすたれて、陰陽師の法なんどにかはらぬありさまなり。

当時、加持祈禱への傾きは、真言のみならず、禅においても同じであった。彼は続いて、次のようにも言っている。

鎌倉の最明寺の禅門、建長寺を建立して禅法を崇《たふと》みらる。其の比は、禅僧とて衆にまじはる者をば、同じく坐禅を専らにして、経論語録を学するをだに、尚無道心の僧なりと、開山大覚禅師いましめ玉ひけり。況《いは》んや世間の名利をや。ただ僧家のみにあらず、檀那及び其家人達も、此の宗を信ずる人は、ひとへに本分を悟らんことを要とす。其の後、兀庵、仏源、仏光の諸大禅師、相次で宋朝より渡り玉ひき。皆同じく僧俗を警策して、本分を参究せしむる外には他事もなかりき。在家の信仰も亦《また》かはらず、法光寺禅門の時、弘安の比、蒙古襲ひ来れりとて、天下騒動しけれども、檀那の禅門さわぎ玉はず……。彼の二代の後も相続して仏法を崇敬せらるるよしはありしかども、世間をば重く仏法をば軽く信じ玉ひし故に、さして天下の大事ならぬことまでも御祈りせよと、ひまなく禅院へも仰せられし程に、寺々にいつとなく祈禱の牌《はい》をかけて、衆僧経をよみ、だらにをみつるを所作として、坐禅工夫は退転す。面々に又小檀那ありて、各祈りをあつらへらる。僧家も亦我が身の名利を思ふ人は、これを大事と祈るとて、一大事をばわすれたり。禅法破滅の因縁にあらずや。

ここには、夢窓の鎌倉末期の仏教に対する明確な観察がある。貴族や上層権力者の信仰が、「世間をば重く仏法をば軽く」するものであるという夢窓の批判は重要である。彼は、それが健全な仏法と王法の関係を損うものだとするのである。夢窓が、真実の仏法の興隆を正しい王法に期待したのは、中国以来の伝統を継承したにすぎぬが、彼はそれを新しい足利幕府の権力者に要求するのである。

ところで、貴族の信仰は常に複数的であり、それは綜合的である反面に、信仰の純一性を欠く。密教と禅が兼習されるように、それは他の諸宗についても同様である。したがって、浄土教がこの中に含まれることは当然であり、特に常に大陸仏教の影響下にあった日本の仏教が、宋代以後の新しい念仏禅の動向を知らぬはずはない。しかし、禅による諸宗の綜合であるはずの夢窓の仏教は、その貴族性のゆえに、一向専修の日本浄土教を包容することはできなかった。智演上人の批判に対して、夢窓が書いた『谷響集』は、中国的な万善万行の一部としての念仏を認めたが、万善を捨てて念仏の一行を選択する日本浄土教の真実性を、正しく評価するに至らなかった。彼は、「ヨノツネ念仏ヲ信ズル人ノ中ニ、名号ヲ唱フルハカリコソ正行ナレ、余法余事ハ皆イタツラ事ト思ヘリ、此所解ハ大乗ノ正理ニソムケリ」と言っている。これは夢窓の仏教の限界であるとともに、先進文化として、大陸仏教を学んできた日本上層知識人の仏教の本質を示すものであろう。今、この問題に深く立ち入ることはできぬが、『夢中問答』第十段の次の言葉を引いておこう。

仏法は国王大臣有力の檀那に付属すと説ける事は、下賤の人は、各々の宿習にまかせて、何《いづ》れの法にても一宗を信じぬれば、出離の要道に不足なし。然《しか》れども外護となり檀那となりて、あまねく仏法を流通することあたはず、この故に国王大臣有力の檀那に付属すとのたまへり。然らば則《すなは》ち此の付属をうけ給へる人は、偏《ひと》へに一法をのみ御信じありて、余宗をすて給ふ事あるべからず。たとひ諸宗をもらさず信じ給ふとも、若し又諸の仏法を以て、ただ世俗の御祈りにあてさせ給はば、それも亦よろしからず。末代なりといへども、かたじけなく如来の御付属にあたり玉へるは、うれしき御事にあらずや。先づ仏の付属にそむかじと大願を発して、外には大小の伽藍《がらん》を興隆し、内には真実の道心に安住して、諸宗を流通して普《あま》ねく善縁を結び、万人を引導して同じく覚果を証せしめんと、ふかく誓ひましますべし。若し爾《しか》らば、乃《すなは》ち是れ真実の御祈禱、広大の御善根なるべし。

これは、直接には直義に示したものであるが、夢窓その人の晩年の本音であり、理想でもあったと思われる。

坐禅石の庭

夢窓が、生涯のあいだに建てた寺院はかなりの数に上る。栄西もまた多くの寺を開いているが、夢窓のはさらにそれを超《こ》え、その所在も広域である。夢窓の開いた寺院は、晩年の天龍寺や臨川寺を含めて、すべて彼がかつて自ら隠遁し習禅した庵室の地に、後に弟子たちがそこに住し、これを拡大したものである。それらはおおむね山間僻陬《へきすう》の草庵である。しかも注意してよいのは、彼がそれらの庵居の地に多くの石庭を構えていることである。石庭は、晩年の天龍寺のものが最も代表的であり、彼は同じ頃に、ここに近い西芳寺に隠栖し、そこにもまた枯山水を営んでいる。有名な苔寺の庭である。言うなれば、天龍寺と苔寺の庭は、彼が生涯の中に、各地に営んできた多くの草庵の綜合であった。『太平記』第二十四の「天龍寺建立の事」の段に、左記がある。

此ノ開山国師、天性水石ニ心ヲ寄セ、浮萍《フヘイ》ノ跡ヲ事トシ給シカバ、水ニ傍《ソ》ヒ山ニ依リ、十境ノ景趣ヲ作ラレタリ。謂ユル大士応化ノ普明閣、塵々和光ノ霊庇廟、天心秋ヲ浸ス曹源池、金鱗尾ヲ焦ス三級岩、真珠頷《アギト》ヲ琢《ミガ》ク龍門亭、三壺ヲ捧グル亀頂塔、雲半間ノ万松洞、言ハズシテ笑ヲ開ク拈花嶺、声無ウシテ音ヲ聞ク絶唱渓、銀漢ニ上ル渡月橋。此ノ十景ノ其上ニ、石ヲ集テハ烟嶂《エンシャウ》ノ色ヲ仮リ、樹ヲ栽《ウエ》テハ風濤ノ声ヲ移ス。慧崇《エソウ》ガ烟雨ノ図、韋偃《キエン》ガ山水ノ景ニモ未ダ得ザリシ風流也。

これらの十景については、『夢窓語録』に彼自ら詠じた詩を収めている。それが彼の禅の理想を具象化したものであったことはいうまでもない。このことは苔寺についても同様である。周知のように、苔寺の庭の名勝は、『碧巌録』第十八則に見える忠国師と唐の粛宗皇帝の問答によるものである。それは、『年譜』に記されているように、おそらく自己と後醍醐天皇に比するものであった。

これら二つの庭園は、彼より前に営まれていた古い遺構を改めたものであるが、夢窓がこれに与えた理念は、新しいものである。彼は日本における庭園史上、禅宗の石庭の創始者である。それが中国の故事や山水にかたどり、当時の日本人の趣味生活に合するものであったことは、右の『太平記』の記事によってうかがわれる。しかし、夢窓にとって、庭園は何よりも習禅の場であり、彼の禅の具象化であったことを忘れてならぬ。彼は、『夢中問答』の第五十七段に、次のように言っている。

古より今にいたるまで、山水とて山をつき石をたて樹をうゑ、水をながして嗜愛する人多し。其の風情は同じといへども、其の意趣は各ことなり。或は我が心にはさして面白しとは思はねども、ただ家のかざりにして、よその人に「いしげなるすまゐかな」、といはれんためにかまふる人もあり。或はよろずの事に貪著の意ある故に、世間の珍宝をあつめて嗜愛する中に、山水をもまた愛して、奇石珍木をえらび求めて、あつめ置ける人もあり。かやうの人は山水のやさしきことをば愛せず、只是れ俗塵を愛する人なり。白楽天小池をほりて、其の辺りに竹をうゑて愛せられき。其の語に云はく、竹は是れ心虚しければ我が友とす、水は能く性浄ければ吾が師とすと云々。世間に山水をこのみ玉ふ人、同じくは楽天の意のごとくならば、実に是れ俗塵に混ぜざる人なるべし。或は天性淡泊にして俗塵の事をば愛せず、ただ詩歌を吟じ泉石にうそぶきて、心をやしなふ人あり。煙霞の痼疾、泉石の膏肓といへるはかやうの人の語なり。これをば世間のやさしき人と申しぬべし。たとひかやうなりとも、若し道心なくば、亦是れ輪廻の基なり。或は此の山水に対してねぶりをさまし、つれづれをなぐさめて、道行のたすけとする人あり。これはつねざまの人の山水を愛する意趣には同じからず、まことに貴しと申しぬべし。しかれども山水と道行と差別せる故に、真実の道人とは申すべからず。或は山河大地草木瓦石、皆是れ自己の本分なりと信ずる人、一旦山水を愛する事は世情に似たれども、やがてその世情を道心として、泉石草木の四気にかはる気色を工夫とする人あり。若しかやうならば、道人の山水を愛する模様としぬべし。然らば、則ち山水をこのむは、定めて悪事ともいふべからず、定めて善事とも申しがたし。山水には得失なし、得失は人の心にあり。

ここには、夢窓のかつての隠遁生活に対する懐顧と、あえて世間に入ることを決した晩年の激動を、深くともに反省する姿勢がある。石庭は、おそらく単なる風流ではなくて、彼自らの救いであった。暦応二年（一三三九）に書かれた『臨川家訓』に、自ら開山の儀を表わして弥勒《みろく》堂を建て、三会院と号する次第を述べ、「予、三会院の東に仮山水を構ふ」と言っている。それはまさしく彼の無縫塔にほかならない。彼自ら自己を記念する碑石である。別に、彼が「仮山水の韻」と題する偈に、

　箇中の人、箇中の遊を作す

と言っているのを見ると、風涼しく月明かなる夜、ここに遊ぶのは箇中の人である。箇中とは、「この中」の意である。箇中の人は自由の人であり、自然の人である。道

元は、「仏祖の堂奥に箇中人なることは、結跏趺坐《けっかふざ》なり」と言っている（三昧王三昧）。最も深い意味で、修行と遊びと自然との渾然たる冥合がここにある。宗教と自然と生活の一体と言っていい。

夢窓が各地に営んだ石庭には、必ずその一角に坐禅石があるという。また、彼の草庵は、僻陬であるがゆえに、最も風光明媚の地が選ばれていると、西村貞氏は言っている。彼の石庭は修禅の場であるとともに、彼の禅の遊びであった。ここには、天地自然を一巻の経と観ずる人がいる。坐禅石は、この山水に遊ぶ人の坐である。『西山夜話』の始めに、夢窓が叢林を出でてから二十余年の間、あえて一所にとどまることなく、すでに十余箇所に住したのはなぜか、と問う弟子元翁に答えて、「自分は大円覚（不二の悟）を伽藍とし、東西に活動しつつ、いまだかつてその中を離れぬ、世には一所に止住せる人すら、行住坐臥、一刻として活動せざる時がないではないか」という意味のことを言っている。日本史上、空前の激動の時代に、おそらく最も激動的に生きた夢窓の心底には、そうした不動の坐があったのである。

第三の章　龍宝語録〔大灯〕

一　二十年来辛苦の人——大灯の生い立ち——

書写山に祈る

夢窓と大灯は、あたかも時を同じくして出生し、相前後して鎌倉の万寿寺に仏国に参じ、晩年は同じく宮廷を中心として活動する。二人が直接に出遇った記録はないが、花園法皇の宸記によると、正中二年（一三二五）十月の初め、大灯が弟子の了義なるものを南禅寺に遣わして夢窓と問答させ、その仏教を試みている。また、夢窓が参内した時の問答の様子を、花園法皇が大灯に告げ、法皇がそれを批判したことが記されている。それは、法皇の大灯に対する帰依の情の細かさと、夢窓批判のきびしさを伝える。二人がかなり性格を異にしたことは確かであるが、全く相容れぬような相違であったかどうか。むしろ法皇の禅宗理解にも問題があるようであるが、それらの点は後に考えることとして、まず大灯の出生について見よう。

大灯国師、諱《いみな》は妙超、宗峰はその号で、花園天皇より興禅大灯国師、後醍醐天皇より正灯国師の号を賜い、寂後さらに六朝の追諡を受けている。一般に大灯国師と呼ばれているから、以下この略称に従うことにする。伝記資料としては、応永三十三年（一四二六）に至って、大徳寺の禅興が書いた『行状』が最も古く、別に江戸初期の沢庵《たくあん》の編集に基づいて、宗如が明和四年（一七六七）に重編した『年譜』がある。いずれも大灯その人の入寂よりかなり後のものであり、夢窓のそれのごとき同時代の基礎資料を欠く。大灯の門流が、夢窓の系統に及ばなかったためであるが、ここにすでに二人の相違があるのかもしれない。幸いに、「大徳寺開堂語録」と頌古《じゆこ》、拈古《ねんこ》、参詳語要が伝わり、行状と合せて『語録』の中に収められるほか、『大灯百二十則』、『祥雲夜話』、『仮名法語』などが存するから、それらによって宗風をうかがうことは可能である。

大灯は播州揖西（兵庫県揖保郡）の紀氏の族、浦上氏を父とし、母はこの地の有力者赤松則村の姉である。父母はその出生を飾磨の書写山如意輪観音に祈って与えられたという。後宇多天皇の弘安五年（一二八二）のことである。あたかも元寇の年であり、夢窓はこの年すでに八歳である。書写山は円教寺と言い、平安中期の康保三年（九六六）、天台の名僧性空の開くところで、歴代の皇室および公家の帰依があり、前に引いた『野守鏡』のごときも、編者がこの寺に詣でた時に僧の語った話を書いたという形をとっている。後に、白隠の『遠羅天釜《おらてがま》』にも、性空の言葉を引いている。大灯は、こうして生れながらに仏教の縁を結んだためか、その性はなはだ敬虔であるとともに、気色人に逼《せま》る強さをもち、他の児童と異っていたらしい。正応五年、十一歳の時に、あらためて書写山に登り戒信律師に師事し、十五歳頃にはすでに経論や律部、仏教史などの学に通じ、十七歳に至って、すでに多聞強識の学の限界を知り、不立文字《ふりゅうもんじ》の禅を求めて、京城に名師を訪ねたという。戒信律師の伝は明らかでないが、当時の書写山はこの地方随一の学苑であり、同じ播州出身の東巌恵安《とうがんえあん》もまたかつてここに学んでいる。次で二十歳で鎌倉に下り、建長寺に禅の師を求めて自ら問答を試み、二十三歳で万寿寺に仏国に遇い、ついにその門に投じて落髪受具する。妙超という諱は、おそらくこの時に与えられたものであり、仏国は夢窓の師であるから、二人ははしなくも相前後して仏国に参じたのである。この時の仏国と大灯との問答ははなはだすぐれたものであるが、入門を許された大灯は、一夜僧堂に坐禅していた時、ある僧が百丈の語を誦するのを壁を隔てて聞き、豁然《かつねん》として省あり、直ちに仏国よりその真正の見解なることを認められたという。

百丈の語とは、

霊光独り耀《かがや》き、迥《はる》かに根塵を脱す、躰《さながら》に真常を露《あら》はし、文字に拘《こだ》はらず。

というもので、万人平等な人格の尊厳性について言う句であるが、『祖堂集』第十六、および『伝灯録』第九などによると、さらにその下に続いて、

心性無染にして、本より円明、妄縁を離却せば、則《すなは》ち如如仏。

の語がある。如如仏とは、人のありのままなる心性が直ちに仏だというのであり、その絶対無条件な自由さを指す言葉である。書写山を下って以来、大灯が求め続けてきた学問の限界は、こうして百丈の語によってひとまず突破されたのである。

雲門の再来

しかし、大灯は仏国の証明に満足しなかった。あたかもその年、九州太宰府の崇福寺にいた大応が、後宇多上皇の勅によって京都に来たのを耳にすると、彼は直ちに京都に上った。おそらくは、仏国のすすめによるものである。『年譜』は、大灯がある日、「牛、窓櫺《そうれい》を過ぐる話」について、仏国と商量したとき、仏国がこの話について究明しようと思うならば、さらに大応に問うことをすすめたと言っている。この公案は、宋の五祖法演の示衆説法に基づくもので、『無門関』の第三十八則などで有名であるが、当時、『無門関』はいまだ用いられていない。後に、『大灯百二十則』で、この公案を最初に掲げ、大応と大灯の問答を付している。この時の商量を伝えるもので

あり、それがこの系統の特色をなしていたことを思わせる。

大応は、すでに見たように、正元元年（一二五九）より約十年にわたって在宋し、径山の虚堂《きどう》智愚《ちぐ》の禅を伝え、九州に化を布くこと三十五年を越え、西に大応あり、東に仏国ありと言われた人である。京都に上った大応は、その翌年に万寿寺に開堂するが、ここに在ること二年で鎌倉に下り、さらに建長寺に住すること一年で、延慶元年（一三〇八）十二月二十九日、七十四歳をもって入寂する。大灯がこの間つねに影の形にそうように、大応に参侍したことは言うまでもない。『年譜』によると、彼ははじめて大応に参じてから、わずか一年ばかりの間にすでに二百則の公案を透過しているが、京都の万寿寺で、「雲門関字」の公案を与えられてから、その完全な透過まで、さらに三年の工夫を続けたという。

「雲門関字」の公案というのは、『碧巌録』第八則に見えるもので、唐末の雪峯《せっぽう》義存《ぎぞん》の門下三人の僧の問答に基づき、特にその中の雲門文偃《うんもんぶんえん》が「関」と答えた一字に工夫を集中するのである。関の真意を知ることは、直ちに禅そのものの体得にほかならぬ。関字とは、「関ということ」であり、字と言っても、もとより関という文字に関係しない。象形から発展した漢語は、それぞれの一字に独自な意味をもち、意味は無限の含蓄につながる。宗密が「知の一字」を主張し、朱子が「理字」を言うのも、全く同じ立場であり、それぞれの宗教なり哲学なりの根源的な真理を示す。

大灯は、大応より「雲門関字」を与えられたとき、彼は直ちに、

錯を以て錯につく

と答えている。これは、「まちがいを重ねる」という意味である。関はもともと正当なものを守るためであるが、すでにものの正当を主張することそのことが、錯に対する分別であり、相対的なものである。道の道とすべきは、常の道でないからである。それは、この問題のきっかけとなった翠巌《すいがん》（雪峯の弟子）の提言たる「正しい真理の説明」ということそのことが、すでに真理をあやまるものであり、雲門が「関」と答えたのはさらにひどいと言う意味である。かつて、宋の雪竇《せっちょう》がこの公案に対して、「銭を失って罪に遭《あ》う」と歌っているのと、それは全く同じ見方である。

しかし、大応は直ちに大灯を許さなかった。彼は、この公案のいっそう深い工夫を命じて、この見込みのある弟子を激励した。やがて、大応が鎌倉の建長寺に移ってまもない頃、ある日、大灯は机の上に鎖子《さし》を放り出そうとして、忽ち関字の真理に気づいたという。鎖子は、関門のくさり、あるいは錠前である。彼はその頃、僧堂の門の錠をあずかっていたか、あるいは師の大応の大切な手箱の鍵をまかされていたのであろう。いずれにしても、日常生活の中で、最も大切なものをいとも無造作に机のあた

りに放り出して、思わず現実の秘密に気付いたのである。『行状』と『年譜』は、全く同じ文章で、

円融無際、真実諦当、大法現前の処に到り得て、汗流れて背を浹《うる》ほす。

と言っている。完全なること限りなく、しかも最も具体的な真理が、眼の前に露出されているのを見て、彼はあまりの怖しさに、全身に汗をかいたのだ。

もっとも、この叙述そのものは、記録者が何か出来合いの句を借りたもので、それほど迫真的とは言えないが、とにかく、大灯はこのとき、関字の秘密を彼の全身に知った。彼は直ちに方丈に至り、大応に自己の見解を呈して言った。

幾《ほと》んど路を同じうせんとす。

これは、古人と同じ境地に立った者のみのひそかな誇りと喜悦を示す。雲門も師の大応も、同じ関を透り、同じ路をゆく人であったことの驚きである。この語には、大灯の生来の敬虔な性情と、満々たる自信のほどがうかがわれる。大応もまた喜んだ。

昨夜、わたしは夢に雲門大師がわが室に入るのを見た。今日、関字を透った汝は、まさしく雲門の再来である。

大灯は、大応の賞讃に耳もかさずに引き下った。そして翌日、次の二偈を呈した。

「一たび雲門の関を透過してみると、

南北東西、どこにも路が通じている。
夕に通り朝に遊ぶ路上に、全く主客の別はない、
両脚の真底から、すがすがしい風が限りなくまき起る。」
「雲門の関字を透過してみると、曽《かつ》ての旧《ふる》い路というものは無い、
青天白日、すべて我が家の庭である。
わたしを運ぶ機関と車輪は、限りなく自由に転変して何ものをも寄せつけぬ、
あの金色の迦葉尊者すら、ここでは手をこまねいて引き下るばかりだ。」

大応は大灯のために、直ちにその末尾に印可の語を書きつけた。
汝はもはや完全に真理に合した。わたしは汝に及ばぬ。わたしの仏教は、汝によって大いに世に興るだろう。今後、ひたすらに二十年の長養を経たのち、世に出てわたしのこの証明を発表せよ。

これが、有名な大灯の開悟であり、右の二首の詩は、「投機の偈」と呼ばれて、大応の証明とともに、今日なお大徳寺に残っている。大応が大灯を許して雲門の再生としたのは、もとより関字の公案に因《ちな》むものであるが、大灯の禅は、すでに右の見事な投機の偈によってうかがわれるように、悟りの境地を直ちに偈に表現するところにその特色をもつ。それは夢窓の場合も同様であるが、特に大応と大灯との系統で、『碧

巌録』を尊重し、なかんずく雪竇の偈にその典型を求める傾向にあることとつながる。雲門の再来というのは、関字の主人公である雲門文偃その人を指すとともに、雲門宗の大成者であり、『碧巌録』のウルテクスト（原典）を作った雪竇重顕《せっちょうじゅうけん》に対する特別の敬意を意味している。後に、大灯は『雪竇語録』のほとんどすべてに下語《あぎょ》を加えている。下語というのは先人の法語や偈に対するきびしい短評である。それはすぐれた句の表現とともに、その内容となる体験を何よりも尊ぶ。禅文学の美しさはその句と心の深さにある。句の心に徹したのが大応や大灯の系統であったとすれば、句の美しさに流れたのが、夢窓の末流であった。それは『碧巌録』の読み方の違いによる。雲門の再来とは、日本人にしてはじめて真に『碧巌録』の心にふれた人の意である。「雲門関字」の公案は、『大灯百二十則』では、先の「牛窓櫺」に次いで、第二則に収められる。「関字」は、やがて彼の弟子の関山慧玄に伝えられて、この系統の禅の特質をなすのである。

祥雲庵夜話

延慶元年（一三〇八）、十二月二十九日、大応は建長寺で入寂した。大灯の前後五年に及ぶ参禅は終った。彼は直ちに京都に帰った。五条橋下二十年の聖胎長養《しょうたいちょうよう》が、それから始まる。聖胎長養とは、母胎に宿った真理の子を、慎重に健康に育て上げることである。『仁王般若経』には、信心、精進心、念心、慧心、定心、施心、戒心、護心、願心、廻《え》向心《こうしん》の十心を養うのが聖胎長養であると言っている。『伝灯録』第六の馬祖《ばそ》の章に、その説法を挙げて、

　諸君よ、めいめい自己の心が仏であることを知れ……。もしそのことがわかれば、もうその場その場で、身に服をつけ飯を食い、聖胎を長養して、ありのままに時を過すばかりだ、いったい何の事があろう。

とある。聖胎長養の生活は、禅思想のいまだ若かりし唐代の特色と言ってよい。同じく、『伝灯録』第二十八の大達無業国師の上堂にも、次のような説法がある。大達無業は、馬祖の有力な弟子の一人だ。

　看よ、彼の古のすぐれた修行者たちは、ひとたび自分の心の本質を知った後は、かやすきの蔭や石窟の中に、割れ鍋で粥《かゆ》を煮て喰い、三十年二十年のあいだ、世俗の名利を思わず、財宝を心にかけず、全く世間を忘れて、岩むろの中に跡を隠し、君主が召しても応ぜず、諸侯が請うても起たなかったことを。

　ここには、中国における隠遁の理想がある。徳をかくし、光をくらまし、塵世に同じて自己を忘れる生活、それが唐代の禅の理想であった。同じく馬祖の即心即仏の一

言を聞いて大悟し、直ちに天台山の一渓である大梅にこもって、一生を過した法常や、洪州の西山にかくれた亮座主、郷里の越州に帰り、山中にかくれた大珠慧海のごとき、馬祖門下にはそうした隠遁の人が多い。もとより、そうしたことが言われるのは、一方に名利にあけくれる高僧や碩徳《せきとく》があったからであるが、聖胎長養としての隠遁は、単にそうした社会倫理的な意味ではなくて、ひとたび大悟された自己の真性を世俗的生活の中に試みる修行である。それは悟りを求める修行ではなくて、悟りを忘れる修行であった。それは、宋代中期の円悟克勤の法語を集めた『円悟心要』にも受けつがれており、すでに見たように、この書は、かつて夢窓が東北の山谷で独り坐禅に専念していた時にも、その坐辺に置かれていたはずである。

『行状』によると、京都に帰った大灯は、鴨川の東岸あたりで、乞食の群に入り、日夜に刻苦自ら励んだと言う。有名な五条橋下二十年の長養である。二十年というのは、右に見た中国の先例に準じて言うのであり、もとより実数ではないが、それが後に一休や白隠を感激せしめ、日本の禅の典型となったことは言うまでもない。

大灯はやがて花園法皇や後醍醐天皇の帰依をうけ、世に出て大徳寺の開山となる。彼の開堂は嘉暦元年（一三二六）十二月八日であり、その四十五歳の年に当る。それはあたかも夢窓が後醍醐天皇の勅によって、南禅寺に開堂してより一年後である。大灯は、この間に東山の雲居庵より紫野の雲林院の近くに移り、ささやかな庵室を結び、大徳の額をかかげていたらしい。『正法山誌』によると、大徳寺の前身は白毫院《びゃくごういん》と呼ばれる天台寺院であり、大灯の叔父の赤松則村の子の則祐が、この寺の信者であったのによるという。

彼はこの頃、正和二年（一三一三）四月より五月にかけて、前後四十日の間に、『伝灯録』三十巻を書写している。真蹟は大徳寺に現存し、簡単なあとがきの末に、「五月二十日野僧妙超写す」の自署がある。『伝灯録』は、周知のように中国禅宗の古典であり、その一千七百一人に及ぶ伝灯の仏祖の事蹟は、公案のウルテクストである。彼がこの書の筆写に打ち込んだ情熱は、単なる博覧強記の域になかった。大灯の生活は、先に引いた馬祖や無業の説法を、正しく地でゆくものであった。野僧妙超の称は、何よりもそのことを伝えて余りがない。『年譜』は、この時代の大灯の心境を叙べて、

天然の気宇、王の如く、人の近傍する無し、是の故に数年のあいだ、檀越外護の者有ること罕《まれ》なり。居ること幾ばくもなくして、参玄の徒、風を仰いで奔走す。然れども師は只だ向上の一著を以て之を接す、出格英霊の漢と雖も手脚を措《お》き難し。

と言っている。

また、同じく正和二年の十二月二十二日、大灯は夢に六人の羅漢僧があらわれて、彼に出世開法をすすめるのを見た。大灯が「仁義はことごとく貧処より断つ」と答えると、羅漢たちは彼の脳後の肉をかきとり、「汝がために貧肉を除く」と教えて立ち去ったという。仁義云々の句は、赤貧洗うごとき無一物の生活には、仁義などいう世間の倫理はないという意であり、徹底した清貧の生活と、透徹した悟境をうかがわしめる。六人の羅漢は、実は六代伝衣の祖師であった。彼の『伝灯録』の身読は、夢中にも六代の祖と相い見るものであったらしい。

さらに、正和二年の十二月二十六日、大灯は大応国師の塔所となっていた洛西安井の祥雲庵を訪うて、先師の塔所を守っていた一僧と問答している。僧の名を大光と言い、かつて大応国師に学んだ人らしいが、その詳しい伝記は明らかでない。祥雲庵は、先に見たように、やがて『徒然草』の兼好がその所有の水田をここに寄進している。京都における禅宗の道場として知聞せられていたのである。

大灯と僧との問答を録したのが有名な『祥雲夜話』であり、はじめは『破尊宿夜話』とも呼ばれたらしい。ここでもまた野僧妙超の徹底した悟境と、痛烈な気迫が縦横に発揮される。問答は、玄沙《げんしや》の宗綱、智覚の垂誡《すいかい》、『首楞厳経《しゆりようごんきよう》』の「心外に魔あり」の説などをめぐるもので、僧が理論的な悟りと段階的な修行の立場にあるのに対して、大灯は終始一貫して頓悟《とんご》を主張し、「わが宗はただ見性を論じて終《つい》に次第の修行を仮らず」とする。彼は、それらの方便を先とし、直指見性《じきしけんしょう》の立場を後とするならば、ただ単に達磨の教外別伝の宗風が地を掃って尽くるのみならず、一代蔵経もまたその意味を失うとする。それは、すでに見たように、聖胎長養の生活が、けっして悟りに近づく修行ではなくて、すでに全身心を挙して自覚された即仏の真理を、脚下の生活の中に実証するものであったことを物語る。

二　教外別伝の立場——大灯禅の本質——

正中の宗論

大灯の禅は二つの立場をもっている。一つは唐代の禅を典型として、直ちに頓悟見性の自覚に立ち、これを現実の日常生活の中に実証してゆく道であり、他は宋の雪竇の禅文学に見られる言句の美を深め、これを日本的なものとする立場である。いずれも大陸で特殊な発達をとげた禅をそのままにわが国に移し入れようとする姿勢であるが、これら二つを同時に満足せしめるものが公案であり、大灯禅は典型的な公案禅であると言ってよい。それは前節に見たように、大灯その人が自己の半生を通じて得た結論であり、日本における公案禅は、大灯によって始まったと言わねばならない。もとより、こうした傾向は、夢窓にも見られるが、夢窓の禅が教禅一致の立場から、現実には教と禅を同格に認める結果となり、ひいては禅をもかつての教と同じように学習する五山文学の祖となったのに対して、大灯は端的に教外別伝の立場を打ち出し、具体的な公案禅の体系化への道を開くこととなったと言える。大灯の『百二十則』の公案集は、彼の体験をもととして、『碧巌録』にならった最初の試みである。栄西以来の臨済系の禅の特色であった密教と禅との結合は、こうしてようやく大灯に至って清算されるのである。大灯の禅のそうした特色を、最も明かに示すものは、有名な正中の宗論である。

今日、この宗論の直接資料を見ることはできないが、ようやくにして皇室や公家の中に地盤を得た禅宗に対する、旧仏教側の反撃は当然に予想されることである。もっとも、宗論は、直接行動に出るものではなくて、実際は皇室周辺に集った知識人たちの宗教討論であったと思われる。旧仏教を代表する叡山の玄慧法印等の九人に対して、禅宗側からは南禅寺の通翁鏡円と大灯の二人が選ばれており、この人選は当代の仏教の動向を示すものである。通翁は、はじめ那須の仏国に参じ、後に大応の法を嗣いでおり、大灯の先輩に当る人である。彼が南禅寺の住持となったのは、夢窓の開堂の直前であり、宮廷の彼に対する信頼は大きかった。そのことは、『花園院宸記』や『夢窓語録』に見えている。

宗論は、正中二年（一三二五）閏正月二十一日より七日間にわたって、宮中清涼殿で行われ、まず両者それぞれに一問一答の対決が約束された。玄慧云く、教外別伝の禅とは如何。

大灯が答えた、

八角の磨盤、空裏に走る。

玄慧の問は、教外別伝の立場が、この宗論の最大の論点であったことを示し、大灯の答もまた端的にそれに応ずるものである。八角の磨盤は、八頭の牛馬に挽かせる大がかりな石臼である。どんな固形物をもすり砕く機械であり、この句は、それが空中に回転するすさまじさを思わせる。簡潔なこの答句は、はなはだ新鮮であり、気迫あふれるものである。彼はすでに相手を呑んでいる。やがて、次の僧が一つの箱を捧げて出た。大灯云く、

これ何ものぞ。

僧云く、

乾坤《けんこん》の箱。

大灯は竹篦《しっぺい》をもって箱を打った、

乾坤打破のとき如何。

僧は黙して退いた。玄慧は敗北を認めた。

右の問答は、かなり定型句のやりとりで、必ずしも教外別伝の禅の内容に立ち入っ

たものではないが、すべてがそうしたものではなかったらしい。宗論は、さらに七日七夜にわたって、広く倶舎《くしゃ》、成実《じょうじつ》、三論《さんろん》、華厳《けごん》などの各宗教義について交わされ、かつて嵯峨天皇の時に来朝した檀林《だんりんぎ》義空《くう》の宗論の故事が想起されたという。

当時、こうした禅問答の気合は、京洛の知識人たちをはなはだ喜ばせたらしい。正中二年（一三二五）と言えば、有名な『太平記』が語る建武動乱の発端の年である。すべてが新しい時代に向って胎動していた。『行状』、および『年譜』によると、玄慧は儒教について大灯と論じ合ったと言う。玄慧は宋学の創始者に擬せられる人である。禅と宋学の問題もまた人々の話題であった。大灯は宮廷を中心とするそうした新しい知識人たちの間に、前後二十年の聖胎長養による強烈な個性と、独自の風格をもって迎え入れられたのである。

億劫相い別れて

大灯は、嘉暦元年（一三二六）十二月八日、大徳寺に開堂する。大徳寺は、彼がひそかに結んでいた草庵を、宮廷や門下檀越の帰依によって拡張した新しい禅の道場であった。彼は、そこに法堂を立てるのみで、仏殿を作らなかった。唐の百丈の古道場の精神を、彼は直ちに実践しようとしたのである。彼の開堂は、夢窓の南禅寺開堂の翌年であるが、彼の抱負はきわめて野心的であり、野性的であった。彼は、古仏の家風を興そうとするのである。

大灯はこの時、世尊が六年の苦行ののち、あたかも十二月八日、菩提樹下に成道した故事を引き、一頌を挙して言う。

明星を一見して、雪重ねて白く、
眼裏の瞳人、毛骨寒し。
大地もし此の節を知る無くんば、
釈迦老子も出頭すること難し。

釈迦出世の本懐は、何であったか。大地の衆生をしてこの節を知らしめるに在ると、大灯はいう。この節とは、時節因縁の意である。一年三百六十五日、すべてこの時節ならぬはないが、因縁は自ら知らざるには実らぬ。眼裏に瞳なき人はないが、ひとたび真に明星の輝きを徹見した人は少い。それは、ひとたび寒苦骨に徹する行道を前提する。寒苦は外から来るものではない。後に白隠をして出山の釈迦に寒毛卓竪《かんもうたくじゅ》せしめたのは、単なる寒苦の故ではなかった。大灯はそれを説こうとして開堂するのだ。

大灯には、さらに花園法皇との間に交わしたという、有名な「億劫相別れて須臾《しゅゆ》も離れず」の句がある。相手が法皇であるゆえに、それを貴族仏教の一語で片づけてしまうわけにゆかない。仏教の根本真理の、最も端的な理解がこの時代の知識人たちの努力によって、はじめて日本に根を下ろしたのである。経典の研究と祈りの儀式に終始していた従来の仏教も、ようやくにして日常生活裡のものとなる。それが真に一般庶民のものとなるには、これよりさらに百年の時間を必要とするけれども、ひとたび中国の唐代に発見された日常性の仏教は、今やようやくこの国のものとなりはじめたのだ。日常性の真理は、単なる日常に終始しているかぎり、けっしてその窓を開いてくれない。尽日相い対して刹那も対せぬからである。それが真の意味で、尽日相い対して刹那も対せぬ処に高められるためには、億劫相い別れて須臾も離れぬ道理を、明瞭に見とどけなければならない。それはすでに矛盾であるが、この分別が一度立ち切られねば、徹底的な日常性に立ち還ることはできない。どうしても、厳しい行道が要求された。

修禅道場としての大灯の大徳寺は、あくまでこれを目的とするものであった。彼の「開堂語録」は、宋朝以来の祝聖《しゆくしん》の儀式を追いながら、その裏にこうした悲願をこめるものであった。少くとも、後に白隠がこの語録を定本として、彼の評唱を作った意図はそこにあった。それは先の問答に続いて、花園法皇が大灯に呈した次の偈にもうかがわれる。

二十年来、辛苦の人、

春を迎えて換えず旧風烟。
着衣喫飯、恁《いん》麼《も》にし去る、
大地那《な》んで曽て一塵あらん。
これは法皇の投機の偈であるが、二十年云々は、もとよりかつての大灯の聖胎長養の生活を指す。天下無双の道場、宮廷の勅願大徳寺の住持となった大灯は、依然として一介の乞食坊主である。着衣喫飯は、法皇も乞食も大灯も全く同様でありながら、大地一塵なき悟境は、辛苦の人にあらずんば知られぬ。法皇は当時おそらく三十より四十歳の間であったが、数少い大灯の智音であり、もっともすぐれた弟子の一人であった。

古仏の家風

大灯はひとたび大徳寺に住してから、五十六歳で入寂するまでの十二年間、この道場を出なかった。五十歳の時、先師大応のゆかりの地であった太宰府の崇福寺に赴くが、わずか三カ月で引き上げた。大灯の生涯は、夢窓のそれに比して活動の範囲がきわめて狭い。また、禅を求めて中国に赴く求道者が多かった当時、彼はそうした関心をもたなかった。先師大応の膝下に侍した五年の苦修は、彼に絶対的な自信を与えていた。彼は弟子たちに次のような自製の公案を与えた。

朝に眉を結び夕べに肩を交う、我れとは何ぞ。
露柱は尽日往来す、我れ何によって不動なるや。

もしこの両箇の問を解決し得れば、一生参学の大事は了《おわ》るのだ。

これは、先の花園法皇との問答を三則にまとめたものと言っていい。その意味は、先の「開堂語録」にも出ている。きわめて日常的ではあるが、真に通身に白汗の苦しみを経験したものでなければ、彼の弟子たることは困難であった。彼は弟子に向ってきびしい道心を求めた。

汝等諸人、この山中に来つて、道のために頭を聚《あつ》む、衣食の為めにすること莫《なか》れ。肩あつて着ずといふこと無く、口あつて食はずといふこと無し。只だ須《すべか》らく十二時中、無理会の処に向つて究《きは》め来り究め去るべし。光陰箭《や》の如し、謹んで雑用心すること莫《なか》れ、看取せよ、看取せよ。

衣食の中に道心なし、道心の中に衣食あり。これは伝教の言葉である。夢窓もまたそれを言っている。かつて栄西の建仁寺の生活が、この空気に満ちていたことは、道元の伝えるところである。大灯もまたそれに劣るものではない。彼の弟子関山は、これを真風不地の遺戒と呼んでいる。それははるかに中国唐宋の古仏の家風を、末法澆季の日本において再興しようとするものであった。一把《いっぱ》茅底《ぼうてい》、折脚の鐺《しょう》内に野菜根を煮て喫して日を過し、専一に己事《こじ》を究明する底の求道の人を期待したのは、実に唐の馬祖であり、その多くの弟子たちであった。大灯の胸裏には、おそらく常に唐代の古聖の血がもえていた。宋朝の華麗な文字禅は、彼の関心の外にあった。彼は多くの頌古と、雪竇《せっちょう》の語録に対する下語を遺しているが、彼の偈はけっして単なる偈ではなかった。彼の詩は、すべて道心の血滴であった。たとえば、浄居天《じょうごてん》がシッダルタ太子に出家をすすめるために、王宮の窓扉の外で待機する話に付した、大灯の頌古がある。

玉函《ぎょくえん》の月を鑑《うつ》すは、秋を期《はか》らず、
夜静かにして方《まさ》に知る波浪の別なることを。
此に相い逢うてより、路の迷うに似て、
崔嵬《さいかい》たる檀特は、硬きこと鉄の如し。

玉函は玉淵とも書き、玉のように澄んだ池である。マガダ王宮の内、広く深くたたえたプールの水に、玉のような満月が影を下している。月は一年を通して、幾度かその全体を水にうつすのであり、特に中秋の夜に限らぬが、風の動きの止んだ静かなその夜のプールの水面は、他の夜のそれと全く異るものがある。ひとたび浄居天のひそかなささやきを耳にした太子は、何の不自由もない平和な王宮の生活に、われとわれより疑いをもちはじめる。穏かならぬ情念に追われるように、嵯峨たる檀特山に入ることを決意した太子の心は、まさに鉄のように堅くするどい。

大灯の偈は、はるかに一千五百年をへだてて、インドの太子の心中を、ものの見事に活写する。それは、太子が他人でなかったからである。彼の耳には、実際に浄居天のひそかなささやきが聞こえ、彼の目には玉囦の月が見えていたのだ。白隠はこの偈を評して、次のように言っている。

此は是れ龍宝大師（大灯）が五条橋辺二十年、切磋《せっさ》琢磨《たくま》の光輝なり。惜むべし、明覚（雪竇）をして此の頌を一見せしめざりしことを。若し一見せば、則ち必ず寒毛卓竪《たくじゅ》し去らん。

大灯の偈は、こうして常に自己を歌う。彼の自己は、日常茶飯の自己であるとともに、遠くシッダ太子や、白隠につながる自己である。億劫相い別れて刹那も離れぬ自己である。しかも、実は雪竇の偈こそ、そうした文字の典型であったはずである。そこには中国で生れた禅にのみ許された道と詩との見事な結びつきがあった。宋の文字禅を単なる文字としたのは、その末流の罪過である。少くとも大灯は、雲門の禅を単なる文字とは見なかった。彼が雪竇の頌古、および『碧巌録』を尊ぶのは、けっして文字としてではなかった。彼が雲門の再来と言われる理由は、そこにあった。

こうして、朝に眉を結び夕に肩を交える、日常的な着衣喫飯の修行は、常に日常性の底を破って、東西古今の真理と通じつつ、それを見事な詩において表現した。禅の修行とは、実はそうした意味での古典の学習であった。大灯は彼の下に集る多くの門下とともに、ほとんど大徳寺の山内を出ることなく後半生を過したが、彼の気宇は古今を覆うものであった。彼は延元二年（一三三七）、すなわち北朝の建武四年十二月二十二日、

仏祖を截断し、
吹毛常に磨く。
機輪転ずる処、
虚空、牙を咬《か》む。

という辞世を書き、筆を擲《なげう》って入寂した。当年五十六歳である。南禅寺の住持として、遠く中国より迎えられた大鑑清拙《たいかんせいせつ》は、彼の偈を伝え聞いて大驚した。

　思わざりき、日本にもかくの如き明眼の宗師ありしとは。平生、面会せんとせしも、人に沮《はば》まれて果さなかったことは、遺恨千万だった。

当時、南禅寺と大徳寺は、政治上の理由で、公式の往来を禁ぜられていたらしい。大鑑は、二人の弟子を大徳寺に遣して大灯の遺体に香を手向け、自ら門下を率いて南禅寺の門前に出、はるかに北西に向って礼を捧げた。

中国に発生した禅宗は、すでに完全に日本人のものであった。

三　日本禅の胎動

花園院の批評

『花園院宸記』の正中二年十月二日の裏書に、左記がある。

今日、宗峰上人ニ謁ス。禅林寺長老ガ参内シ、御問答ノ体ニツイテ之ヲ語ル。日ゴロ道者ノ聞エ有ルニヨリ、仍テ召サルルナリ。而ルニ此ノ如キノ問答ハ、スベテ未ダ教綱ヲ出デズ、達磨ノ一宗、地ヲ掃ツテ尽キタリ、悲シム可シ悲シム可シ。此ノ趣キハ密々ニ語ル所ナリ。此ノ仁ハ已ニ関東帰依ノ僧ナリ、仍テ不可ナル事ナド、隠密ニスベキノ由、時宜アルカ。仍テ上人ハ口外スベカラザルノ由、之ヲ示ス。予倩々《ツラツラ》之ヲ思フニ、当今《タウギン》ハ仏法興隆ノ叡慮アルノ由ヲ風聞ス。而ルニ東方ノ形勢ニ依テ、還テ隠密ニセラルルハ、如何々々。此ノ仁ヲ以テ宗門ノ長老ニ用ヒラルレバ、即チ是レ胡種族ヲ滅ス、悲シマズンバアルベカラザルカ。

右の引用は、直接に『宸記』に依るのではなく、玉村竹二氏の『夢窓国師』（サーラ双書10）により、漢文を仮名交りに改め、欠字その他のところを便宜に従って通読したものであるが、原意を損ってはいないと信ずる。また、前節に見たように、当時における南禅寺と鎌倉幕府、および花園院が当今《とうぎん》と呼ぶ後醍醐天皇との政治的な問題に立ち入ることは、今のところできない。ただ、ここに見られる限りにおいて、花園院の夢窓に対する批評が、きわめて手きびしいものであることに注意したいのである。それは、反面に大灯の禅に対する理解の深さと、その帰依の情を示すものであるが、はたして夢窓の禅が全く教綱を出でぬものであり、達磨の一宗をして地を掃って尽くるに至らしめる底のものであったかどうか。彼を宗門の長老とすることが、直ちに胡《こ》種族《しゅぞく》を滅するものであるかどうか。胡種族を滅すというのは、宋代の禅宗で、仏教に反する人にあびせた罵辞である。中国人から見て胡族であるインド人、つまりブッダの族を絶滅させるものという意であるが、花園院の批判は、むしろそうした宋朝の禅の定型句を気負って用いた嫌いがある。「此ノ如キノ問答、未ダ教綱ヲ出デズ」とか、「達磨ノ一宗、地ヲ掃ツテ尽ク」などの言葉についても全く同様であり、それはすでに中国で、円悟や大慧などが、教外別伝の立場を強調するとき、しきりに用いるものである。先に見た『祥雲夜話』にも、大灯が光上座に向ってこの批判をあびせている。したがって、ここにうかがわれる院の夢窓批判は、むしろ大灯の禅の特色を示すための反定立と見てよいのでなかろうか。この年、花園院は二十九歳である。数年前よりはじめて大灯に接し、院は彼の独自の風格に、すっかり魅了されていたのである。法皇に大灯を直接に引き合せたのは日野資朝《ひのすけとも》であるが、間接には妙暁、すなわち後の月林道皎《どうこう》の推薦であったと思われる。妙暁もまたかつて那須の仏国に参じた人であり、その頃しきりに花園院に召されている。妙暁は、元亨元年（一三二一）二十九歳で入元するから、大灯は、いわばその後任に選ばれた形であったらしい。

かくて、花園院の夢窓批判は、大灯との対比において理解されるべきであり、この点から言えば、実によく適中しているように思われる。すでに見たように、夢窓は栄西以来の教禅一致の禅の最後の大成者であり、大灯は本格的な教外別伝の禅の最初の確立者である。教外別伝の禅と教禅一致の立場は、すでに中国大陸で長い試練を経て、ようやくにその帰結を見たのであり、これを受容して来た日本の禅宗もまた長い困難な歴史をたどっている。二人の禅の正しい評価のためには、南北朝の内乱を機として深まる、わが中世史全体の動向を知る必要があるが、大灯の端的な教外別伝の禅は、思想史的には夢窓の教禅一致説の結実であったと言ってよい。

夢窓と大灯は、如来禅と祖師禅、理致と機関、『宗鏡録』と『碧巌録』などの対比において考えられる。理致と機関については、すでに見たように、夢窓もけっして単なる理致を主張するものではなかった。むしろ彼はこの両者の分別を強く退けた人である。ただ二つの分別を退けるに当って、夢窓はやはり理致的であり、綜合的であった。彼はどこまでも、不二の立場をとった。それは夢窓の個性であり、彼の置かれた歴史的生涯の必然であったが、彼の諸宗綜合の立場は、実は日本仏教史の主流であった。彼等の後につづく中世文化は、すべてこの傾向に発展する。夢窓の教団には、多くの傾向を異にする弟子が集り、その総数は僧俗を合わせると一万三千四十五人に及んだという（小畠文鼎氏、『臨済正宗七派の真源』）。これに反して大灯の弟子は少なかった。後に大徳寺の二世となる徹翁義亨と、妙心寺の関山の二人が知られるのみである。関山のごときは、ただ一人の弟子しかなかった。夢窓を開山とする五山文学の形成は、彼の禅の複雑な綜合的性格を語るものである。大灯の禅の真の歴史的完成は、五山文学の時代が終り、室町末期の応仁の乱を契機として起る庶民文化の動向と、よくそうした動きに応じ得た彼の末流によって、ようやく再興されるのであり、その最後の大成が、いうまでもなく江戸中期の白隠の出生である。

一般に、かつては栄西と明恵、もしくは道元、後には夢窓と大灯、もしくは関山とが対比され、それぞれに一方が時の権勢と結び、禅の本質を誤ったかのごとき伝説を生み、そうした評価が定型化している。栄西と夢窓は、ともに新しい禅の先覚者であり、さらにそれ以前の旧仏教との融合統一につとめた人である。評価は、必ずその歴史的全体性においてなされねばなるまい。

五山の文化

夢窓は、観応二年（一三五一）九月二十九日、天龍寺の三会院に七十七歳の生涯をとじた。その「三会院遺戒」にいう。

我に三等の弟子あり、謂ふ所の猛烈に諸縁を放下し、専一に己事を窮明するものは、是を上等と為す。修行純ならず、駁雑にして学を好む、之を中等と謂ふ。自ら己霊の光輝を昧《くら》まし、只だ仏祖の涎唾を嗜む、此を下等と名づく。もし其れ心を外書に酔はしめ、業を文筆に立つる者は、此は是れ剃頭の俗人なり、以て下等と作すに足らず。

己事窮明の道行と、学問研究との統一は、夢窓が自らその生涯をかけて追求して来た課題であった。包容的な彼の門下には、多種多様の弟子がいた。彼がもっとも怖れたのは、単なる文筆に走る弟子たちのことだった。彼の晩年、そのきざしはすでに見えていた。彼の入寂は、足利直義の死の前年であった。前後半世紀に及ぶ内乱は、ようやく終結に近づいていた。『太平記』の作者が、「中夏無為ノ代」の到来と見た義満の将軍職就任まで、すでに二十年を越えなかった。

夢窓が献策した天龍寺船による対明貿易は、五百年以上もとだえていた日中文化の交流を、公式に再開するものであった。やがて、それは義満をして、第二の藤原氏を夢みさせた。幕府と結び合った夢窓の教団は、こうして大きく変貌する。夢窓が滅後の教団の後継者と目した春屋妙葩は、幕政参与の場として、新しく相国寺を創する。それは花の御所の隣にあった。さらに、足利氏の菩提所として北山に金閣寺が営まれ、やや遅れて東山に銀閣寺が作られた。それは夢窓の西芳寺にならうものでありながら、修禅の庭としての性格はいちじるしく弱まった。

道元は、かつて出家者の行持を説いて、

この日本国は、王臣の宮殿なほその豊屋あらず、わづかにおろそかなる白屋なり。出家学道のいかでか豊屋に幽栖するあらん。もし豊屋をえたるは、邪命にあらざるなし。清浄なるまれなり。（『行持』上）

と言ったが、室町の王臣と出家は、こうしてともに豊屋に住することとなった。相国寺の出現を期として、はじめ中国のそれにならった五山十刹の制が、幾度か改変の後に完成した。天龍寺、相国寺、建仁寺、東福寺、万寿寺の五カ寺に、中国になかった五山之上という格付けが、南禅寺に与えられた。それはおそらく道元の顰蹙《ひんしゅく》に価するものであった。俗権を遠ざけた大徳寺や妙心寺は五山の外におかれ、妙心寺は、一時南禅寺の末寺とされた。はじめ鎌倉の官寺を避けて、山林に逃れた夢窓が、新しい京都の官寺派大教団の開祖となったことは、歴史の皮肉というほかはない。

しかし、五山制度の完成は、その政治的・経済的裏付けの整備とともに、前古未曽有の学問研究の盛行を招いた。世に謂う五山文学がそれである。日本人の古来の中国文化一辺倒の風潮を、それはいっそう助長せしめた。禅僧はすべて詩人であった。かつて、仏像を刻み、仏画を画くことが平安初期の真言僧の大切な条件であったように、詩を作り文を練ることが、この時代の禅僧の仕事であった。詩はさらに絵に及び、夢窓がそうであったように、造庭の技術にまで進んだ。宋元のすぐれた水墨画の名品が続々と舶載されて、日本人の鑑賞を深め、創作意欲をかき立てた。この風潮は大徳寺にも及んだ。今日の大徳寺は中世文化の宝庫となっている。また、学問研究に必要な大蔵経は、朝鮮や中国より輸入されて、各地の寺院に備えられた。和漢の図書も続々と覆刻された。妙葩の臨川寺に始まる五山版は、日本印刷史の偉観である。

夢窓が、入寂に際して案じた禅の外学化は、こうして完全に適中した。宗門第一の書と呼ばれる『碧巌録』を中心として、特に、『臨済録』『百丈清規《ひやくじょうしんぎ》』『大慧書』『五家正宗讃』『禅儀外文』の七部の書が重視され、専門的に研究された。『禅儀外文』は、東福寺の虎関が編した詩文の書であるが、すでに中国の禅書に伍するものであった。事情は、大徳寺および妙心寺の系統でも同様であった。公案の密参帳は、多くこの系統で作られたが、それらは道行の書というよりも、定型化された公案の秘伝書である。解説は、かなりの密教的な色彩をすらもつ。こうして、禅僧は詩人となり、さらに専門の学者として禅院より一般社会に進出した。この時代に作られた漢詩文の数は、実に莫大なものである。さらに、それは量の上ばかりではない。たとえば、中国文学の本格的な専門研究、たとえば史記や杜甫の研究も、この時期の禅僧によって始まった。儒教についても同じである。それは、確かに夢窓の怖れたごとくであったが、皮肉にも、かえって一般的な世俗の文化と禅との結合を招く結果となった。僧は俗化したが、俗はかえって向上した。江戸時代における猛烈な世俗側の仏教批判の力は、かえってこの時代に育てられたと言える。また、連歌、能楽、絵画、茶道等の興隆は、禅の影響というよりも、逆に世俗文化そのものの向上であった。強いて禅の影響というならば、それがいかなる禅であるかを明らかにせねばならない。少くとも、それは中国の禅にはないものであった。たとえば、能楽の大きな要素をなす密教や浄土教は、もとより日本的なものであるが、必ずしもかつての密教や浄土教とは言えない。栄西や夢窓の禅密一体の仏教は、思わぬところにその残照を発揮したと言ってよい。雪舟の画く山水は、単に外なる自然ではないが、さりとて禅の表現とも異っている。彼は禅僧のごとくであり、自らも入明して天童山第一座たりしことを誇りとしているが、第一座は必ずしも禅僧の名誉ある位ではない。彼の山水図は、むしろ平安朝の仏画の再生を思わせる。少くとも鎌倉仏教の系譜とは明らかに異っている。

いったい、この時代の水墨画の典型とされる作者は、梁楷にしても、牧渓にしても、あるいは玉潤にしても、禅僧と言われながら、その禅の系列を明らかにせぬ人々ばかりである。また、中国絵画の歴史の流れからも、彼らは常に傍系と見られる。中世の日本人が、彼らの絵を選んだのは、確かに日本人の好みによる。好みとは個性のことである。日本人の好みの発見は、すでに大陸仏教の影響をしだいに脱却するだけの実力をもっていたことを証する。

いずれにしても、五山の禅は固定化したが、その周辺に種々の領域にわたって独自の個性を生み出した。これが禅文化の体系と呼ばれるものであるが、文化はあくまで世俗のものでありつつ、そこにはやはり真俗不二の信仰がなければならぬ。中世文化の作者たちは、いずれも道行の人である。徹底した自己の個性に生きた人である。法華経には、童子が沙を聚《あつ》めて塔となすも、成仏の縁を結ぶものだと言っているが、ここではあらゆる生活の創造が、道の表現とされた。しかも、それは一面に遊びであった。ものを造ることが遊びとして、もう一つ深い根底から鑑賞された。それを、次に茶の場合について考えてみようと思う。

心の師となりて

茶道の大成者と言われる村田珠光の秘伝書の一つに、有名な「心の師」の一紙がある。奈良興福寺の古市播磨法師に宛てたものである。

此の道、第一わろき事は、心の我慢我執なり。功者をばそねみ、初心の者をば見下すこと、一段勿躰《もったい》なき事ども也。功者には近づきて一言をも歎き、又、初心の物をばいかにも育つべきこと也。此の道の一大事は、和漢の境をまぎらかす事、肝要々々、用心あるべきこと也。又、当時ひゑかるると申て、初心の人体が、備前物、信楽《しがらき》物などをもちて、人もゆるさぬ闌《たけ》くらむこと、言語道断なり。枯るると云事は、よき道具をもち、其味はひをよくしりて、心の下地によりてたけくらみて、後まで冷え瘦せてこそ面白くあるべき也。又、さはあれども、一向かなはぬ人躰は、道具には拘はるべからず候也。いか様の手取風情《てどりふぜい》にても、歎くところ、肝要にて候。たゞ我慢我執がわるき事にて候。又は、我慢我執なくてもならぬ道なり。銘道にいはく、

心の師とはなれ、心を師とせざれ、
と古人もいはれし也。

右は、永島福太郎氏が、『茶道古典全集』第三巻に収めるテキストにより、原文の仮名書きのところを漢文に改め、全体を通読の便宜に従って整理したものである。原文の真意は変っていないと思う。

珠光が大徳寺の一休に参じたかどうか、また、後に言われるように、「茶ノ湯ハ禅宗ヨリ出タルニ依テ、禅宗ノ学ヲ専ニス」と考えるべきかどうか、今はすべて問題にしない。むしろここに主張されている「心の師とはなれ、心を師とせざれ」という句が、実は日本の中世文化を貫く重要な原理の一つであり、さらにそれが中国禅宗の「即心即仏」の立場に密接な関係のあることを考えておきたいのである。

珠光の言う「我慢我執」とは、結局のところ、自心を師とし、茶の道にこだわる事である。もっとも、最後のところで言うように、それは、「我慢なくてもならぬ道」であり、師とするものがなければ問題にもならないが、始めより冷え枯るるなどいう境地に執するのは、言語道断だというのである。いわば、いったん道具をもち、その味わいをよく知った上で、道具にかかわらぬ闌《た》けた境地が理解されるのであり、そのためには、やはり用心して和漢の古典をよくわきまえねばならぬ。おおよそ以上の如き意味であろう。

しかし、これはたいへんな事である。古典の心に通じて古典を忘れ、道具を使って道具を忘れるには、生涯の修行が必要となる。しかもそれは、生活に即したものである。珠光の弟子の宗珠の住いは、「市井の隠」と称せられたという。冷え枯れるとは、ひっきょうはそうしたものであり、現実の生活を離れたところにはありえない。室町幕府の保護の下に、高度の学問研究に専念していた五山僧とは違ったところで、こうした市井の哲学が工夫されていたとは、実に驚くべきことである。

ところで、鴨長明は、『発心集』の序に、次のように言っている。

仏の教へ給へる事あり、心の師とは成るとも、心を師とする事なかれと。実なる哉この言。人一期のすぐる間に、思ひと思ふわざ、悪業に非ずと云ふ事なし。

右は、唐木順三氏の『無常』に引くところであるが、同氏の『中世の文学』には、それを『往生要集』第五の止悪修善の文によって解している。源信は、おそらく直接には『摩訶止観』によったのであり、『摩訶止観』は、湛然が指摘するように、『大般涅槃経』第二十八に、菩薩の誓願を述べて、次のように言う句によるのである。

もし衆生のために法を演説すること有るときは、それを聞く人をして敬信して疑うことなく、常にわたしのところにおいて悪心を起さないようにせねばならぬ。

むしろ聞くところは少くとも、多くその意味を知り、理解できぬような多聞を望まぬことである。願って心の師となって、心を師としてはならぬ。身口意の三業を悪事と交わらせてはならぬ。

これによれば、心を師とするとは悪心をほしいままにすることである。『往生要集』も『発心集』も、明かにこの意味に用いている。

ところが一方、『続高僧伝』第二十一の慧光伝によると、憑袞《ひょうこん》という人の『捧心論』を引いて、

経に云う、当《まさ》に心の師となって、心を師とせざれと。八歳にして文を誦するも、百歳にして行わなければ、何の役にもたたぬ。

と言っている。これはいかに経文を誦するも、行わねば無意味であるというのである。行うとは、生活に即した道行のことである。しかも、この意味に用いた例は、中国の禅宗の語録にはかなり多い。今そのすべてを挙げることはできないが、たとえば『百丈広録』や『南泉語要』では、「即心即仏」や「非心非仏」の心にとらわれぬ自由の意味に、この句を用いるのが常である。後に、明の陽明学の左派と言われる李卓吾に出遇った袁宏道が、その心の転換を、「能《よ》く心の師となりて心を師とせず、能く古人を転じて古人に転ぜられず、発して語言と為るに、一々胸襟より流出す」（入矢義高

氏『袁宏道』）と言っているのもこの意味である。この句とよく関連して用いられる「自由」という言葉のごときも、漢語の原義としては、勝手気ままの意でありながら、禅録で用いられる場合は、ほとんど常に善意であることも、大いに注意してよい。

いずれにしても、珠光が右の手紙を書いた頃、日々の世俗の生活の中にある道が、自由なものとして理解されていたことは確かである。「心を師とするな」というのは、心が空であり心が頼りにならぬものだからではない。師とする心、頼る心があってはならぬのである。否、頼るべき心はもとよりないのであり、心は元来空なのである。それは空なる心を師とせぬことである。いわば、空の意味が、ここでは全く異っているのである。それが禅の影響であるかないかは問題ではない。茶の精神と言われるものが、すでにここまできていたことの方が重要である。かつて栄西によって移植された中国の茶は、こうして市民の宗教としての茶道を大成した。それは、中国の本土になかったのみならず、鎌倉仏教においては予想もされなかったものである。『摩訶止観』よりこのかた、常に戒められて来たのは空見であるが、ここでは道行の生活によって、空が直ちに世俗の中に生きられていると言っていい。宮本武蔵は、

万事において我に師匠なし。

と言ったという。これは、心を師とすることではなくて、心の師となることである。

第四の章　遠羅天釜〔白隠〕

一　江戸の新仏教

黄檗山万福寺の開創

関ヶ原の戦勝によって、実権を握った徳川家康は、慶長八年（一六〇三）、江戸に幕府を開く。応仁以来、全国にくりひろげられていた戦乱は、とにもかくにも終止符を打たれた。そして、世界史的に注目される絶対主義的身分社会が、これより三世紀のあいだ続くのである。すべてが新しい権力によって統一された。仏教もまたこの運命を免れるものでなかった。

仏教教団の統制は、すでに開府直前の慶長六年（一六〇一）に定められた高野山の真言宗法度《はっと》を皮切りに、次々に諸宗法度が公布され、元和二年（一六一六）の身延山久遠寺法度に至って完成した。諸宗法度の内容は、教団の本末《ほんまつ》制度や経済組織より、徒弟教育、宗意安心の細部に及ぶまで、すべてを幕府の統制下におくものであった。新しい寺院の建立と新義の創唱は、原則として禁ぜられ、古典的な教学の研究が奨励された。何よりも、幕府は宗教一揆の再発を怖れたのである。

しかも、寛永十三年（一六三六）に始まる鎖国令と、その翌年の島原の乱をきっかけとするキリスト教弾圧の策によって、仏教教団の檀家組織はいよいよ強められた。三国の仏教史上に、全く類を見ぬ本末組織は、こうして完成した。それは、寺院経済の安定を伴ったから、僧侶をして、甘んじて御用教学の整備に専念し、自閉自殺的な統制に満足せしめた。

こうして、江戸時代初期の仏教は、教団も教義も、固定化の一途をたどった。なかんずく、禅宗は南禅寺の金地院崇伝《こんちいんすうでん》が、天台の天海僧正と協力して、諸宗法度の制定にたずさわったためもあって、有力な禅宗寺院は、進んで幕府の統制に奉仕し、全く救うべからざる沈滞を招こうとした。しかし、他方ではこうした沈滞を突き破る新しい動きが、少くとも二つあった。一つは、明朝滅亡の動乱を避けて来朝した隠元隆琦《いんげんりゅうき》や、興儔心越《こうとうしんえつ》による新しい禅宗の開創であり、他はこれに刺戟されて起る日本禅の宗統復古運動である。

隠元の来朝は、明の永暦八年（一六五四）、わが承応三年に当るが、それが多分に亡命的な性格をもっていたことは、すでに見た通りである。彼は中国臨済宗の三十五世の法統を伝える人である。当時、明末の大陸では、臨済禅と曹洞禅の宗統の論争が盛んであり、これがさらに明より清への政変によって、新旧勢力の対立を生みつつあった。隠元はこれを日本に避けることによって、中国臨済禅の伝統を守ろうとしたのである。しかし、すでに前章までに見たように、鎌倉より室町時代に至って、すでに独自の伝統を形成していた日本の臨済禅は、容易に彼の日本亡命を受け入れなかった。幸いに後水尾上皇の帰依を得て、彼は寛文二年（一六六二）、京都の南郊宇治の地に黄檗山万福寺を創めて開堂し、臨済正宗を内外に宣する。彼の新しい臨済正宗の宣言は、大いに日本の禅宗各派を動揺せしめた。特に、黄檗山の住持は、はじめのうちほとんど大陸からの帰化僧によって占められた。はじめ隠元を妙心寺に迎えようとする動きがあった関係で、京都では黄檗山と各派の対立が特にきびしかった。それは、先に幕府の統制によって、本末組織を確立していた各派本山をして、さらに各派の宗統意識をかき立てるに役立った。

ところで、こうした隠元による黄檗山開創の波紋も、旧《ふる》い伝統をもつ京都の場合と、新しい政治の中心となった江戸の場合では、よほどその影響を異にしていた。たとえば、隠元に少し遅れて来朝した心越は、徳川光圀に迎えられて水戸に祇園寺を開くが、他派との間に対立を起すことはなかった。彼は隠元と違って、曹洞宗に属したためでもあるが、関東と京都ではその伝統を異にしていたことが、大きい理由である。

右の例によって知られるように、江戸幕府の統制は、旧い伝統をもつ京都の禅宗各派を孤立させたが、直接に本山の権力の及び難い江戸、およびその他の地方では、むしろ一般庶民を対象とする布教活動に、新しい傾向を生ましめた。たとえば、将軍膝元の江戸の市民たちに、直接に二王禅や日常念仏をすすめた鈴木正三《しょうさん》や、正三と親交のあった雲居《うんご》希《け》膺《よう》の如きがそれであり、雲居は特に、日本の禅宗史上に珍しい念仏禅を説いたために、異端として妙心寺住持の職を追われ、仙台の松島に退いた人である。また、江戸には平易な在家安心を主張した至《し》道《どう》無《む》難《なん》があり、この系統から白隠慧鶴が出る。彼等はいずれも室町以来の古典的な禅宗の伝統と、ほとんど無関係に活動した点で共通している。

いったい、日本の禅がかつての栄西や円尓、無住の方向に伸びないで、夢窓、大灯の方向に発展したこと、特に夢窓その人がもっていた密教的なものが、その門下に至って捨て去られたことは、日本禅の形成にとって、全く大きい宿命であった。蘭渓以来、続々と来朝する宋僧によって、本格的な宋朝禅が、何の媒介もなしに日本人におしつけられたのである。当時の日本人と中国人との対話は、おそらくすべてが筆談であった。最高の学問を身につけていた道元すら、入宋当初はおそらく同様であったらしい。来朝したばかりの仏光と、仏国との間に交わされた問答の詩偈の真蹟が、今日なお遺存しているのは、本格の宋朝禅に直面した日本僧の困難な姿勢を物語る。さらに、日本人相互の間においても、本格的な商量は、おそらく筆談であったことを推せしめる。先に引いた大応と大灯の「雲門関字」の商量のごとき、今日の我々が考えるように、禅の墨蹟として書かれたのではなくて、専門的な禅問答が筆談で行われた証拠であろう。

こうして、日本の禅宗は鎌倉以来五百年のあいだ、不自由な中国文化の支配下にあった。五山文学の発展はさらにこれを助長した。しかし日本人の宗教としての禅は、しだいにその障碍を破りはじめていた。応仁以来の上層文化の破綻は、逆に広い底辺の自覚をうながした。江戸初期の盤珪《ばんけい》が大陸系の禅僧と親しく交わりながら、日本語による日本人の禅を説いたのは、すでに日本の仏教が大陸追随の域になかったことを示す。それは、日本人による宗教改革の萌芽であった。

関東ラッパ

白隠の『宝鑑貽照《ほうかんいしょう》』に左記がある。

　儞《なんじ》知らずや、正三《しょうさん》の曰へることを、関東辣破《らっぱ》は必ず禅に近しと。

『宝鑑貽照』というのは、白隠の禅の直接の源流をなす愚堂東寔《ぐどうとうしょく》の真精神を述べ、彼の後に真の禅師なく、邪法を説くもののみなるをはげしく批判した書である。宝鑑は愚堂の国師号であり、貽照は残照の意である。白隠がこの書を書いた意図は、後にあらためて考えるが、およそ伝統にとらわれず、どこまでも自己の信念を貫いた、生活の仏教者鈴木正三の言葉に、白隠がここで万腔の賛意を示しているのに注意したい。

関東辣破とは、大槻文彦氏の『大言海』によると、

昔、夜討ナドスル素破《スッパ》ヲ、乱波ト云フ。敵ヲ恐レズ荒レマハル意。又、らっぴ、ランクヮイ、アラクレモノ、暴客、無頼漢。

といい、さらに『北条五代記』を引いて、

関東ノ乱波智略ノ事、「其比らっぱト云クセ者オホク有シ、是ラノ者、盗人ニテ、又盗人ニモアラザル心カシコク、ケナゲニテ、横道ナル者共ナリ、又、或文ニ乱波ト記セリ、但、正字オボツカナシ、俗ニハらっぱトイフ、サレドモ此者ヲ、国大名衆、扶持シ給ヒヌ。是ハイカナル子細ゾトイヘバ、此乱波、我国ニ有盗人ヲヨク穿サクシ云々。…」

といっている。ラッパの語源は必ずしも明かでないが、俠客、もしくは無頼のことらしい。中国の禅語で、孟八郎《まんぱろう》というのがあり、古訓にヨコガミザキと読んでいるのを連想せしめる。正三はそうした関東乱波の勇猛な行動性に、彼の二王禅の素質を見る

のであり、それは固定した室町以来の京都禅への挑戦である。ここには新鮮な土の匂いがある。たとえば、『驢鞍橋《ろあんきょう》』に次のように言っている。

フクワン者ハ、ブンマケテ娑婆ニ苦ム事少シ、是法器也。了庵和尚モ、法ハ関東ラツハニ移ルベシト云給ト聞、是好見様也。乍去、フクワン計ニテ、シツカトシタル機一ツ無テハ修行難成。其故ハ娑婆ノ麁草ナ程、修行モ麁草ニ、ウカツキ回ツテ落着テ修スル事無。

フクワン者は、不勘者であり、達者ならぬ人、非専門家の意らしい。正三は、ここで素人の大まかさをいましめ、修行には落着いた機が必要だとするのであるが、器用で要領のよい宗教専門家に対する嫌悪は依然として変っていない。彼は当時の僧侶を仏法商人であり、寺餓鬼だと罵っている。関東ラッパ云々は、これによると了庵和尚の言葉である。正三の忠実な後継者であった恵中の『正法実証録』によると、「大埒破ノ語、何レヨリカ得来ルヤ」の問に答えて、正三は次のように言っている。

人皆小機屈鬱《クツウツ》ノ機ヲ以、小信心ニ住シテ修行ト思ヘリ、是末世ノ弊ナリ、修行ノ本意ハ先ニ顕ナ如ク、大機ヲ発シテ行ズルニ有リ、今此弊ヲ救ント欲スルガ故ニ此語ヲ云ヘリ、其本、了庵和上ヨリ出タリ、彼曰、法器ハ関東ノ埒破ニアリト。是大機ハ大法ヲ成スル故也。

了庵は、おそらく小田原の最乗寺を中興した慧明であり、曹洞宗に属する。正三の禅は、必ずしも宗派を問わぬものであったが、むしろ京都の文化を離れた地方に広まっていた曹洞宗の土の匂いに、より近いものがあることは確かである。正三は、『驢鞍橋』に言っている。

　今時、済家の風は、いかにもケワイすまして打ちあがり、上手になつて居らるる間、なにとしても仏法おこり難し、後来かならず曹洞宗の土田夫の家風より、法おこることあるべし。

いずれにしても、正三のよこがみ破りの気迫が、白隠を導いたことは確かである。白隠の直接の法は、先の愚堂に発し、

　愚堂—至道無難—正受慧端《しょうじゅえたん》—白隠慧鶴

という法系を受け、愚堂は妙心寺の第百三十七世に上った人である。それが前章に見た応灯関の禅の中興であることはいうまでもないが、至道以後の人々は、鈴木正三と同じように、宗派や伝統にとらわれぬ独自な生活派の仏教を創めた人である。彼らはむしろ江戸初期の関東における革新の空気の中に育ち、そして活動した。直接には京都の禅の伝統と何の関係ももたなかった。彼らが応灯関の禅の再興と見られるのは、おそらくは、先に述べた黄檗隠元の臨済正宗に対して、この国の禅の宗統を主張する

必要があったからである。愚堂以後の禅は、何よりも江戸の禅であり、関東の禅であった。それは、奇しくも幕府の宗門統制の網の目を、その下部から脱して芽生えた日本人の仏教の新しい種子であった。白隠の生家は、東海道の宿場町の一つ、浮島原の脇本陣で、父は駅長であった。白隠の出自は、従来の伝統的な名僧知識のそれでない。彼には正三の関東ラッパに似た気概が感ぜられる。『壁生草《いつまでぐさ》』に、白隠をはじめて正《しょう》受《じゅ》に引き合せた宗覚の相貌を述べて、「身長六尺の畏しき貌曲《かほくせ》なり、大拄杖を挾《わきばさ》んで枯木のごとくに立ち、高らかに参暇《しんか》を願ふと坂東声……」という一段がある。坂東声とは、正しく白隠の本音である。近世社会の底辺から生れた、日本の宗教改革がそこに見られる。

美濃のばんたろう

白隠禅の直接の動きは、その二代前の至道無難に始まる。彼は鈴木正三に少し遅れる頃、江戸小石川に草庵を結び、広く市井の人々に平易な仏教を説いた道心僧である。彼は、寺の経営や存続などには、ほとんど関心がなかった。その寂後に白隠がここを訪れた時、庵室は曹洞宗の末寺に売られていたらしい。白隠は六十両でこれを買いとり、弟子の東嶺に再興させたのが、今日の至道庵の起りである。

至道無難は、不思議な法縁に恵まれて、中年で出家した人である。その経歴は、きわめてよく正三に似ている。彼は、そうした道心僧の風格を生涯のあいだ失わなかった。道心僧は、正三の言う「フクワン者」であり、非専門家である。彼は、後年の法語集である『自性記』に、次のような自己の経歴を語っている。

予ハミノノ国関ヶ原ノ番太郎ナリ。愚堂和尚ノ人足《ニンソク》シテ、江戸へ御供ノ時、和尚不便《フビン》ニ思召、本来無一物ト御示、忝思。三十年修行シテ、直ニ無一物ニナリ、和尚ノ御恩により、仏ノ有かたく忝ヲ知、仏法、人ニ教《オシウ》、いとたうとし。

番太郎とは、再び『大言海』によると、

悪太郎、河太郎の類。㈠往時、江戸市中ニテ、木戸ノ番屋ノ番人ノ俗称。略シテ、番太。㈡往時、地方ニテ、町村ノ走使、又ハ警護ヲナスモノ

とある。至道が自らこの語を用いるのは、おそらく右の両義を含む。伝によると、彼はもと関ヶ原の本陣問屋三輪氏の子で、長じて家業をついだが、当時同郷出身の高徳である妙心寺の愚堂が、江戸への行脚の途次、彼の家に投宿するごとに、よく参禅の機会を得て、四十七歳の時に至道無難の公案を透過し、至道の号を与えられたという。承応三年（一六五四）、五十二歳のとき、彼はついに家を出て愚堂に従い、江戸の正灯寺で剃髪したのが、右にいう出家の因縁である。承応三年は、あたかも隠元来朝の

年である。
出家の動機としては、彼の一族に林蔵主《はやしぞうす》というものがあり、かつて関ヶ原の戦役のとき、彼の村に逃げて来た西軍の敗将小西行長を捉えて、徳川氏に引き渡したために、彼の一族はその功をたたえられ、ながく村長の職を保証されたが、小西行長は真面目なキリスト教の信者であり、その最後の美しさが村人の同情を集め、逆に仏教者であった林蔵主と、三輪氏一門への反感となっていたようで、そうした社会機構の矛盾が、本陣問屋の重責を負う至道をして、堪え難いものに感ぜしめていたらしい。彼が自ら「関ヶ原ノ番太郎」という心情は、そうした背景を考えると、はなはだしく暗いが、それだけに無一物となるための三十年の修行は真剣であった。

至道の弟子が書いた伝記の一節に、

師、もとより叢林の規矩を知らず、文字の学海を汲まず、唯だ朗然として乾坤《けんこん》に独歩する耳《のみ》。

という。生涯を一庵主として過した無難の眼中には、「いとたうとき仏法」のみがあり、法系や寺院や、幕府の統制は、およそ全く無縁であった。それだけに、既成の形式的な出家者に対する彼の批判ははげしい。彼は、「我庵門徒中に法度之事」として、次のように言っている。

一、坊主は天地の大極悪なり、所作無くして渡世《とせい》す、大盗なり。
一、修行果満ちて人の師とならんとき、天地の重宝也、よろず渡世の師のみ有り、大道の師まれなり。
一、人よりものをうくる事、毒薬とおもへ、大道成就之時、人のをしむものをうくへし、其人をたすくるゆへなり。
一、大道成就せさるうち、女をちかつくへからず。
一、心さしなき家にとまるへからず。

その他に四条、彼の法度はきわめて具体的である。専門的な坊主を批判する姿勢が、無難の仏教の根底にある。それは、近世的な宗教改革の精神と言っていい。上記に続いて言う。

物しり坊主、あるとき予にむかひていふ、その方も禅と聞く、禅も十色なとをおほへて禅といひかたし。予無言にして居す、つらつら思ふに、あさましき事なり、大道元来知るはあやまるといふ事をしらず、常に学に苦み、覚にくるしみ、己をたかふりて、とかあり。

至道の禅は、あくまで生活に即したものであった。禅という看板は全く不要であった。彼は、これを「仏法を聞そこなひし人のするわさ」であると言っている。

今時、なま〳〵しき出家、あるひは道心だてをいふ人、わかあくをさるすべをしらずして、そのままさとれとていきる事也、もつたいなき事也。わかあくをさらすして、さとりたがるは、たとへは、生子に馬にのれといふがごとし、何としてかなるへきや、第一、わかあくをさりて、清浄心のあらはるゝ時、則是仏也。ありがたき事に思ふて、是をつよくまもりて、つね〳〵わが身のぬしにして置ようにする事也。

「わが悪を去る」ことは、けっして道学者のいう意ではない。それは「われを知る」ことであり、われを知るとは、虚空の響のごとく、虚空の合点もなくなることである。大道大覚の時、われをしらぬせうこには、たとへは女にましはりても、たからにましはりても、何の心もなくなる事也。是がたいていの修行じやのならぬ事にて候。かやうのものが、人の師になりてもよく候。たとへは、しやかほとけ、三十のとし、女に法を御とき候、是にてかてんあるへく候。

彼の教団は、男女共学であった。それは近世的な開かれた仏法である。彼は、「人つねにあやまる事」と題して、次のようにいう、

人にたまされてくるしみ、我にたまされて悦《よろこ》ふ事。

人の死をしりて我死をしらず。

人の是非をえらひ、我不作法の事。
本来無といへは、無とし る事。
仏道に法をたつる事。
仏道に入らざるは、身守る事ならず。
きねんする人有、身の仏を敬はず。
貧をくるしみ、のかる丶事しらず。
悟を以て仏法と云、悟る人まれなり。
一念悪気、ひるかへす事ならず。

二　白隠誕生

地獄の匂い

白隠の書と絵を見て、地獄の匂いがすると言ったのは、フランス文学の研究家寺田透氏である。京都の森田子龍氏が独力発行している『墨美』第七十八号に寄せた「白隠のこと」で、寺田氏は、ルオーの「キリストの顔」と、白隠の出山釈迦図や白衣観音図を対比して、後者の特殊な暗さを指摘し、およそ次のように言っている。

> 仏向上を唱える道元にあっては、眼はつねに高めに保たれていた。その他、中世の禅僧の墨跡をとっても、一休を別にすれば、ひとりも地獄を問題にしたものはいないようである。その一休すら、白語的に地獄を問題にしただけであった。禅とは、現世から出発して、諸法の実相たることを確信することによって、迷いを去り、仏にまみえ、それによって自己を仏にしようとする道である。決して暗くも、香華臭くもない、からっとした、尽十方世界一顆明珠《じんじっぽうせかいいっかみょうじゅ》と見てとる肯定的精神

であるという風に、われわれの禅宗観が成り立っているのは、理由のないことではあるまい。ところが、白隠は暗く、地獄の匂いをもっている。その意味で、かれは多分に真宗風を兼ねあわせているのでなかろうか……。そこに見られるのは、おのれを永遠化そうとする美の姿でも、また美しいものを作り出すことによって、永生への願いを現実化する人間のいとなみでもなく、滅亡の——しかもそれ自身は図太いと言っていいくらい力強い——予告である。そう言えるのでなかろうか。

白隠の宗教と芸術は、実に多方面にわたっている。一隅をもってすべてを律することはできないが、彼が生涯をかけて追及したのは、確かにこの世の地獄の課題であったと思われる。第一、白隠という号である。おそらく、三十五歳で妙心寺の僧籍に登録したとき、自らつけたにちがいないこの名は、仏典にいう白法隠没《びゃくほうおんもつ》の末世思想から来ているはずである。これに先立つ美濃山の上の富士山神社所蔵の「濃陽富士山記」には、

正法海潜鱗駿陽松蔭小師慧鶴九拝戦栗書焉

の奥書がある。彼くらい末法澆季を痛感した人は、近世仏教には他に例がないように思われる。彼が、別に鵠林《こうりん》とか、沙羅《しゃら》樹下《じゅげ》とか号するのは、いうまでもなく松蔭寺の山号に因むものだが、それすらすでにブッダの入涅槃に関係しており、彼が沙羅樹下

につづけて自署する闡提翁《せんだいおう》とか闡提窟《せんだいくつ》とかいう名は、すでに末法の世に生きる出家の課題を示している。彼がときに弟子の名に託して、寒餓とか饑凍とか自称するのも、もとよりこれにつながる。それは、すでに毒を含んだ名である。彼の仏教のねらいは、直接に救いや悟りを問題にする前に、現実の歴史的人間の毒素を指摘するにあった。白隠の初期の筆になる京都金台寺所蔵の「法具《ほうぐ》妖変《ようへん》図巻」は、珍しい着色絵巻だが、末法寺院のすさまじさを思わせる戯画である。この法具地獄の図絵は、地獄を見たければ、坊主の所行を見よと言わんばかりである。

白隠は、一生八十四年のあいだ、地獄の怖しさを語り、地獄必定の苦しみを、口を尽して警告し続けた。それは、彼が自ら地獄を見、実際に地獄を経過した人だったからである。彼の書や絵が、今日なお地獄の匂いをふりまいているのは当然である。それは、現代人がほとんど忘れ去ろうとしている、日本仏教のふるさとであり、彼の宗教と芸術の不気味な魅力の大半は、すべてここから出ていると言ってよい。

白隠は十一歳のとき、日蓮宗の信仰厚い母に伴われて、生家に近い源経寺にゆき、窪金の日厳上人が『摩訶止観』を講じて、人々にすさまじい地獄の相を語るのを聞いて寒毛卓竪したという。彼は後に風呂に入ったとき、下女が加えた薪がにわかに燃え出して、風呂がまの鳴るのに戦慄したといい、むかし日蓮の弟子日心上人が邪法のかどで、真っ赤に焼けた鍋をかぶらされたという話を思い起し、母の胸にしがみついて泣いたともいう。これらの話は、白隠が後年自らくりかえし語ったところで、年時その他についてかなりのくい違いがあるが、それらの驚怖が彼を出家と禅の道にかり立てたことは確かである。彼は、禅を志して後も、唐の岩頭が盗賊に切られて死んだとき、そのうめき声が四十里まで聞えたと知らされて、地獄の苦の逃れ難いことと、自己の出家の早計を知ったとさえ言っている。

じっさい、白隠の禅は、生涯を通じてそうした地獄との闘いであった。たとえば、先に鈴木正三の言葉を引いた『宝鑑貽照』は、白隠七十四歳の著であるが、地獄の意識は、ここでもきわめて鮮烈である。誤った法を説いたために、地獄に堕ちた讃岐《さぬき》坊が、全身痩黒で燼木《もえぎ》のようになった母に出遇い、その母が瞋《いか》りに燃えて実の子を喰おうとし、頭髪を逆立ててつかみかかる場面の描写は、全く迫真の力に満ちている。これは並大抵の説教調ではない。いったい、この書は宝暦八年(一七五八)の春、宝鑑《ほうかん》国師愚堂の寂後百年を記念して、愚堂の生地である美濃の明月山瑠璃光寺で白隠が講演し、有志とともに『愚堂語録』の出版を計ったところ、主催者側の熱意がなくて実現せぬのみならず、たまたまこの地に流行していた異端邪説のかずかずを見聞するに及んで、大いに憤慨した白隠が、破邪顕正の意をもって、一気に書き上げた抗議の書である。

邪説というのは、「無事是れ貴人」とか「外に求むる心を息《や》めよ」とかいう古人の説を拠りどころとして、生れながらのこの身このまま直ちに仏であり、地獄も天堂もなく、何の修行も学問も要せぬという、徹底した易行の空見が中心で、これを聞いた民衆が仏像を焼き父母の墓を鋤《す》いて畑としたというのであり、事の起りは播州より来た一団の邪師が、西濃一帯にそれを広めたためだという。白隠は、これを黙照《もくしょう》の邪禅、立ち枯れ仏法と痛罵し、攻撃の陣をはるのであるが、彼はさらにさかのぼって正保（一六四四―七）、および元禄（一六八八―一七〇三）の頃、美濃の地に行われていた邪説に及び、転じて正徳（一七一一―五）の頃、武陵の禅海なるものがこの説にかぶれて禅病にかかり、各地に放浪の末、白隠の指導によって立ち直った実例を挙げる。

これらの邪説に対する白隠の批判は、総じて感情的であるが、それが地獄の試練に堪えぬ空見だとする点では、常に一貫したものをもつ。事実、彼の筆は、いったん地獄の描写に至ると、にわかにさえて妖気を伴う。彼は、空見の人は必ず地獄に堕ちると断言するのである。ある邪師が大田川の渡しで落雷にあい、首足が七処に散乱したとか、彼らにだまされた民衆が役人に訴えて僧を誅罰したところ、逆にそのたたりで村に狂人が続出し、毎日葬式の出ない日がなかったとか、村中が叫喚《きょうかん》地獄のごとくであったとか、白隠はしつように、実例を挙げてその悲惨な末路を示す。先に引いた讃岐《さぬき》坊や、笠置の解脱坊、生駒《いこま》の論識坊などの僧が、邪法を説いて地獄に落ちた物語もそれである。

白隠の黙照禅に対する批判については、後にあらためて考えたいが、彼がそれらの邪師の堕獄を語る調子は全く特別である。彼は明らかに地獄を見た人である。しかも、白隠の地獄は、まず邪法の僧の落ちるところであった。白隠ほど、にせ坊主、相似の禅を憎んだ人はない。先に見たように、それは鈴木正三や、至道無難の宗教改革の精神をつぐものであり、鎌倉仏教以後、日本仏教に忘れられていた批判精神は、こうして江戸中期に至って再発するのである。あたかもこの頃、白隠が自己の肖像に好んで書きつけた次の自讃は、おそらくこの意味を含んでいる。

千仏場中、千仏に嫌われ、
群魔隊裡、群魔に憎まる。
今時黙照の邪党を挫《く》じき、
近代断無の瞎僧をみなごろしにす。
この醜悪の破瞎禿《はかっとく》、
醜上に醜を添う、また一層。

自叙伝の試み

白隠伝の基本資料として常に用いられるのは、彼のすぐれた弟子の一人である東嶺円慈（一七二一—九二）が編した『龍沢開祖神機独妙禅師年譜』二巻である。上巻は、白隠の誕生より出家および各地行脚ののち、ようやく信州の飯山で正受にめぐり遇って参禅を完成し、郷里の松蔭寺に帰って、古教照心の生活に入るまでの前半生で、特に四十二歳の時、『法華経』を読んで、一夜、「譬喩品《ひゆぼん》」に至ったとき、庭に虫の鳴くのをきき、忽然として先師正受老人の精神生活にめざめるところで区切り、編者は特に以上を因行格《いんぎようかく》と呼ぶ。下巻は、四十三歳より八十四歳で入寂するまで、松蔭寺を中心として、全国に及ぶ布教活動について記し、その老を忘れ倦むを知らぬ多彩な行動を、果行格《かぎようかく》と呼び、上巻に対応せしめる。右の他、白隠の多くの門下が、それぞれに師の伝記を書いたものはかなりあるようであるが、もっとも詳しくかつ確かなものは、やはりこの書を出でぬ。

特にこの書は、近ごろ陸川堆雲氏が新たに発見した草稿本によると、ほとんど白隠が自ら筆をとった自伝に基づくものであろうと言う。晩年の白隠が、好んで自己の伝記を語ったことは、先に引いた七十四歳のときの『宝鑑貽照』にうかがわれるが、すでにこれに先立つ六十四歳頃の『遠羅天釜《おらてがま》』に始まり、七十五歳の『八重葎《やえむぐら》』や、八十一歳の『壁生草《いつまでぐさ》』などに至って、いっそうその傾向を強める。彼が自ら『年譜』を書いたことは、きわめて自然に推定されるところだ。

いったい、彼の自伝の特徴は、二つのさわりをもっている。一つは、言うまでもなく正受との出遇いの一件であり、他は先に見たように、異端邪説との対決である。しかも、前者が後者のささえになっていることは自明であり、彼の生涯は正受に出遇うことによって決したと言ってよい。このことは、実はすでに五十六歳の時に書かれた『息耕録開筵普説《そっこうろくかいえんふせつ》』や、その翌年の『寒山詩闡提記聞《かんざんしせんだいきもん》』に始まっている。これらの古典の講義に際して、彼が自己の師を語る一段は、すでに三十年も昔の事件でありながら、常に昨日のように新鮮で、異常な熱気を帯びている。それは、直接に自己を語らぬ場合についても、全く同様である。正受に関する資料は、今日のところ、白隠の言葉以外に存しない。それはあたかも道元の如浄《にょじょう》におけるごとくで、直接に正受その人を知る手がかりは全くないと言ってよい。正受を妙心寺の第一座としたのは白隠滅後五十二年に当る、文政二年己卯（一八一九）二月のことである。正受庵は東嶺によって再興され、その塔碑もまた東嶺の執筆である。右のことを注意しつつ、以下、白隠の正受に遇うまでの経過を見よう。

白隠が生れた貞享二年（一六八五）は、徳川幕府の体制がすでに完成して、ようやく爛熟のきざしを見せる元禄の前夜である。それは大陸においても同様で、清朝の治世の定まった第二代康熙帝の二十四年に当る。先に見た黄檗の隠元が、宇治に寂して十三年、有名な黄檗版一切経を完成した鉄眼が死んで四年目である。同時代の人としては、西鶴、芭蕉、仁斎、白石、真淵、昌益、仲基等が活動し、仏教界では、鳳潭《ほうたん》、普寂、師蛮《しばん》、無著《むじやく》、古月、天桂、指月、慈雲等が相前後する。各方面において、まさしく百花争咲の時であった。

白隠の生家は、駿河の浮島原宿の脇本陣長沢氏で、父を宗彝《そうい》、母を妙遵という。いずれも法名のみで、俗名が知られないのは、単に一子出家して九族天に生れたからではない。父は松蔭寺を中興した大瑞和尚の甥であり、母は熱心な日蓮宗の信者であった。父の本姓は杉山氏で、その先祖は熊野の水軍鈴木氏の末裔と言うから、関東ラッパの鈴木正三と、その遠い祖先でつながっている。彼は伊豆田方郡西浦村の江梨（現沼津市内）から、松蔭寺の大瑞和尚の世話で、長沢家の養子となった人である。長沢氏は、甲州身延の長沢村の出で、日興上人真筆の御曼陀羅を代々伝えた家柄である。白隠が日厳上人の法談に身ぶるいし、幼より『法華経』に親しんだのは、母の胎教のせいである。白隠は男三人女二人の五人兄妹の末子で、岩次郎と名づけられた。兄二人は、やがて旅館業の沢潟屋《おもだかや》と味噌屋に分れ、沢潟屋は父の遺志によって松蔭寺の檀家となり、味噌屋は母方の日蓮宗に帰依した。秋山寛治氏の研究によると、二つに分れた父母の墓を祭るために、後に白隠が両家の孫を合せて立てた名儀上の父母の家、住吉屋というのがもう一つあるという。

白隠は、終生郷国を愛した。彼は、父の帰依した松蔭寺に出家し、ここに住しここに寂した。後年における彼の宗教活動は、ほとんど全国に及ぶものであったが、住寺と言えるものは松蔭寺のみであった。彼は三十四歳の時、妙心寺の第一座に上るが、それも松蔭寺が妙心寺末に属したからであり、幕府の寺院統制に従ったまでのことである。彼は晩年に、愛弟子東嶺のために、真言宗の廃寺をポケットマネーをはたいて百両で買い、三島に龍沢寺を創する。白隠は、平生人に言ったという。

三百六十年来、更に一人の東海路上を過ぐるものなし。

これは、公案の句であるが、彼がいかに東海の道を愛したかがしのばれる。後に発展する白隠の教団が、東海道に位する宿場町の匂いをもっていることは確かである。それは庶民の活気にみちた街道すじの禅である。江戸末期の良寛もまた故郷の越後をどこよりも愛した。彼の禅と芸術は北国の風土なしにあり得ないが、白隠のそれとはかなり異っている。次の『壁訴訟』の一段は、何よりも白隠禅の風土をしのばせる。

古より三島は、豆の甲と称して、前に箱根あり、後ろに富士川を限りて、無双の要堺、甲遠信駿、都会の名所なれば、平生賑布、国々の溢れ者、黒雲白浪、場《ばく》朽ち不道の曲《くせ》ものども、透間もなくからまり居て、千態万状、此に顕はれ、彼こに隠れて、種々の悪態を尽くし、蔵の錠をねぢ切り、土蔵の尻りを掘り、或ひは所々に火縄をはさみ、又有時は近郷在々に走り散て、驚き入りたる狼藉を恣《ほしいまま》にす、おしかり、おし取り、常に博奕を以て家業とす。是故に、宿在ともに昼夜安堵の心なかりし。

古人刻苦光明必ず盛大なり

元禄十二年（一六九九）二月二十五日、十五歳の白隠は、松蔭寺の単嶺について出家する。彼は地獄を逃れる道を、まず父方の禅宗に求めたのだ。それは右のような宗教一家のおのずからな結論であった。最初の師単嶺が遷化《せんげ》したのは、彼の十七歳の年であるが、彼はこの頃すでに沼津の大聖寺や清水港の禅双寺に学んでいる。そして、いよいよ本格の行脚と参禅が始まるのは、宝永元年（一七〇四）二十歳の春である。彼は母より貰ったかなりの路銀を懐にして、まず美濃の檜木の瑞雲寺（現在大垣市内）に馬翁を訪ねる。この人の事歴は不明であるが、よほどの学者であり、蔵書も多かったらしい。それに随分の変り者で、口ぎたなく諸方の師家を罵り、弟子の教育も手きびしかったと見えて、寄りつく者はほとんどなかった。白隠は、まずこの人に仕えて奮起するのである。

白隠は、馬翁の下で一人の友を得た。もと岡山侯の儒臣、熊沢蕃山の子で穏上座という。彼は詩文に巧みで、白隠と大いに文学について語り合ったという。この点からも馬翁の学問をしのばせるが、彼らは、互いに学問を語ることによってきびしい師の指導に堪えたのであろう。後年、白隠が「隻手音声」の草稿を岡山侯の侍臣某に与え、亡母の記念としているのは、おそらく穏上座とのつながりが、生涯つづいたことを思わせる。じっさい、白隠はこの年に母の死にあっている。この年は多事であった。彼は有名な『禅関策進』との出遇いを経験するのである。

夏のある日、馬翁の蔵書を日に曝《さら》していた白隠は、思わず一冊の書に手と心をとめた。そこには次の句があった。

昔、慈明が汾陽に在りし時、大愚、瑯琊《ろうや》等六七人と伴を結んで参究す。河東の苦寒なる、衆人は之を憚る。慈明ひとり通宵に坐して睡らず。自ら責めて曰く、「古人は刻苦して、光明必ず盛大なり、我れ又た何人ぞ、生きて時に益なく、死して人に知られざる、理に於て何か有らん」と。即ち錐を引いて其の股を刺す。

慈明は、臨済下七世に当る楚円のことで、その下に黄龍・楊岐の二派を出した宗匠であり、臨済系の禅は彼によって盛大となったと言ってよい。ここに挙げられているのは、その修行時代の故事である。錐で自己の股を刺した人は、中国では必ずしも慈明に限らない。しかし、二十歳の白隠はこの話に感動した。特に修行よりも詩文に気持が向いていた昨今であった。この書が、白隠の「日新の銘」となったことは、いうまでもない。それは、白隠のみではない。やがて、白隠の弟子の東嶺がこの書に右の記事を含む跋を附して出版し、白隠の孫弟子に当る隠山が、この句を彼の僧堂の「亀鑑」としてから、何千という禅を志す日本人を発憤せしめたのであり、近くは西田幾多郎の「寸心日記」にも見える。

いったい、『禅関策進』というのは、明の雲棲袾宏《うんせいしゅこう》（一五三五—一六一五）が、古来の修道者の逸話や策励の句を集めて、自己の仏教の指針とした本であるが、袾宏の仏教の坐りは、禅よりもむしろ念仏にあった。又袾宏には、宋学や陽明学に共通する自己修養の立場があって、日本仏教の念仏とは大いに異る一面がある。『禅関策進』は、必ずしも右のような句ばかりではない。事実、白隠は後に袾宏の念仏禅を、かなりはげしく攻撃する。たとえば『遠羅天釜』の続集などその最もはげしいものである。しかし、彼が参禅生活の出発に当って、この一冊の本を見出したことは、やはり重大な事件であった。

馬翁の下で、『禅関策進』を見出すことによって、いよいよ日新の決意を固めた白隠は、やがて愚堂の生地東光寺を訪れたのち、翌年、路を北にとって若狭にゆき、さらに西に転じて四国の伊予に至って正宗寺に越年、再び瀬戸内海を渡って、備後より備前に行き、いったん郷里に帰ろうとして播州より大坂を経て伊勢に至る。ここで、馬翁の病気の報を受けた白隠は、急いで帰省して師の枕頭に侍し、その全快までしばらく美濃に留まったのち、郷里の松蔭寺に帰り、翌年、あらためて越後の高田に至り、ここで一夜独坐の暁に、三百年来かくのごとくに痛快に悟ったものはないと、自ら許す大悟を経験するが、そうした自尊自信の絶頂にあったとき、はからずも信州飯山に正受老人あることを聞き、ついに彼に参じてその法を嗣ぐのである。はじめ馬翁を辞して再びその許に帰るまで前後四年、あらためて馬翁より正受の許に至るまで前後二年である。このあいだに、白隠が諸方の禅匠に参じ、道友と行脚をともにすることによって、大きく成長したことはいうまでもない。特に、生れつき学問にすぐれ、詩文や書画に堪能であった白隠は、幾度か禅を捨てようという誘惑に悩みながら、自らそれを克服するのである。彼は、『八重葎』の中で、次のように言う。

夫れより予州松山の衆寮に入る。城中大臣の人の許より、会中頭角の僧侶三五人を請ぜらる。予もまたその列に入る。主人出て対話、庫中先代より蔵秘するところの古人の墨跡など多く出して是を読ましむ。末期、桐の二重箱の内、錦繡の袋に盛れる一軸を出せり。人々驚き容《かた》ちを改め、襟を正して合掌低頭し、是を開けば雲居《うんご》老師の筆なり。つらつら数返披覧するところ、文章の高古、筆墨の秀麗、数十軸の中、片言隻字も格別の体裁あるにあらず、然るに斯くの如く別段に尊信秘重せらるることは何ぞや。つらつら顧うに、此事は決定文章筆墨の間にあらず、唯ひとへに見性得悟の力、高勝なるを貴ぶならくのみ。初めて知る、従上多年の清苦、大いに錯り了る事を。茲において寮舎に帰り来りて、多年所々において繕写伝受し来る底の、多少の陳爛葛藤を取つて捲いて束かね、ひそかに寺の後ろの卵塔に入つて、火を放つて一炬に焼く。親友相見て大いに驚き、狂せりとす。

こうして、古来の教を捨てて禅に入った人々がたどった路を、白隠もまた進むのだ。『壁生草』には、すべてを焼き捨てて再び無一物に帰り、ただ『禅関策進』を師とし、昼夜に勤めて自ら刻苦したと言っている。白隠の生涯を決した正受との出遇いは、その三年後にせまっていた。

三　五百年間出の人

正師に遇う

正受老人との出遇いは、白隠の今までの求道の在り方を、その根底からくつがえした。それは、全く思いもよらぬ新しい出発であった。それは、『東嶺年譜』の寛保三年の条に、はじめて彼の許に来た東嶺に向って、白隠が次のように、自己の往事を語るところがある。

正受問うて云く、汝甚麼《なん》の為めに法を求むや。云く、我れ小少より地獄の苦悩を恐る。是の故に出家す。正受、眼を瞋《いか》らして喝して云ふ、此の自領の漢、恁麼《いんも》に行脚して什麼《なに》をか作すに堪へん。云く、恁麼ならば、如何が用心せん。正受良久して云ふ、夫れ菩薩に四弘願あり、汝何ぞ依つて行ぜざると。我れ是れより志を改め、四弘の慈舡《じこう》に棹さす。

白隠は、こうして新生する。これに先き立って、彼は越後高田の英巌寺で、ひとり、屋後の古廟に入って坐禅し、あたかもあたりの世界が水晶のように見え、一切の存在に一点のかげりなきを見透すまでに至っていた。そんなある朝、彼は遠寺の鐘声を聞いて豁然大悟する。この時彼は叫んだという。

やれやれ、岩頭和尚はまめ息災でござったわい。

これは、彼が幼時以来、抱きつづけてきた地獄の課題の解決を意味する。唐の岩頭が盗賊に切られて死に、そのうめき声が、四十里にまで聞えたという話に、白隠はかねて疑いをもっていた。大悟徹底の禅者が、賊に切られるとは何ごとか。彼はこの話を聞いたとき、自ら禅の道を選んだことを悔いさえした。しかし、今やその疑問は晴れた、彼は自ら許し自ら信じた、三百年よりこのかた、自分のように痛快に悟ったものは一人もあるまいと。あたかも、彼がそうした喜悦と自負の絶頂に在った時、彼を正受に紹介しようとしたのは関東ラッパの宗覚であった。二人は直ちに信州の飯山に向った。一通りの挨拶の後、正受が白隠にあびせたのは、

穴ぐら坊主！

の一語であった。『白隠年譜』には、「この鬼窟裡の死禅和」とある。『東嶺年譜』にいう「自領の漢」の意である。白隠の慢心は、言下に潰えた。彼の高田での大悟は、実はなお地獄のそれであった。ひとりよがり、自己満足、彼の足下にはなお地獄の火

がせまっていたのだ。

地獄に気付いた人は少い。しかし、真に地獄を脱した人はさらに少い。まして、他のために地獄に下った人はまれである。白隠にとって、正受はまれなる一人の師であった。白隠は、かつて各地に名師を訪ねた。その数はおそらく十指を超えていた。当代の名僧と言われ、門下に数百の弟子を集める人々もあった。彼はこの後も約十年にわたって各地に名師を訪うている。しかし、今や唯一の師に遇ったのだ。それは、偶然のような必然であった。

白隠が正受のところにいたのは、わずかに八カ月である。その後、彼は二度と飯山を訪ねた形跡がない。しかも、正受と白隠との出遇いを伝える資料は、すべて白隠その人の口伝である。正受庵の再建は、後に東嶺によってなされ、正受の行録も東嶺の撰である。それは、無難についても同様であるが、無難は、『即心記』と『自性記』という、二つの法語を残した。今日、正受の遺集と言われる漢詩集は、良寛に似た草庵独住の心境をしのばせるのみで、彼の禅思想について何事も語らない。

白隠が、正受の所で何を悟り、何を得たか。それより後、白隠の六十年に近い生涯は、すべて正受の仏教の実証であり実践であった。彼は古仏に遇ったのである。彼が自己の眼で見、自己の全身で礼拝した一人の古仏は、実は無数の古仏につらなる一人であり、彼もまたその一人となるべき新しい古仏であった。

白隠が正受の許を去るに際して、老人がどこまでも山道を送って後事を嘱し、ただ一個半個の本物の弟子を打出せよ、多くを求めてはならぬ、衰えたる古仏の真風を挽回するは一に汝にあり、と嘱する一段は、さながら黄梅の五祖がかつて盧行者《ろあんじゃ》の南帰を送る話によく似ている。白隠ときに二十四歳、老人は六十七歳である。

『年譜』によると、白隠は享保十一年（一七二六）の秋七月、松蔭寺に看経榜をかかげて、毎日『法華経』を読んでいた。一夜、譬喩品に至って、しきりに古砌にすだくこおろぎの声が耳に入った。彼は豁然として『法華経』の深理を悟り、はっきりと正受老人の声を聞いた。彼は、かつて幾度となくこの経典を読んだ。幼時より、日蓮宗の母が読んでくれたこの経典は、むしろあまり近くにありすぎた。彼はこの経典に退屈していた。ところが、この時ばかりは別であった。彼は、看経の眼を得たのだ。法華が経典の王と言われる理由に気付き、ブッダの舌根に二本の筋肉を欠くことを知った。彼は、古仏と正受の婆心に泣いた。諸法実相唯有一乗と正念工夫の一理なるを了得したのである。彼は別に『勧発菩提心偈』に、自ら四十二歳の時に、菩提四弘の輪を決定す、と言っているから、この時に正受の教えが甦《よみがえ》ったのである。この話は、『息耕録開筵普説』や『遠羅天釜』にも、くりかえし自ら語るところがある。

いったい、「譬喩品」は、仏が舎利弗に向って、我は昔より汝に仏と成る道を教えてきたのに、汝はそれに気づかず、自分で声聞の悟りを完成したと思い込み、それに満足していた、今は汝をして本願の道たる仏道を憶い起させるために、菩薩法の法華を説く、と言われる一段であり、有名な火宅三車の喩《たと》えがこれに続く。それは、平凡な日常生活の中に潜む永遠なる真理のささやきである。

白隠は、こうして古仏に遇い法身の声を聞いた。それは、彼が飯山に正受を訪うてから、すでに二十年、受業師単嶺の後を承けて、松蔭寺に住してから、すでに十年になろうとしていた。彼はこの間に、ひとたびはひどい禅病に悩まされ、身心の衰弱に堪えかねて、京都の白川に白幽子を訪ねたり、美濃の古渓の奥にある巌滝山に、二年にわたる独り坐禅をつづけた。彼はここで、おそらくかつての夢窓の隠遁の心をしのんだにちがいない。また彼は、九州の古月を訪ねようとして、伊勢より大坂に向い、はからずも泉州蔭凉寺に、鉄心に参じたという風狂の老人寿鶴と知り合う。白隠は、ある夜坐の暁に雪の音を聴いて、

聞かせばや篠田の森の古寺の
　早夜更がたの雪の響きを

と歌ったという。これらは、すべて彼の悟後の修行である。古月は臨済系であるが、

愚堂や正受と法系を異にする。鉄心は曹洞系であり、すでに三十年も前の人で、彼がこれらの人々を訪ねようとしたのは、他流試合の意味をもつ。白隠は、曹洞の五位を重視し、道元の仏教に限りなき敬意を払っている。しかし、唯一の師父は正受であった。父の慈は子を養ってはじめて味わわれる。彼の二十年の長養は、正受の教えを確かめるものであり、真の確かさは、確かめようとする意識を忘れることだった。『年譜』の編者が、因行格の最後を、法華深理の契悟で結んでいるのは、全く心憎いほどに巧みである。

禅の宗教改革

『八重葎』に、越後高田の英巖寺で、宗格（覚）が自分の師である正受の人となりを、白隠に語るところがある。

或る時、格に問ふ、「你《なんじ》が師は誰とかなす」。格が云く、「我が師は、信州飯山の潜遁、正受老人と云ふ、もと大円宝鑑国師の的子、至道無難庵主が剃度鐘愛の弟子なり」と。予、心に竊《ひそ》かに歓喜すらく、「国師は貴ぶべし、五百年の間出、予が年昔皈仰し追慕する所なり、何の幸ひぞ、今其の児孫に見ゆることや、散筵の後、必ず往いて参謁せん」。

これによると、白隠は大円宝鑑国師愚堂を、五百年間出の人として、かねてより尊敬していたことになるが、『八重葎』は、後年七十五歳の執筆である。白隠は別に七十四歳のとき、愚堂の生地たる美濃の明月山瑠璃光寺で、愚堂の百年を記念して『碧巌録』を提唱したときの香語に、

誰か言う、関山幸いに是れ愚堂の在る有りと、貴ぶべし、五百年間出の大宗師なり。(竹内尚次氏編・筑摩書房版『白隠』第二六二号)

と言っている。白隠の愚堂への傾倒は、おそらくこの頃より始まる。先に引いた『宝鑑貽照』は、おそらくこの翌年の作である。愚堂は、先に明より渡来した隠元を妙心寺に迎えようとする動きがあったとき、決然としてこれに反対し、応灯関の正法を守った人である。五百年間出とは、五百年目にはじめて出る人のことである。もと孟子が、孔子より五百年後に出て、その真精神をついだのによるのであり、それは、やがて白隠における宗統の自覚とつながる。

白隠が、愚堂を五百年間出の人とするのは、言うまでもなく、自ら唯一の師とする正受の師翁としてであり、澆末法滅の仏教が、この人によってはじめて扶起されたからである。絶えようとする正法が、はからずも残されて今にあるという驚きと喜びを、この言葉は含んでいる。それは非連続の連続である。安易な連続を拒否するきびしい

内面批判と、多くの困難を乗り超えて、ようやくに見出された真実の確かさを意味する。

白隠が、このような自覚をもち、積極的にそれを人々に主張しようとした最初は、おそらく『息耕録開筵普説』である。この書は、白隠が宋の虚堂の語録を講ずるに当って、自己の禅の立場を述べたものである。五十六歳の春のことである。彼は、ここで正受との偶然の出遇いを、いまさらのように想起する。かつて正受によって開かれた新しい禅の世界を、彼ははじめて有縁の人々に向って語ろうとするのだ。彼が、あえてそれを語ろうとするのは、破邪顕正《はじやけんしよう》の二義を含む。それは、日本の禅宗、ひいては鎌倉以来のこの国の仏教の歴史のゆがみを是正せんがためである。彼があえて虚堂の語録をとり上げるのは、愚堂を通して、関山—大灯—大応にさかのぼり、その宗源としての虚堂に対する敬意からである。白隠が別に大灯の語録に下語を加えて、『槐安国語《かいあんこくご》』を作るのも全く同じ趣旨である。

『息耕録開筵普説』にいう。

> 吾れ始め瞻撥の時、魑魅《ちみ》に引かれ、魍魎《まうりやう》に導かれて、飯顆山頭、樽沢の深林に入って、一箇の破庵主に見《ま》みゆ。号して正受老人と道《い》ふ。老人、諱は慧端、大円を祖とし、無難を父とす。真正悪毒の瞎老漢なり。平生垂語して云く、我が此の禅

宗、南宋末より衰廃し、伝へて大明に到るや、底を払つて滅絶す。余毒残つて日域に在りと雖も、纔《わづ》かに日裏に斗を見るが如し。汝が輩、臭瞎禿の破凡夫、夢にも曽て之を知らんやと。

ここに見える正受は、先に引いた『年譜』の正受と異っている。ここには、白隠その人の内面的な課題よりも、南宋以来の禅の衰滅を扶起しようとする愚堂—無難—正受—白隠の宗統の意識が強く表面に出されている。

白隠は、やがて自らあえて五百年間出と称するようになる。それは、自ら許す言葉である。彼は、今や正受の証明を得て、唐宋より以来、日本に伝えられた禅宗の宗統を嗣ぐただ一人の正統派たることを自任する。世間には、邪師邪説が横行していた。彼は正面より、これに挑戦するのである。白法隠没の世に、ひとり正法を扶起しようとする白隠の気概が感ぜられる。古来の宗教には、必ずと言ってよいほどに、正邪の論がつきまとっている。歴史的、あるいは理論的に、各自の信仰の真理性が問題となるとき、邪説との対決は必至である。教相判釈《きょうそうはんじゃく》、立教開宗の宣言がそれである。それは単なる人我や宗我の増長を意味しない。たとえば、龍樹および三論の祖師たちの破《は》邪顕正《じゃけんしょう》の闘いや、神会の南北二宗の対決がそれである。前章に見た正中の宗論は、その近い例であろう。法然の大原談義や、唯円の『歎異抄』もそれである。

ことに注意すべきは、白隠が、自己の宗統の宣言を中心とする講演を、「普説」と呼んでいることである。普説は、宋初以来、開堂や上堂の説法がしだいに儀式化したのと別に、これを求める道俗の弟子に対して、必ずしも時所を限らず、宗旨そのものを説くのを目的として生れた講義である。白隠が、虚堂の語録を提唱するに当って、特に普説を行ったのは、日本の従来の禅院における開堂を改めようとするのである。彼の普説は、事実上の立教開宗の宣言であった。彼は、自己の住する渺たる一松蔭寺を、古来の名山大刹に伍せしめるものは、その正法にありとする。それは、虚堂以来の正しい宗統を承けるものとしての自負である。彼は、この立場から、内外一切の邪説を破する。特に、大陸における元明以来の念仏禅に対する白隠の批判はきびしい。また、黙照枯坐の徒に対する闘いの決意は、この頃を期として明確になる。まさしく、白隠による禅の宗教改革と言ってよい。

法施のつとめ

白隠の著作ははなはだ多い。しかも、きわめて多方面である。『白隠和尚全集』八巻は、必ずしも白隠の作品のみではないが、彼が自ら筆をとったもの、五十種を越える。そこには、先にたびたび引き合いに出した『宝鑑貽照』や、

『壁生草』三巻のような、漢文体の自叙伝より、『槐安国語』や『寒山詩闡提記聞』、『毒語注心経』のごとき、古典の講義や著語《じゃくご》を主とした提唱あり、『荊叢毒蘂《けいそうどくずい》』のような本格の上堂、示衆、頌古《じゅこ》を網羅する語録あり、一方には有名な『夜船閑話』や『遠羅天釜』、『八重葎』『藪柑子《やぶこうじ》』『さしも草』『へびいちご』のごとき和文体の仮名法語あり、『大道ちよぼくれ』『おたふく女郎粉引歌』『見性成仏丸きき書』『孝道和讃』のような俗謡調の説教を含んでいる。様式、内容ともにきわめて豊かである。

さらに、この他に墨蹟や絵画の讃など、『全集』に収められぬものが無数にあり、それらは狭義の著作以上に重要と言っていい。しかも、この種のものは、今後限りなく発見の可能性をもつ。白隠一代、八十四年の活動は、まさしく超人的である。特に、六十歳頃以後における彼の布教、および著作活動はきわめて旺盛である。自費出版にも意欲を燃し、自ら版下を書いたものがかなりある。

それは、一面に彼の新しい教団の経済的なささえであった。中世の官寺や名山大刹のような、上層権力者の援助のない彼の教団は、自らの生活を自らささえねばならなかった。しかも、時代は農耕を中心とする自給自足の経済体制より、さらに次の段階に進んでいた。白隠の教団は、彼がほとんど席の暖まる暇のないほどに、全国各地を巡回して行う結制を中心とするものであった。結制は、新しい形の宗教結社である。

彼の教団は、自律的に修行し行道する僧俗の個人の集合であり、特殊な檀越をもたなかった。それは、各自に目覚めた、開かれた新教団であった。そこには、既成教団や他の結社から転向したものもかなりあったが、彼が本拠とした松蔭寺の周囲には、常に二百人を超える修行者が集っていた。

宝暦七年（一七五七）、白隠が七十三歳のとき窮乏庵主饑凍の名で自ら書いた『夜船閑話』の序には、

> 師、鵠林に住する事大よそ四十年、鉢嚢《はつなう》を掛けしより以来、雲水参玄の布衲子、纔《わづ》かに門閫《もんこん》に跨《また》がれば、師の毒涎に甘《あま》なひ、痛棒を滋《あま》しとして、辞し去ることを忘るる者、或は十年、或は二十年、鵠林林下の塵と成る事も、亦た総に顧みざる底あり、尽く是れ双林の頭角、四方の精英なり、各々西東五六里が間に分れて、旧舎廃宅、老院破廟、借りて以て庵居の処として清苦し……。且つ耕し且つ戦ふもの、蓋《けだ》し茲《ここ》に三十年、年々一員を添へ、二肩を増し得て、今既に二百衆に近し。

と言っている。松蔭寺の門下、おのずからに教団を形成していたのである。

『年譜』によると、延享四年（一七四七）、白隠六十三歳の条には、この歳の飢饉を記し、次のような達磨忌（十月五日）の香語を掲げている。

> 風捲いて怒濤のごとく田苑荒る、

分離す吾が野の鬼閑神。
心肝挾鉄の二十輩、
共に菜茎を嚙んで苦辛に甘んず。

こうした饑寒との闘いを通じて、白隠の旺盛な布教活動はつづいた。それは、もとより五百年間出の自負に基づく法施の実現である。彼は、出家僧侶の仕事の中心は、積極的な法施の活動にあると信じた。それは、彼が正受のはげしい怒罵の下に新生して以来の、四弘誓願《しぐぜいがん》の実践であった。無為徒食は、堕地獄の業であった。

彼の『年譜果行格《かぎようかく》』の各条は、先に見たように、全国に及ぶ結制の記録である。それは連年のことであり、老来いよいよ頻度をまして、いささかの疲れを見せぬ。彼がそこに講じた古典は、禅録を中心とする仏教一般の経論より、和漢の外典に及ぶ広汎なものである。あらゆる古典が、彼の提唱の素材となった。彼の周囲に新たに生れつつある教団の構成員は、僧俗男女のすべてにわたり、在家は士農工商の各層に及んだ。彼はそれらの人々に、それぞれの職域における自己究明の工夫と法施を要求した。それは、内に正法を建立し、外に邪法をくだくためであった。

正法とは何か。白隠は、それを宋朝以来の公案禅の伝統にあると見る。彼によれば、仏教の始終は、ただ見性《けんしょう》の一事にある。見性は仏教の出発であると同時に、真実の帰結である。見性なくして、仏教はありえない。公案は、見性を実現する唯一の武器である。邪法の徒は見性を否定し、無為無事の観念をもって禅とする、黙照枯坐の魔党は、公案を無用として、誤ったそのまま禅を主張する。それは、怠惰な無為徒食の原理となる。白隠は、まずそうした邪法と闘わねばならなかった。

> 山野七八歳より心を仏理に傾け、十五歳の時出家、十九歳にして行脚、二十四歳にして初めて此の見性の大事に撞着す、其の後双林を経、普《あま》ねく諸善知識の門閫《もんこん》に跨り、博く諸経論を窺ひ、略《ほぼ》三教の経典を探り、及び諸子百家をさへに、若し一法の自性の法門に超過せるあらば、荘老列の道といへども、必ず信受し推し弘めんと誓ひ侍りき。今年六十五歳に到つて、終《つひ》に見性の大事に過ぎたる法理を見ず。

これが、白隠の確信であった。彼の一代にわたる法施の根拠は、ここにあった。彼の八十年の活動と五十余部の著作は、ひっきょうはこの信念から出発した。彼が作った「隻手《せきしゅ》」の公案は、見性を実現するための唯一の方法であり、道俗の修行者に一様に与えられた。それは、彼の法施の最大なるものであった。

四　隻手の工夫

隻手に何の声かある

白隠は、自ら新しく隻手《せきしゅ》の公案を作った理由を、岡山侯の某側侍に送った手紙に次のように言っている。

老夫初め十五歳にして出家、二十二三之間、大憤志を発して、昼夜に精彩をつけ、単々に無の字を参究し、二十四歳の春、越の英巌練若において、夜半に鐘声を聞いて忽然として打発す。夫より今年四十五年が間、親戚朋友を択らばず、老幼尊卑を捨ず、何とぞ一回大事透脱の力を得られよかしと、或ひは自己に付て疑はしめ、或ひは無の字を挙揚せしめ、種々方便をめぐらし、提携教喩しけるに、其中間少分相応を得て、歓喜を得たる人々は、老幼男女、緇素《しそ》尊鄙、大凡数十人に及ぶべく覚へ侍り。此五六ヶ年来は、思ひ付きたる事侍りて、隻手の声を聞届け玉ひてよと指南し侍るに、従前の指南と抜群の相違ありて、誰々も格別に疑団起り易く、工夫励み進みやすき事、雲泥の隔てこれある様に覚へ侍り。是に依て、只今専一に隻手の工夫を勧め侍り、蓋し隻手の工夫とは如何なる事ぞとならば、即今両手相合せて打つ時は、丁々として声あり、只隻手を揚る時は、音もなく臭もなし。是彼の孔夫子の謂ゆる上天の言と云んか、彼の山姥が云けん、一丁空敷《むなしき》谷の響は、無生音を聞く便と成るとは、此等の大事にやはある、是全く耳を以て聞べきにあらず、思量分別を交へず、見聞覚知を離れて、単々に行住坐臥の上において、透間もなく参究しもて行き侍れば、理つき詞究して、技もまた究する処において、忽然として生死の業海を踏飜し、無明の窟宅を劈破す、是を鳳金網を離れ、鶴籠を脱する底の時節と云ふ。此時に当て、いつしか心意識情の根盤を撃砕し、流転沈浮の業海を撥転す云々。

白隠がこの手紙を書いたのは、宝暦三年（一七五三）、母の五十年忌を記念するためという。これによると、彼がはじめて隻手の公案を与えて、人々に見性の大事を実現させようとしたのは、六十九歳より五六カ年をさかのぼる頃となる。六十四歳より六十七歳にかけて書かれた『遠羅天釜』に、いまだこの公案について何も言わぬところを見ると、はじめひそかに試みてのち、その抜群の成果によって、ようやくこれを正式にとり上げたことがわかる。特に注目すべきは、隻手は、「無字」や「本来の面目」の公案に代るものであった。それは唯一の公案である。無字は、白隠その人がかつて長く自ら苦しみ、正受の指導によってはじめて透過した重要な公案である。右の白隠の述懐によると、彼が無字の工夫に没頭したのは、美濃の馬翁のところで、『禅関策進』をよみ、古人刻苦の修行に感激奮起した直後のことである。『禅関策進』は、無字の公案が宋朝より雲棲の時代に至るまで、常に公案禅の最初にして最後の関門であったことを語っている。宋代以来の公案禅は、ひっきょう無字の禅であったと言ってよい。そのことは、すでに南宋末の『無門関』に明瞭であるが、日本の禅宗で正式にこの公案をとり上げたのは、やはり白隠前後であろう。『碧巌録』は、この公案を収めず、『碧巌録』を宗門第一の書としたわが中世の禅は、あまりこの公案に関心を示していない。『無門関』を伝えた心地覚心の仮名法語には、明らかに無字について語っているが、特にこの公案をすすめていない。また、『大灯百二十則』は、第六則にこの公案を収め、中世に作られた密参帖にも、その参究の様子を伝えるけれども、『無門関』に言われるごとき、唯一絶対の公案としてではない。

白隠は、『遠羅天釜』下巻に収める「法華宗の老尼の問に答ふる書」にそえて、右に言うのと同じ経過をさらに詳しく語っている。彼がそこに強調するのは、この公案によって大疑団に撞着し、進退ついに窮するに至ったいきさつである。白隠にとって、この公案の目的は、大疑団の現前にあった。それはあらゆる公案の目的であるが、無字はもっともこの目的にふさわしいのであり、隻手はさらに日本人にとって理想的であった。

いったい、宋朝の禅を承けついだ日本の禅宗は、前節までに見たように、まず中国の文化に通じ、その特殊な教養を得ることが要求された。そこでは、公案そのものの意味や目的を反省する余裕はなかった。夢窓や大灯のような、すぐれた宗教的天才は別として、一般の日本人にとって、公案は単なる知識にすぎなかった。

盤珪が公案を排して、直ちに不生の仏心でいよとすすめたのは、そうした大陸の公案禅と日本仏教との矛盾に気付いたからである。鈴木正三においても同様であった。盤珪や正三の独自な仮名法語の禅は、単に漢文を和文に改めたのみではなくて、日本人の生活に即した新しい仏教の発見であった。

白隠の隻手の創唱は、おそらく右の二人の功績をはるかに越えるものである。彼は必ずしも漢文の公案を排しない。むしろ彼は、宋朝以来の公案禅の独自な意義を、内容的に直ちに日本人のものとしたのである。禅の最大の関心は、いかにして悟るかにある。悟りの方法としての公案は、禅の存在理由にほかならない。大陸での長い歴史の末に、ようやくに完成した公案を、いかに日本人のものにするか。それが白隠の最大の関心であった。
白隠は、隻手のほかに、多くの日本語の公案を作っている。「印籠の中より富士山を出してみよ」とか、「海上の帆かけ船を止めてみよ」とか、「東海道に一人の人も通らぬのはなぜか」など、彼の住院の松蔭寺を中心とする郷土色ゆたかなものである。それらは、彼以後の公案体系で、「隻手」に附随する雑則と呼ばれるものであるが、本格の漢文の公案と内容的に優劣なきものと言ってよい。こうして、日本人の禅は、白隠より始まるのである。

大疑の下に大悟あり

『遠羅天釜』続集に収める「念仏と公案と優劣如何の問に答ふる書」に、白隠は次のように言っている。

大凡弁道参玄の上士、情念の滲漏を塞断し、無明の眼膜を触破するに到つては、無の字に越えたる事は侍るべからず……参学は総じて、疑団の凝結を以て至要とす。此の故に道《い》ふ、大疑の下に大悟あり、疑十分あれば悟り十分有りと。又仏果和尚は曰ふ、話頭を疑はざるを大病とすと。参玄の人、纔《わづか》に大疑現前する事を得ば、百人が百人、千人が千人ながら、打発せざるは是れあるべからず、若し人大疑現前する時は、只だ四面空蕩々地《くうたうたうぢ》、虚豁々地《こかつかつぢ》にして、生にあらず死にあらず、万里の層氷裏にあるが如く、瑠璃瓶裏に坐するに似て、分外に清涼に、分外に皎潔なり。痴々呆々として、坐して起つ事を忘れ、起つて坐する事を忘る、胸中一点の情念無うして、只一箇の無の字のみあり、恰も長空に立つが如し。此の時、恐怖を生ぜず、了智を添へず、一気に進んで退かずんば、則ち忽然として氷盤を擲摧《てきさい》するが如く、玉楼を推倒するに似て、四十年来未だ曽て見ず、未だ曽て聞かざる底の大歓喜あらん。此時に当つて、生死涅槃猶如昨夢、三千世界海中の漚《あわ》、一切の賢聖電払の如し、是れを大徹妙悟、㘞地《かぢ》一下《いちげ》の時節と云ふ。伝ふる事を得ず、説く事を得ず、恰も水を飲んで冷暖自知するが如く、十方を目前に銷融し、三世を一念子に貫通す、人間天上の間、那箇の歓喜かこれに如《し》かん。是等の得力は、学者親切に進まば、纔かに三日五日の功にして必ず得ん。如何が大疑現前する事を得んとならば、静処を好まず動処を捨てず、我が此の臍輪気海、総に是れ趙州の無、無の字に何の道理かあると、一切の情念思想を抛下し、単々に参究せんに、大疑現前せざる底は半箇もまた無し。

白隠が、無字（後には隻手）を唯一の公案とするのは、自己の参究の経過に照して、見性の方法としては、これが最も理想的だと考えたからである。公案は、知識として学ばれるものではなくて、それによって全身的な疑団を打発し、見性をうる方便である。公案は、徹底して疑われねばならぬ。意識的な分別を容れる余地があってはならぬ。疑団とは全体的な大疑のかたまりの意である。それには無字が最もふさわしい。これは、必ずしも白隠がはじめて考えたことではない。実は南宋時代に、この公案を重視するようになってからの伝統であるが、白隠の頃、大陸においてすでにこの伝統がすたれ、あるいはこれを否定しようとする動きがあった。盤珪の場合は、日本人の禅としての特殊な理由によるが、白隠が、宋代以来の公案禅をどうしても再興しようとしたのは、いわばそうした内外の黙照邪禅に対する批判の意味をもつ。このことは、先に言ったように、彼が五百年間出を強調する理由にほかならない。それでは、白隠が理想とした宋朝の公案禅は、いかなるものであったか。白隠は、『息耕録開筵普説』に次のように言っている。

古人云く、参禅は須《すべか》らく三要を具すべし、一つには大信根、二つには大疑情、三つには大憤志なり。若し此の一を欠けば、折足の鼎《かなへ》の如し。信根とは何をか言ふや。ただ是れ人々見得すべき底の自性あり、徹了すべき底の宗旨あることを信ずる是れなり。縦《たと》ひ信ずと雖も、難透の話頭を疑着せざるときは、底に透つて徹了することと能はず、縦ひ疑団凝結すと雖も、憤志以て相続せざるときは、疑団破れず。是の故に言ふ、懈怠の衆生の為めには、涅槃三祇に亙り、勇猛の衆生の為めには、成仏一念に在りと。只だ須く切に精彩を着くべし。

三要の説は、元の原妙の『高峯禅要』に見え、その師に当る雪巌祖欽の猛烈な公案工夫の体験を承けるものである。北宋の五祖法演、および円悟、大慧に始まった求心的な無字の参究は、大陸ではおおよそ雪巌や原妙に至って極まったと言ってよい。原妙の後を受けるのが中峯明本であり、明本もまた徹底した無字の主唱者であった。夢窓の『夢中問答』第五十五段は、中峯が大疑団を強調したことを特記している。しかし、彼は一面に念仏禅を提唱し、その弟子の惟則に至って強化され、この傾向がついに元明の大陸仏教の主流となる。雲棲袾宏は、その代表であり、彼を含む明朝の四大高僧は、必ずしも禅を宗とする人々ではないけれども、その中心とするところは同じように念仏禅であった。白隠がそうした傾向に対して、猛烈に反対したことは、次にあらためて考えたい。

いずれにしても、公案に対する疑団の結集は、これを一挙に破って見性に至るためであり、これを破る動力としての憤志と、その根底にある仏性の信とが前提される。かつて、白隠を感激せしめた慈明引錐の話のごときも、単なる倫理的な訓戒にとどまらず、むしろ右の大憤志に当るものと見てよい。特に、勇猛精進をすすめる最後の一句は、『宗鏡録』第十七で、すでに『起信論』の意としていることに注目したい。もとより、このままの句が『起信論』にあるわけではないが、それが起信の前提であったことは、五代宋初以来のものである。宋初は、あたかも公案禅の発生の時期である。公案のあるところ、起信と勇猛精進が伴わねばならぬ。因みに、この句は我が国では、すでに鎌倉末期の『沢水法語』に引かれ、後に東嶺の「臘八《ろうはち》示衆」によると、白隠門下の庵原平四郎の開悟の縁となったものである。『荊棘双談』には同種の逸話を挙げることきわめて多い。白隠は、また別に彼の『勧発菩提心偈』に、この句を世尊が阿難に教えた言葉とする。憤志や信根の重要性は、特に禅に限るものではなくて、仏教の本質であった。

相似禅を破析する

白隠が無字の公案を強調したのは、前に見たように、当時の大陸および日本に、公案を否定する傾向があったのに対する破邪顕正の闘いであった。彼は、それを相似の邪禅、黙照の立ち枯禅だと痛罵する。相似禅とは、似せものの意である。たとえば、『息耕録開筵普説』に次のように言っている。

我が日域二十四流の賢聖が、承久、嘉禎、嘉暦、建武の間に、軀命を鯨海に擲ち、身心を虎穴に投じて、此の難信の秘訣を伝えて、恵日を扶桑万年の高枝に懸け、宝炬を螓洲累劫《しんしゅうるゐごふ》の暗衢《あんく》に留めんと欲す。誰か知らん、此の黙照の部属、相似の禅徒に訾《し》害《がい》せられて、纔かに未だ二三百歳を経ざるに、土を払つて泯没《みんもつ》して死灰の如くになり去らんとは。最も深く悲しむべきは、此の澆末の衰頽なり。或は真正の弁道の上士あつて、密参の功積み、純工の力充つるとき、平生の心意識情総べて行はれず、痴々呆々として、理尽き詞窮まり、参究する底、心に和して一時に打失し、気息も亦た将に絶へんとするとき、殊に知らず是れ則ち亀紋将に爆せんとする底の時節、鸞轂《らんかく》将に脱せんとする底の時節、仏法将に人を得んとする底の好消息なることを。惜むべし、大好の善知識、乍《たちま》ち婆禅の心を起し、婦仁の情を縦にして、種々の道理を説き、情量の窟宅に拽き、知解の窠臼《くわきう》に推し、冬瓜の印子を以て一印に印定して曰く、你も亦た是の如し、我も亦た是の如し、善く護持せよと。ああ、護持することは你が護持するに任す、争奈《いかん》せん祖庭猶ほ天涯を隔つることを。是れは甚だ之を憐むが如くなれども、其の実は之を害す、学人毒なることを知らず、頭を掉《ふ》つて歓喜し、尾を揺して踊躍して、自ら謂ふ、祖師西来の秘訣、全く手に入り畢んぬと。豈に知らんや、祖関透らず棘林猶ほ深きことを。悲しい哉、棟梁の質あり、超逸の才を具ふる底の英霊の漢子も、此の弊風に吹倒せられて、半醒半酔、終に一生擬議不来底の鈍漢と作り去ることや。叢林人に乏しきこと、亦た宜ならずや。若し其れ執着して根本上の事と為さば、恐らくは覚えずして焦牙敗種の部属に随はん。

いったい、白隠以前のわが国の臨済禅は、ほとんど碧巖中心で、一則ごとに著語や下語をつけることに主力を注ぐものであった。修行者の偈頌や漢詩文の教養に資するために、一方では『禅林句集』のごときが編集されるとともに、他方では、そのものずばりの密参帖が秘かに伝授された。そうした虎の巻は、公式に「行券《あんけん》」と呼ばれ、場合によっては巷間に売買された。黄檗潮音（一六二八―九五）の『霧海指南』は、そうした日本禅林の風習をはげしく非難している。

こうした公案の知識化を改めようとしたのが、盤珪の不生禅であり、雲居の念仏禅であった。いずれも大陸の禅との交渉が考えられるが、公案否定の盤珪禅は、中世以来の日本禅の弊風を一掃するのに、かなり大きい成果を示したけれども、一面に参禅の方法的な手がかりを失う結果となった。盤珪のごときすぐれた宗教者の直接の指導に接した弟子たちは別であるが、その二世三世の時に至って、平易で直接的な不生禅は、単なるそのまま禅となり、「身の上ひはん」を怠ることとなった。事情はおそらく、念仏禅や、正三の二王坐禅についても同様であった。彼らの末流に救い難い余弊のあったことを、東嶺の『達摩多羅禅経説通考疏』に指摘している。白隠は、まずこれらの弊風と闘わねばならなかった。彼の『宝鑑貽照』に言う。

悲しむべし、澆末法滅の日、黙照の邪党競つて頭を挙げ、尋常《よのつね》その部属に教へて曰く、你が輩、誓つて文字を顧る莫れ、文字は必ず己霊を埋没す。你が輩、錯《あやま》つて祖録を閲する莫れ、祖録は常に自性を障蔽す。只だ須らく一向に無事にし去るべし、無念無心こそ向上の禅なり、毫釐《がうり》も念を繋せば三塗の業なり、飯に逢へば飯を、茶に逢へば茶を、飢ゑ来れば喫し、困じ来たれば睡る。縁に任せて放曠して造作すること莫れ、仏の求むべき無く、法の説くなし、斯は是れ天真自然の道なりと。

また、『遠羅天釜』上、「鍋島摂州侯の近侍に答ふる書」に言う。

今時、奴郎弁ぜず、玉石分たざる底の無眼禿奴の部属、往々に言ふ、自心即ち是れ仏、話頭了じて何かせん、心浄ければ浄土浄し、語録を閲して何の用ぞと。

また、同書の「法華宗の老尼の問に答ふる書」に言う。

今時往々に道《い》ふ、参禅無益なり、話頭了じて什麼《なに》かせん、即心即仏の直指なれば、念の起るを愁へず、念の止みたるをも喜ばず、山賤の白木の合子、只だ生れつきたる自性の儘なるがよきぞ。漆つけねば、剝色こそ無けれとて、日々徒らに盲亀の空谷に入るが如くにし去つて、以て足れりとす。此は是れ天竺の自然外道の所見なり。

白隠は、別に『壁生草』の始めにこれらの邪解を野狐の言葉として、無事不生禅、又は黙照枯坐不生の族と言っている。これらを通して、白隠の論点は分明である。黙照とは、自性のまま、即心即仏の説の邪解である。黙照禅というものはない。黙照は必ず邪禅である。それは常に批判的な言葉である。それは、実は宋朝以来のものであった。道元の『正法眼蔵』仏経に、左記がある。

大宋国の一二百余年の前後に、あらゆる杜撰の臭皮袋いはく、祖師の言句、なほこころにおくべからず、いはんや経教は、ながくみるべからず、もちゐるべからず、ただ身心をして枯木死灰のごとくなるべし、破木杓、脱底桶のごとくなるべし。かくのごとくのともがら、いたづらに外道天魔の流類となれり。

白隠の批判が、盤珪の末流を指していることは明らかであるが、この批判は、実は彼自身かつて正受より受けたものである。たとえば、『息耕録開筵普説』に、彼がはじめて正受に参じた時、先に引いた正受の言葉の続きに、次のように言っている。

近世の衲子、狗子無仏性の話を把つて実参純工する者は、一箇半箇も透過を得ずと云ふこと無きも、纔かに少しく透過するときは、自ら得たりと為《おも》ひ、自ら悟れりと為《おも》うて、高談大口す、是れ只だ生死の大兆にして、己見を栽培し我見を増長するのみ、如何せん祖庭猶ほ天涯を隔つることを。真正安楽の田地に到らんと欲せば、転《うた》た悟れば転た挙せよ、転た了ぜば転た参ぜよ、果して祖師最後の因縁を見ること、掌上を見るが如くなるべし、何が故ぞ、灯下に爪を剪らず。

正受が、いったんの見性に満足して、我見我慢を増長することを強く誡めているのは、当時の弊風に対する一般的な批判であるが、それは直ちに白隠への痛棒であった。後に、白隠が最も強調するのは「悟後の修行」である。彼が、無字による見性の後に、機関、言詮、難透などの多くの楷程を設けるのは、白隠に始まる独自な公案体系と言ってよいが、これは正受の指導と彼自身の参究の反省によるものであった。正受が、「灯下に爪を剪らず」というのは、そうした安易な自己満足を誡める言葉であろう。油断は大敵である。前途はさらに多難である。うっかり心を許すなら、親の死に目に遇うこともできぬというのである。

五　新しい日本禅の出発

大陸仏教を叱る

白隠の相似禅批判は、さらに大陸仏教に対しても、はなはだ激越をきわめる。たとえば、『遠羅天釜』続集に、次のように言う。

悲しい哉《かな》、時なる乎《か》、命なる乎、大雅枯れて桑間湧き、古曲啞して鄭衛震ふ。流《つた》へて大明《みん》の末に至つて、雲棲の袾宏《しゆくわう》なるものあり、参玄の力足らず、見道の眼暗くして、進むに寂滅の楽みなく、退くに生死の恐れあり、悲嘆押へ難く、終に遠公蓮社の遺韻を慕つて、祖庭孤危の真修を捨て、自ら蓮池大師と称して、弥陀経の疏鈔を造り、大に主張して後学を引く。鼓山の元賢永覚大師、浄慈《じんず》要語を造つて、繋節して輔《たす》け佐《たす》く。此に於て漢土に普《あまね》く扶桑に溢れて、終に救ふ事無きに至る。仮令《たとひ》今の世に当つて、臨済、徳山、汾陽、慈明、黄龍、真浄、息耕、妙喜の諸老、臂を褰《かか》げ歯を切《くひしば》り、手に唾《つばき》して擯斥すと云ふとも、此の狂瀾を迴《かへ》すこと能はじ。是れ全く浄業の宗旨を狭《さみ》し、専唱の修行を軽賤するにあらず、禅門に在りながら禅定を修せず、参禅に懶《ものう》く志行懶惰にして、見性の眼昏《くら》く禅学の力乏しうして、茫々として一生を過ぎ了つて、命日崦嵫《えんじ》に逼《せま》るに及んで、来生永劫の苦輪を恐れ、俄に欣求浄土の行課を勤め、在家無智の男女に対し、いかめしげに長念珠かい爪ぐり、高念仏しながら、末代下根の我等に似合うたる、厭離《をんり》穢土《ゑど》の専修に超えたる事は侍らぬぞとよなど、頭禿《かぶろ》に歯疎《まばら》なるが、動《やや》もすれば殊勝げに、打泣き打泣き、目をしばたゝきて、口説立てたるは実々《げにげに》しけれども、従前曽て勤めざる禅定、何の利益か有らん、従前曽て修せざる禅学、何の霊験かあらん、此等の族は、禅門に在りながら禅門を誘倒す、蠹《と》啄《たく》の虫の梁柱より生じて、却て梁柱を割くがごとし、点検せずんばあるべからず。

雲棲袾宏や永覚元賢の念仏禅が、単に白隠の言うようなものにすぎぬかどうかは、大いに問題である。白隠は、かつて袾宏の『禅関策進』に導かれた人である。永覚の『洞上古轍』も、何らかの意味で白隠に影響している。

しかし、白隠は彼らの念仏禅を許さない。それは、禅と念仏との双修ではなくて、むしろいずれをも真実に行ずるものでないと言うのだ。彼の点検は、実に徹底的である。五百年間出を自負する白隠は、宋朝の公案禅を日本仏教の伝統として再出発しようとするのだ。彼に先立つ頃、日本の朝野を驚かせた隠元の来朝は、単なる明朝念仏禅の日本亡命であって、大陸の正統を伝えるものでないという批判が、すでに白隠にあった。

白隠禅は、明らかに大陸仏教を凌駕するものである。日本人の仏教でありながら、本質的に大陸のそれよりも優れたものであった。それは、三国の仏教の伝統を集大成して、しかも江戸時代の日本人の実生活に即する、具体的な方法と教理をもつ。それは、常に大陸の跡を追ってきた日本仏教として、未曽有である。日本人の仏教の誕生としては、おそらく鎌倉仏教より以上に、新しいものであり、現代に最も近いと言ってよい。

大陸仏教の伝統であった教相判釈《きようそうはんじやく》や、王法と仏教の問題を、白隠は全く論じない。かつては、教禅一致か教外別伝か、王法か遁世かの問題が、栄西、夢窓、大灯等の主要な関心の一つであった。江戸幕府の権力下にある白隠は、仏教と政治の問題を完全に無視することはできなかったが、彼の仏教は単に封建社会のものであることを、少くともその本質としてはいない。

さらに、日本仏教の伝統として、奈良・平安以来、諸宗に分れて研究されてきた学問と行道を、白隠は方法的に公案禅に統一した。天台の止観も、真言の阿字観も、日蓮の唱題も、法然の念仏も、白隠にとっては、無字の公案の別名にすぎない。道元の打坐もまた同じであった。仏教は一つである。仏法に二つの真理はありえない。原理としてではなくて、具体的な実践方法の上に、白隠は諸宗の綜合を確信した。大陸の禅と念仏の双修を退けたにもかかわらず、彼は『遠羅天釜』続集で、元禄頃に出た円恕と円愚という念仏者や、豆州の赤沢にいた即往について、きわめて高い評価を与えている。『安心ほこりたゝき』は、西山派の俊鳳の参禅を伝える。また、さらにさかのぼれば、恵心僧都や、法然、蓮如、および高野の明遍らの念仏についても、それが禅の見性と同格なることを強調している。白隠の仏教は、実践的に諸宗を統一するものであった。それは、全く新しい立場と言ってよい。

一粒の麦もし死なば

白隠の禅は、実践的に二つの柱をもつ。一つは、無字による見性の体験であり、他は悟後の修行である。彼が大陸の念仏禅を退けるのは、それが見性を認めぬからであり、わが国の不生禅は、いったんの見性にとどまり、悟後の修行を欠くためである。見性が、信と疑の渾身的な格闘であり、これをささえるのが、憤志と呼ばれる不断の精進行であることは、すでに考えたとおりである。『遠羅天釜』下、「法華宗の老尼の問に答ふる書」に、白隠は次のように言う。

大凡そ、三世十方の間に、見性せざるの仏祖なく、見性せざるの賢聖はなき事なり、是れ万古不易の大綱なり、見性とは、法華真実の面目を見届くる事なり。

見性は、法華にいうただこの一事実であり、二なく三なきものである。それは、仏法の至理である。ただ禅宗の独占ではない。むしろ、禅の禅たるところは、仏法の至理たる一事実を、いかにして実現し、いかに生活するかにある。白隠は、無字と悟後の修行によって、これに答えようとするのである。

いったい、白隠の「悟後の修行」の説は、すでに見たように、正受のそれの継承である。いったんの見性に満足し、空見断無のところに腰をすえることの反省である。もっとも、そうした空見や一枚悟りは、いずれの時代、いずれの世界にもある。空見の批判は、すでに『摩訶止観』にあり、馬祖や南泉では、即心即仏の生活としての聖胎長養の説となり、栄西や夢窓を経て、大灯の二十年にわたる長養の実践となった。白隠が、大灯の長養を最も深く讃仰したことは、すでに見たとおりである。さらに、ある意味では、元明時代の念仏禅もまたそうした空疎な即心即仏の観念に対する、深い反省から生れたものであった。

しかし、最も注意すべきは、白隠のいう「悟後の修行」とは、あくまで公案体系のそれであることである。無字は唯一の公案であるが、それが唯一の真理たることの実証は、むしろ数多くの公案によって試みられるべきである。柴山全慶氏は、これを質より量への転化と言われたことがある。無字による見性の質的深まりは、あくまで絶対である。しかし、それが真に現実に生きたものであるかぎり、必ず無限の量的広がりを伴わねばならぬ。必ず、事上練磨を要する。

白隠は、『遠羅天釜』下の「法華宗の老尼の問に答ふる書」の末尾に添える漢文法語で、張五と張六の兄弟が、旅の途中で同じように一封の金を拾い、相い別れて三十年の後、再び相い会う話をとり上げる。

兄は、やがて拾った金を塩に代え、塩を綿に代え、綿を麻に代え、麻を粟米蔬果魚肉に代えて、部下三百人を使う大商人となる。弟は、最初の金を肌身離さずに護りつづけ、ただ人に盗まれることを怖れて、病気となり狂人となったのみならず、兄に再会したときも、兄がはじめの金をそのまま所持していないのを見て、「我は護れり汝は失えり」と叫ぶ。この話は、実は『長阿含経』七の「蔽宿経」に見える担麻の譬喩を裏がえしたものであるが、白隠の「悟後の修行」の意味を、巧みに説明して余りあるものと言ってよい。

一粒の麦は、地に落ちて死なねば、いつまでも一粒の麦にとどまる。地に落ちて芽を出した麦は、昔の麦を失って、かえって無数の新しい麦となる。新しい無数の麦は、量的に拡大されながら、唯一の麦の本質を失うことはない。それは、死して生きる道である。

『維摩経』に、有名な「道法を捨てずして凡夫の事を行ず」という句がある。白隠は、同じ意味の「道場を起たずして諸の威儀を現ず」という句を、『遠羅天釜』に引いている。道法や道場に滞る二乗は、凡夫の世界に入ることができぬ。高原の陸地に、白浄の蓮華は咲かぬ。見性の得力は、「悟後の修行」においてはじめてその妙用を得る。「悟後の修行」から言えば、いったんの見性は、なお地獄の種である。白隠は、『四智弁』に次のように言う。

一旦の見道は分明なれども、観照の力は強大ならざる故に、動《やや》もすれば習気《じつけ》煩悩の為めに碍《さ》へられて、逆順の境界に於てなほ自由ならず。牛を尋ねる人、一たん真牛を見徹したりとも、猛く鼻索を以て制せざれば、早晩又逃れ去るが如し。故に牛を見れば、先ず牧牛の法を専要とす。悟後の修行なければ、見性の者も、多くは差過するところなり。

見性は、あくまで唯一の事実である。「悟後の修行」を伴わぬ見性は、すでに真実の見性とはいえない。悟後というのは、あくまで公案体系について言うのであり、時間的な前後ではない。『維摩経』には、「非道を行ずるのが菩薩行だ」と言い、「諸の禅定に在ること地獄の如くに想ひ、生死の中に於て、園観の如くに想ふ」と言っている。それは、禅定と生死を差別する執着を指摘した言葉である。

ここから、白隠の動中の工夫、不断坐禅の説が生れる。

悟後の修行

『遠羅天釜』上の「鍋島摂州侯の近侍に答ふる書」に、白隠は次のように言う。

老夫も若かりし時、工夫の趣向悪く、心源湛寂の処を仏道なりと相ひ心得、動中を嫌ひ静処を好んで、常に陰僻の処を尋ねて死坐す。仮初の塵事にも胸塞り、心火逆上し、動中には一向に入る事を得ず、挙措驚悲多く、心身鎮へに怯弱にして、両腋常に汗を生じ、双眼断えず涙を帯ぶ。常に悲歎の心多く、学道得力の覚えは、毛頭も侍らざりき。何の幸ぞや、中頃よき知識の指南を受けて、内観の秘訣を伝授し、密々に精修する者三年、従前難治の重痾は、いつしか霜雪の朝曦に向ふが如く、次第に消融し、宿昔歯牙を挾むこと得ざる底の、難信難透、難解難入の悪毒の話頭は、病に和して氷消し、今歳従心の齢を経ると云へども、三四十歳の時より気力十倍し、心身ともに勇壮にして脇席を湿さず、恣《ほしいまま》に偃臥《えんぐわ》せざる者、動《やや》もすれば二三七日を経ること間々これあれども、心力衰減せず。

ここで内観の秘訣というのは、白隠が二十九歳の頃、自ら禅病に悩まされ、極度の身心衰弱に至ったとき、京都白川に住む白幽子という仙者に教えられた健康法であり、彼はそのために、別に『夜船閑話』の一書を著しているのであるが、『遠羅天釜』の主張は、必ずしも健康法としての内観のみではなくて、動中の工夫をすすめる助けである。彼は、右に続いて言う、

学者、必ず内観と参学と、共に合せ双べ貯へて、以て生平《せいへい》の本志を成ぜよ。学道の人、たとひ参じて五派七流の大事を究め得るとも、若し夫れ短寿ならば、何の用をか成すに堪へんや。たとひ又内観の力に依て、彭祖《はうそ》が八百の才時を閲すと云ふとも、若し夫れ見性の眼なくんば、たゞ是れ一箇老大の守屍鬼、何の好事かあらん。若し又枯坐黙照を以て足れりとせば、たゞ枉《ま》げて一生を錯り、大いに仏道に違せん、たゞ仏道に違するのみに非ず、大いに世諦もまた廃せん。

かくて、諸侯、武士、商人、農夫、工匠がそれぞれに各自の職を捨てて、ひたすらに枯坐黙照するならば、禅はきわめて不祥の大兆となろうとして、動中の工夫、不断坐禅こそ、真の仏道だと言うのである。

右は、白隠の世諦論である。応病与薬の説である。職域坐禅の説は、ややもすれば単なる現実肯定の観念に堕する。しかし、彼の言う「悟後の修行」は、けっして単なる方便説ではなくて、むしろあくまで向上的な公案禅の体系の中にあった。それは、世諦を直ちに仏法とするのではなくて、世諦の中に仏法を工夫しようとするのである。正念工夫の意味は、実はそこにある。彼は、病中の友人に与えて、病の余暇に公案の工夫を忘れぬように努めるのではなくて、病そのものを公案とせよと言っている。現実こそ、「悟後の修行」の場なのである。彼は正受老人の言葉を引いて、さらに次のように言う。

不断坐禅を学ばん人は、殺害刀杖の巷、号哭悲泣の室、相撲掉戯の場、管絃歌舞の席に入りても、安排を加へず、計較を添へず、束ねて一則の話頭（公案）と作して、一気に進んで退かず、譬へば阿修羅大力鬼に肘臂を捉られて、三千大千世界を遶ること千回百匝《ひやくそふ》すと云へども、正念工夫片時も打失せず、相続不断なる、是を名けて真正参禅の衲子とす。

禅定に在ること地獄のごとく想う人は、実際に地獄に入ることのできる人である。正受は、実際に虎狼の出没する塚原に坐禅し、狼に鼻や咽喉をなめさせたという。これが、「悟後の修行」である。白隠は、『法華経』は正念工夫の大事を説くものと見た。彼が四十二歳のとき、『法華経』の深理と、正受老人の平生受用の教えとを、同時に徹見して感泣したのは、おそらくこのことを意味する。

白隠は、こうして「悟後の修行」を強調し、次のようにも言っている。もし人、自家見性の真偽如何、得力の精粗如何を知らんと欲せば、まずすべからく謹んで傅大士《ふ》の偈を見るべし。

空手にして鋤頭を把り、
歩行にして水牛に騎《の》る。
人橋上より過ぐるに、
橋は流れて水は流れず。

あるいは、寒山の偈に言う。

青山に白浪起り、井底に紅塵あがる。

もし人、見性分明なることを得ば、これらの言句は、自己の掌上を見るごとくに分明でなければならぬ。さらに、「疎山寿塔の因縁」、「南泉遷化の話」、「乾峯三種の病」、「五祖の牛窓櫺の話」、「大灯の、朝に眉を結び夕に肩を交う、我れは何似《なんぞ》」、「関山の、栢樹子《はくじゆし》の話に賊の機あり」等々、これらの公案に対して、一すじの毛ばかりも疑いなきを得るとき、はじめて真に「悟後の修行」に入ることができるのである、と。

これは、いうまでもなく、白隠禅の公案体系であり、彼が多くの『法語』その他で、くりかえし語るところである。今、これらの一つ一つを詮索する必要はない。ただ注目してよいのは、彼が「悟後の修行」の公案とするものが、すべて強力な個性の鍛錬にかかっている点である。

かつて、見性の公案であった「無字」、もしくは「隻手」は、どこまでも大疑団の撃発を導くための唯一の条件であったのに対して、「悟後の修行」の公案は、「万里の異郷で妻子の面を見るように」、外に無限に広がりながら、唯一の無字に無限に新しい感激を見出さしめるものである。それは、うたた参ぜばうたた親しいものであり、まさに終るところを知らず、老のまさに至るを忘れしめるものである。ここでは、文学、哲学、倫理、宗教などの豊かな知識と学問が要求される。

「悟後の修行」こそ大切であるという考えは、「始め終りこそ面白けれ」と言った兼好の、個性の哲学の見事な発展と言ってよい。それは、中世以来の日本の知識人の思考の集大成である。型にはまった悟りや、因習的な価値観を否定して、最も具象的な個性に生きる立場である。老来いよいよ衰えを見せぬ白隠の豊かな人間性の鍵と、彼の禅の新しい魅力はここにあった。

明和五年（一七六八）十二月十一日のあけ方、白隠は八十四歳の活動を終った。『年譜』は、

大吽一声、右脇而化去

と言うのみである。遺偈も遺戒もなかった。彼はそれを必要としなかったのである。

六　痴聖の遊戯

禅画の世界

白隠の書と絵画は、その量と質とにおいて、実に厖大なものである。長い日本仏教の歴史を通して、彼に比肩しうるものはほとんど見当らぬ。良寛や仙厓、慈雲等とともに、江戸時代の仏教の一つの特色と言ってよい。しかもそれらは、すべて道余の作品である。彼らは、ひとしくアマチュア作家である。良寛を除けば、本格的な書道や絵画の歴史家たちが、これらの作品をとり上げることはかつてなかった。禅画、または禅の書として、特別の評価を受けるようになったのは、きわめて最近のことである。

白隠は、生れつき詩文書画の芸術的才能があった。彼は十九歳のとき、岩頭和尚が賊に切られて死んだ話をきいて、出家剃髪したことを後悔し、好きな趣味の仕事に気をまぎらそうとする。『八重葎』は、この時の心情を自ら次のように語る。

　去らばとて、今更、還俗も成り難し、如《し》かじ、是より世と推し移つて、詩文書画の技芸を勤め学んで、暫時の虚名を発し、扨《さ》て其後はせん方なけれ、人並み〳〵に朽ち果てて、あくまで地獄の苦患を受くべきのみと覚悟しければ、是れよりは詩文等の外、仏像経巻を見ること土塊のごとし。

十九歳の抵抗である。ふてくされた白隠は、どうせ無意味なこの世なら、せめて詩文書画によって、浮き世の虚名を博しようとする、宗旨を代えようというのだ。さらに、同じ心境を、『壁生草』は次のように言う。

とても遁れぬ三途地獄ならば、我も人も手をとりあいて落つべし、しかし、空しく光陰を送らんも益なし、此より詩文手迹を学び、近代の勝ぐれ者なりと誉められ、果ては、兎も角も彼方次第ぞと、詩文は李杜韓柳を友とし、手迹は尊円養拙を学ぶ。

李白、杜甫、韓愈、柳宗元は唐詩の神様であり、尊円、養拙は、日本書道の家元だ。白隠が、本気でそれらを学んだら、おそらく近世禅宗史と日本芸術の歴史は、かなり大きく変っていたかもしれない。かつて、五山の禅僧たちは、そうした道を一直線に進んだ人たちである。彼らは、禅に絶望したからではない。それが、当時は禅の道だったのである。しかし、若い白隠は、二足のわらじをはく人ではなかった。

後年の白隠の詩文は、李杜韓柳とはおよそ縁遠いしろものであり、書はお家流のそれとはるかに異る。白隠芸術の魅力は、それが非専門家の作品でありながら、専門家以上のおもしろさをもつ点にある。おもしろさは、個性に満ち溢れているからである。少くとも、それらはまともな作品ではない。書画を習おうとする者が、手本としてよいものではない。彼の書は、まねができない。臨書のできぬ作品は、まともなものと言えぬ。まともでないのは、作者がまともに書いていないからである。白隠は、書家でも画家でもなかった。しかも、白隠にとって、書画はどうでもよいものではなかった。彼が禅の道に絶望したとき、彼は書画や詩文の世界に救われようとした。少くとも、地獄に落ちるまでの間、しばらくそこに憩うことができるものであった。いわば、白隠にとって、かつての書画は、地獄の一歩手前にあった。地獄を覚悟の自慰であった。

若い白隠は、横溢する激情を、絵画の世界に発散しようとした。青年時代の彼の手本は、おそらく街の下絵師の作品であった。羽子板の絵や、芝居小屋の看板を連想させる彼の「関羽像」や「三尺坊」は、室町の水墨画と全く異質の作品だ。拓本から抜け出たような観世音菩薩の姿態は、ほとんど世俗の女性である。洗練された上品さ、枯高などいう世界と、およそ違ったものが、白隠芸術の背後にある。

しかし、それゆえにこそ後年の白隠の芸術は、一転して地獄に遊ぶものとなった。かつての自慰は甦《よみがえ》った。それは、自ら地獄に遊ぶとともに、人々に地獄必定の怖しさを予告するものとなった。彼の書画は、地獄の火をくぐった作品だ。火裏の蓮華の美である。人は、そこに異常な世界を見る。そこに単なる宗教的の救いや悟りを求める人は、直視に堪えぬ不安におそわれる。白隠の芸術には、あまりにもはげしい人間の煩悩の直視がある。彼の作品に戦慄する人を見て、白隠は背後からにやりと笑う。彼の作品は、意識的にそれをねらったものである。それは、いうところの宗教芸術ではない。たとえば、大きい鉄棒を、紙いっぱいに筆太に書きなぐった傍《かたわ》らに、

　このわろを、怖るる人は極楽へ

という讃のある作品を見よ（竹内尚次氏編・筑摩書房版『白隠』第二二三号）。われわれは、その通俗的な勧善懲悪の説教に、すでに言い知れぬ威圧を受ける。威圧は、外から来るものではない。白隠の『年譜』のいたるところに見る「寒毛卓竪」という言葉の意味を、われわれはいやというほどに思い知らされるのだ。

　右のことは、白隠の詩文にも共通する。彼の漢文は、けっして高級でない、上品でも、正統なものでもない。しかも、その堂々たる推し出しは、全く野性そのものだ。文法も平仄《ひょうそく》もあったものでない。これでもか、これでもかといった彼の饒舌は、むし

ろ人をして言い知れぬ不安にかり立てる。
快い不安の魅力、それが白隠芸術の独自の世界である。

シジフォスの神話

『洞上五位偏正口訣』という作品がある。唐の洞山良价《とうざんりょうかい》の五位の頌に対する白隠の註釈であり、『荊叢毒蘂』第三、および東嶺の『五家参詳要路門』に収められる。後者の序によると、寛延庚午三年（一七五〇）の春、白隠が駿州庵原の大乗寺で、『碧巌録』を提唱したとき、自ら特に筆をとって弟子に示したものという。白隠のこの頌に関する参究は、すでに三十余年前、かつて正受に参じた時に始まるが、その後に至って、さらに正受の弟子の宗覚について参究し、なおその受用に穏当ならぬを覚えていたところ、今ようやくその奥義を尽す確信を得るに至ったというのである。
東嶺の後記に言う。

或るとき、先師、予に語つて曰く、「洞山の五位の頌は、各々その美を尽すも、中に於て兼中到の一頌のみ、善を尽さざるに似たり、子《なんじ》、奈如が思ふ」。予曰く、「然り、若し雲門・臨済の宗旨を以て言はば、此の一頌は大いに劣れり、洞山の作に非ざるに似たり。彼の宗風は、審細に論義す、是の故に、此の頌は是の如く指示して、全く一字子の失なし。若し東山下の事を以て之を頌せば、雪竇の『徳雲の閑古錐』の偈こそ、誠に善を尽し美を尽せりと謂ふべきか。尊意は如何。」先師、応諾々して曰く、「誠に然なり」。因つて此の偈を以て、洞山に代別し、茲に着くる而已《のみ》。

雪竇の『徳雲の閑古錐』の偈云々は、後に考えたいが、いったい、五位の頌というのは、洞山が自己の家風を、そのころ流行していた「五更転」と呼ばれる俗謡のスタイルに託して歌った五連章の長短句である。「五更転」は、元来は夜のふけゆく様子を詠じた数え歌であり、六朝にすでにその先例があるが、最も流行するのは唐末である。したがって、洞山の五位の頌も、本来は特別の宗義や哲学を交えぬ、きわめて平俗な作品である。兼中到は、その第五章で、正中偏、偏中正、正中来、兼中至の四章につづく結びであるが、正は超歴史的な永遠の全体（空）を、偏は現実的具体的な個物（色）を意味し、中とか来とか、兼とか至とか到とかいうのは、両者の交渉の仕方を表わすと考えてよい。そして、これらの三字の初句につづく七言の三句は、いずれも眼前の日常的な風物を歌うところに、その特色をもつ。たとえば、いま白隠が問題にしている第五章は、およそ次のごとくである。

真理と物が、合しあって極まるところ（兼中到）、有とも無とも定め得ぬそのものに、誰が本当に一つになることなどできるのです（不落有無誰敢和）。人は誰も長い流れを脱しようと（人々尽欲出常流）、いろいろ、やりくりさんだんして、自家の火鉢の座に帰りつくのです（折合還帰炭裡坐）。

一方、白隠と東嶺が、これに代えようとする徳雲の句というのは、元来は雪竇の『祖英集』に、「華輸二門」の題で収められる四首の中、輸門第二の次の偈である。

疲れ果てた徳雲老人は（徳雲閑古錐）、
幾たびも幾たびも、妙峰の山を下る（幾下妙峰頂）、
彼はあの馬鹿聖人を相棒にたのんで（傭他痴聖人）、
せっせと二人で雪を担い、井戸を埋め立てるのだ（担雪共塡井）。

徳雲というのは、『華厳経』の入法界品で、善財童子が自己の菩薩行を完成するために、文殊の指示で最初に訪ねる南方の善知識の名である。妙峰山の頂上に住んでい

たという、メーグハシュリ比丘のことである。善財が訪ねたとき、彼は自己の住所を忘れて、別の山上に散歩していたといわれ、中国の註釈家たちは、その法門を十住心の第一、発心住の位に当てている。雪竇の右の頌もまたその意味であり、これを轍門に配するのは、限りなく努力をつづけながら、その功を忘れる点を歌ったものである。

白隠と東嶺が、洞山の頌を退けて、雪竇の作をこれに代えようとするのは、前者の功成って隠居した人の静かな心境を、もう一度動中において眺め直そうとするのである。それは、東嶺が自ら明言するように、東山下の事、つまり五祖法演に代表される楊岐の家風を強調するためである。楊岐の宗風を、雲門系の雪竇の作品によって示すことは、すでにわが国の臨済禅、ことに応灯関の得意とするところであった。

特に、白隠が徳雲の閑古錐の句を愛するのは、おそらく大灯その人の五条橋下二十年に及ぶ、「悟後の修行」を踏んでのことであろう。閑古錐とは、切れ味のするどい錐が、長く使いへらされて、ようやく鈍磨されたのをいう。それは、痴聖人の境地である。単なる隠遁の人ではない。個性を隠した市井の聖者である。ここには、『徒然草』の著者と同じように、完全性の否定をよしとする姿勢がある。

また、中国で作られた二種の『十牛図』のうち、廓庵の作品で、第八番目の空なる円相の後に、第九返本還源、第十入鄽垂手《にってんすいしゅ》の二つを置いているのを思い合わせてよい。

中世の我が禅林で流行したのが、円相を第十番目に置く他の作品ではなくて、右の廓庵のものばかりであったのは、けっして偶然でないであろう。

ここで重要な点は、雪を運んで井戸を埋めようとする無駄な労働が、はっきりと意識されていることである。二人は共に痴聖人である。それは、無意識の意識であり、自覚された無意識である。

かつて、神を軽んじたシジフォスは、休みなしに岩を山の頂上に転がして運び上げる刑罰を受けたという。彼がようやく山頂に達したとき、岩はそれ自身の重みで、再びもとの所に転落する。シジフォスは、再び山を下り、あえて終りのない労働をくりかえす。籠に水を満たすという、無意味な仕事を課せられた人は、たいてい自ら発狂すると言われる。

カミュは、この神話が悲劇的なのは、シジフォスの意識が目覚めているためだと言う。シジフォスは、発狂することができない。われわれ現代の労働者は、生涯を毎日同じ仕事に忙殺されている。われわれの運命は、シジフォス以上に悲劇的であるが、われわれ現代人が、真に悲劇的となるのは、意識が目覚めた瞬間のみである。

白隠が主張しようとする痴聖人の無意味な労働は、炉辺の坐を得た老人の幸福を、再び不安に追いやるものであった。いずれが真に幸福であり、いずれが悲劇的であるかは、痴聖人の自覚の問題である。白隠は、あえて悲劇を選んだ。彼は、罪なくして自ら地獄に遊ぶ人であった。

妙好人の才市《さいち》老人は、次のように歌う。

ここは、娑婆の旅、わしの心は、地獄の生れ。

たびの犬が、尾を据えて、浮世を過ごす、なむあみだぶつ。

うき世の働きは、臨終と遊ぶこと、これが愉しみ、なむあみだぶつと遊ぶこと。

付　参考文献

古田紹欽『日本仏教思想史の諸問題』（昭三九　春秋社）
荻須純道『日本中世禅宗史』（昭四〇　木耳社）
今枝愛真『禅宗の歴史』（昭四一　至文堂《日本歴史新書》93）
多賀宗隼『栄西』（昭四〇　吉川弘文館《人物叢書》126）
玉村竹二『夢窓国師』（昭三三　平楽寺書店《サーラ叢書》10）
玉村竹二『五山文学』（昭四一　至文堂《日本歴史新書》6）
飯田欓隠『槐安国語提唱録』（昭二九　其中堂）
山田無文『白隠禅師坐禅和讃講話』（昭三七　春秋社）
陸川堆雲『白隠和尚詳伝』（昭三八　山喜房）
竹内尚次他『白隠』（昭三九　筑摩書房）

〈原資料〉

『大正新修大蔵経』第八十、および第八十一巻に、左記がある。

『興禅護国論』三巻

『夢窓国師語録』三巻

『大灯国師語録』三巻

『槐安国語』七巻

『仏教文学集』（筑摩書房《古典日本文学全集》15）に、左記の抄訳を収める。

『夢窓仮名法語』『夢中問答』『大灯仮名法語』『大灯国師遺戒』『坐禅和讃』『遠羅天釜』『於仁安佐美』（以上は古田紹欽氏訳）および「大応・夢窓・大灯・寂室の詩偈」（西谷啓治氏解説）。

後藤光村編『白隠和尚全集』八巻（昭四二　龍吟社より再刊中）

闘争堅固（明暗双々㈠）

唐木順三

柳田聖山氏の『臨済の家風』はいい本である。これは筑摩版『日本の仏教』といふ全十五巻の叢書の第九巻として、昭和四十二年の秋に発行された。『臨済の家風』などといふ題名は恐らく著者が選んでつけたのではあるまい。内容は、栄西、夢窓、大灯、白隠といふ、禅家を扱つたものだが、この四つの巨峯は、その山容において互に他と異なる独自の風格をもちながら、層々として相連なり、そこにたしかな歴史を展開してゐる。読者の前にさういふ歴史を展開させながら、まのあたりに巨匠の姿を彷彿せしめてゐるのは柳田氏の力量である。

私は、いい本とは、さまざまな縁暈を、行間にただよはせてゐるものだと思つてゐる。一行が私の頭の中で三行になり、五行が二十行になり、私を刺戟して種々の想像をよび起させ、行きつ戻りつさせる、さういふ本が、私にとつていい本、面白い本である。

柳田氏の本のうち、王朝末から鎌倉初期へかけての、時代相や仏法の動向を誌した最初のところ（「仏教のふるさと」）が殊に面白かつた。私は人並に、このごろの大学紛争や、教授や学生の在り方の問題を考へてゐる。その考へは、私流であつて、必ずしも人並ではない。大学問題は社会現象としてもなかなか興味のあることがらに相違ないが、その現象の奥の方に、私は時代の裂目《さけめ》を感じる。正常化とか、法秩序の回復とか、学制の改革とかでは、どうしやうもないやうな亀裂を感じてゐる。私のさういふ時代への関心（不安）が、柳田氏の著書の第一章を私流に読ませる機縁になつてゐることは否まれない。私のやうに我流に読みとられることは、著者にとつては本意ではあるまい。それを承知しながら、この本を機縁として、私の思ひを書いてみたくなつた。

最澄の作といはれてゐる『末法灯明記』は末法末世の時代のまさに末法末世である所以は、白法隠没《びやくほふおんもつ》して、闘諍（争）堅固であることだと言つてゐる。白法隠没を今日の言葉に飜訳すれば、真理を求める情熱を失つてしまつて、といふこと、闘諍堅固は、あけてもくれてもあきることなく闘争ばかり、といふことである。奈良と叡山、延暦寺と三井寺、公家と山法師、それらがおのおの事をかまへて互に争つた。また叡山内部でも、座主《ざす》と学生《がくしやう》（学匠）と堂衆が三つ巴になつて争ひをくりかへした。若し詳細にこの闘諍堅固の実状を知らうと思ふ人は、辻善之助著『日本仏教史』の上世篇第一巻と、中世篇第一巻を見ればよい。そこには数百頁にわたつての闘争史が書かれてゐる。例へば叡山内部で学生と堂衆が互にバリケードを築いて、建仁三年（一二〇三）の春から数年間、何百人といふ死者を出しながら抗争して倦きなかつたといふことが、縷々誌されてゐる。当時の座主慈円は、学生たちがみな散りうせてしまつた荒廃の跡をみて、「いとゞしく昔の跡やたえなむと、思ふもかなし今朝の白雪」と詠んでゐる。白河上皇が賀茂川の水の流れと、双六《すごろく》の賽《さい》とともに、「わが心にかなはぬもの」として「山法師」を挙げてから、百年を経過しても山法師たち、学生や堂衆たちはなほ統制外の暴力集団であつたことになる。ちなみにいへば親鸞は建仁元年までの二十年間（二十九歳まで）を叡山ですごしてゐる。

然し一方、さういふ闘争にあけくれてゐる叡山の内から、新しい芽が出て来た。鎌倉新仏教の開祖たち、栄西、道元、法然、親鸞、日蓮等は、いづれも叡山に登り、末世ながらに、正法を究めようと努力し、叡山から消えてしまつた「白法」（正法）を掘り起さうとした人々であつた。だが叡山の中のセクト間の勢力争ひ、また指導部の名利争ひの中で、正師を求めることも、正法の伝授を望むことも不可能と知つて、彼等は、「道心を発して山を下つた」。単にさきの祖師たちばかりではない、叡山の正統を捨てて、別所に草庵を結んで修業に励む者も出て来た。仏教の原始のふるさとを求めて、宋の国に、また遠くインドに行かうと企てる者も出て来た。

柳田氏は栂尾《とがのを》の明恵《みやうゑ》のことを次のやうに書いてゐる。

「明恵は、叡山には上つてゐないが、はじめ東大寺に学んだとき、学生の闘諍をまのあたりに見て、ひとり隠遁の地を求め、郷里の紀州と高尾の間を遊行した人であり、彼もまた山を下つた『聖《ひじり》』の一人と言つてよい。」

明恵は正法のふるさとインドへ渡ることを計画し、その行程表を作つた。それがいまでも高山寺に保存されてゐるといふ。まづかつての唐の都長安へ渡る。長安からインドの王舎城までを中国式の里程で五万里とし、それを日本の里程に換算して八千三百三十三里十二町といふ数字を得た。一日八里を歩けば千日、一日五里とすれば四年と何ケ月で到着できると計算する。なにしろ樹上に坐禅し、石上に坐禅し、このごろ川端康成さんが例のノーベル賞受賞のときの講演で、「狼の谷に吼ゆるも、月を友として、いと恐ろしからず」といつて山の峯での坐禅を欠かさなかつた人として紹介してゐるやうな勇猛な人であるから、インドへの計画も単に紙の上のものではなかつたらう。明恵は自ら常に「仏陀滅後のみなし子」といつてゐたといふ。だからこそ、仏の生れた国、インドへの「恋慕の思ひ抑へ難きに依つて」といふ切々の思ひがあつたわけである。彼のこの計画は病のために果しえなかつたが、彼は勇猛激烈な求道精神、根本仏法、正法を究めようとする情熱におのが一生を賭けた。

栄西もまた二回、宋に渡り、さらにインドへ渡らうと計つたが果しえなかつた。栄西は宋国仏法の奇特な点を二十の項目で示してゐる。これは在宋五年の間に、日本の、特に闘諍堅固の叡山仏教との比較において実感したものであつたと柳田氏はいつてゐる。

そのうち、日本のいまの大学と比較して特に面白いと思ふ六項目を引用する。

一、僧の威儀乱れざること。

一、寺中寂静なること。

一、俗人の菩薩戒を持すること。

一、仏殿は生身の仏のいますがごとくであること。

一、経蔵や僧堂は荘厳にして浄土のごとくなること。

一、官の法は人民を邪枉《じやわう》せざること。

文中、僧を学生に、寺を大学に、経蔵を図書館に、僧堂を学生会館に、官を政府に置きかへてみるとなかなかの思ひがする。

いまの時代では、アメリカへ行つても、フランスやソヴィエットへ行つても、かういふ「奇特」な点などはないだらう。どこへいつても「白法は隠没」してしまつてゐる。然し、正法は盲の鬼に向つて、あらぬ方から、こちらこちらと手をうつてゐるかもしれぬ。

（「唐木順三全集」第十七巻より）

選書版　あとがき

筑摩書房で企画した、全十五巻のシリーズ、「日本の仏教」の一冊として、『臨済の家風』を書いたのは、二十年も昔のことである。わたくしにとって、生れて初めての書きおろしである。当時、講座「禅」の刊行も進行中で、こちらの方にも、わたくしは中国禅宗史を書いた。講座「禅」への参加は、西谷啓治先生のおすすめによる。中国と日本の禅の概史を、わたくしは一挙に書いたのである。

すべてが新鮮で、魅力に富んでいた。初めて本を出す喜びは、『臨済の家風』の方にある。禅の勉強はしていたが、主として中国の本を読んでいたので、日本の本を最初に出すのは、やや気がかりであった。おかげで、日本仏教と禅への関心がたかまって、岩波の「日本思想大系」の一冊、『中世禅家の思想』のために、栄西の『興禅護国論』を精読できた。一休の『狂雲集』への関心も、同時にすでに動いている。中国仏教の勉強が、かなり役に立ったと思う。『臨済の家風』というのは、「日本の仏教」

というシリーズを企画した、編集部の命名である。道元の「正法眼蔵弁道話」に、些か臨済の家風を聞くとあるのによる。このシリーズには、道元のものが二冊あって、『正法眼蔵』と『正法眼蔵随聞記』が、それぞれ一冊ずつに収められた。別に『禅門の異流』というのが一冊あって、一休・正三・盤珪・良寛の作品が選ばれた。言ってみれば、『臨済の家風』は日本臨済禅のオーソドックスを扱う巻である。

日本臨済禅のオーソドックスを、一冊に収めることは難しい。困難は承知の上で、わたくしは仕事を始めた。栄西・夢窓・大灯・白隠の四人と、わたくしは格闘しつづける。すでに大学改革の声が、各地にあがっている。わたくしは、四人の禅を必死に掘りさげることで、日々の苦渋に堪え得たように思う。オーソドックスといっても、始めからそれがあったのではない。個人としての祖師たちは、必死に時代の矛盾と闘っている。わたくしはわたくしなりに、そんなオーソドックスの苦悩を、この本の中に書き尽し得たと思う。

本が出来あがった直後、唐木順三先生が『ちくま』に、書評を出して下さった。わたくしは、漸く救われた思いであった。大学改革のことを、わたくしは一言も書いていない。先生の文章によると、平安末より室町に至る、学問改革の線にそって、わたくしの本は構想されている。当時、じつはその後もずっと、先生におめにかかる機会を、わたくしは得なかった。そして、終に不帰の人となられた。大学問題と、わたくしの文章について、直接に教えを乞うことはできない。しかし、あの文章以後、わたくしはつねに先生を、意識するようになった。

あえていえば、その後のわたくしは、先生に読んで頂くために、ものを書くようになる。専門の中国の仕事についても、気分は殆んど変らない。引用文や附注の多い、学術研究論文を、わたくしは再び書くことができぬ。専門柄、語句の出典を確認するのを、わたくしは今も怠らないが、ただそれだけの辞書的知識に、何時か、満足できなくなっている。むしろ、つねに今の問題と、何処かで切り結ぶことがない限り、食指が全く動かんのである。鮮度が、問題なのである。

二十年ぶりに読みかえすと、不備、未熟は無数にあるが、この本はすでに作者の手を離れて、成人してしまった、長男長女の感がある。あえて、筑摩書房編集部を介して、唐木先生の文章を、奥様より頂いて、新しい門出としたい。

題名を「禅の時代」としたのは、中世の日本を支える、禅仏教の大よその動きは、この四人に収まるからである。栄西は鎌倉仏教の先駆であり、夢窓は中世五山の創始者、大灯は五山に対する、風飡水宿の禅の開山、白隠はその継承者であり、白隠を介して上記のすべてが、新しく現代につながる、集大成の祖師である。一昨年はあたかも、白隠生誕三百年に当る。江戸文化の再評価が進んで、白隠の仕事の意味が、問い直されてよい時期に来ている。目下、禅文化研究所と筑摩書房の共同で、新しい白隠全集をつくる計画がある。はからずも、わたくしの旧作が、新しい白隠研究のきっかけになればという、分に過ぎた希望がないでもない。わたくしはすでに別に、『禅と日本文化』(講談社学術文庫)を書き、『純禅の時代』二冊(禅文化研究所)を出している。後者は中国が舞台だが、いずれも『禅の時代』に関係している。一九八六年十二月十二日。

柳田聖山

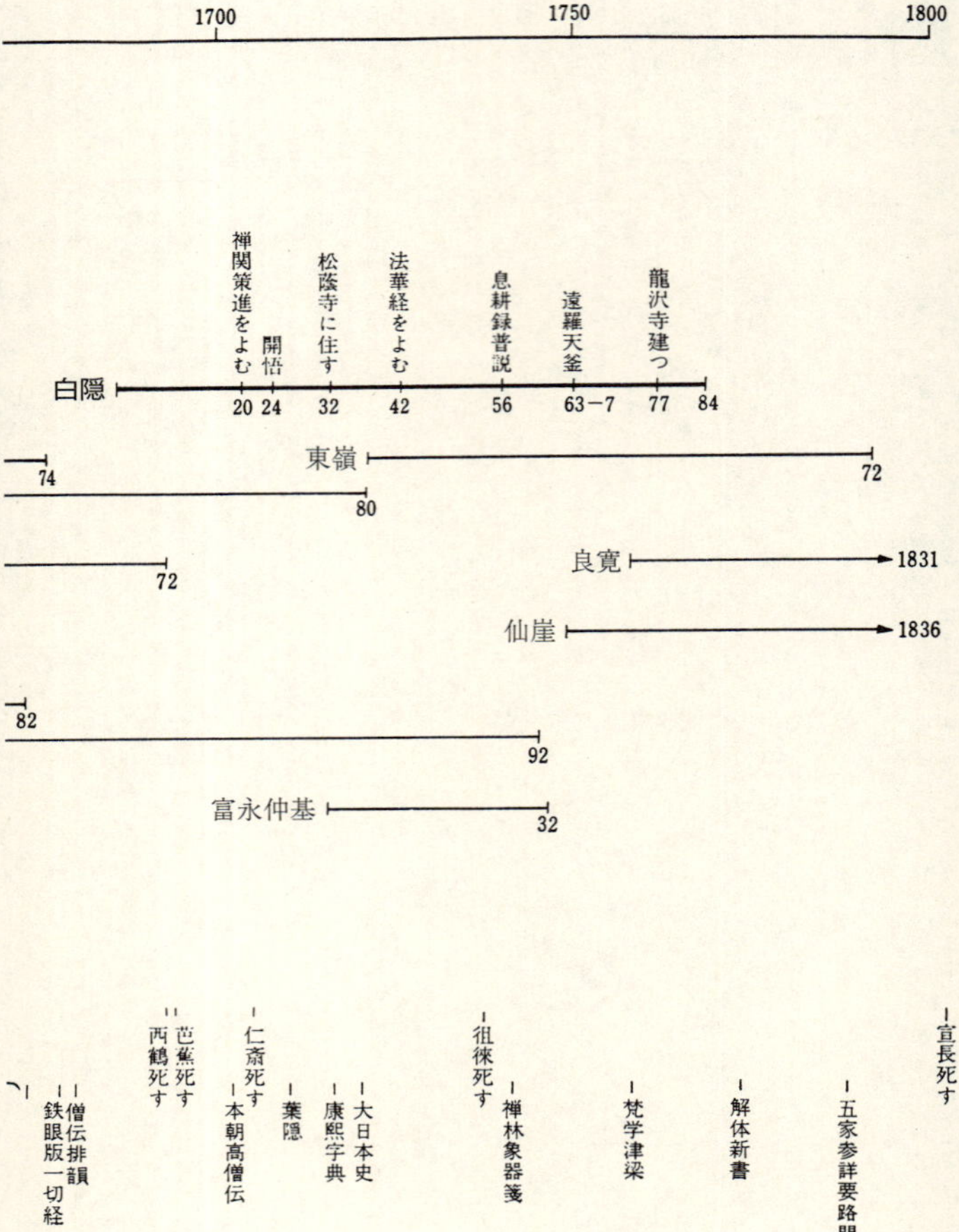
1700
1750
1800
白隠
禅関策進をよむ 20
開悟 24
松蔭寺に住す 32
法華経をよむ 42
息耕録普説 56
遠羅天釜 63−7
龍沢寺建つ 77
84
74
東嶺
72
80
良寛
1831
72
仙崖
1836
82
92
富永仲基
32
僧伝排韻
鉄眼版一切経
芭蕉死す
西鶴死す
仁斎死す
本朝高僧伝
葉隠
康熙字典
大日本史
徂徠死す
禅林象器箋
梵学津梁
解体新書
五家参詳要路門
宣長死す

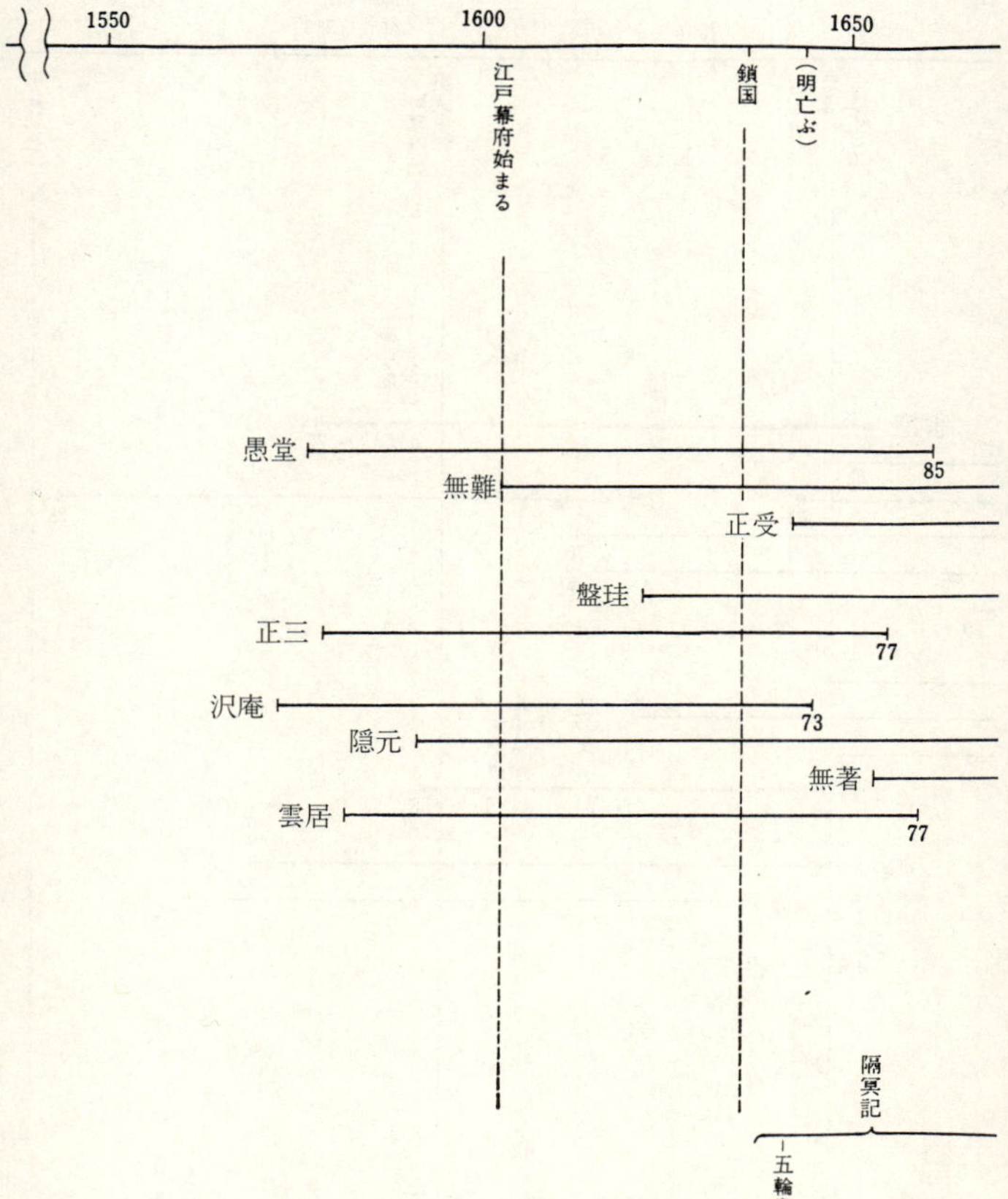
1550
1600
1650
江戸幕府始まる
鎖国
（明亡ぶ）
愚堂
85
無難
正受
盤珪
正三
77
沢庵
73
隠元
無著
雲居
77
隔冥記
五輪書

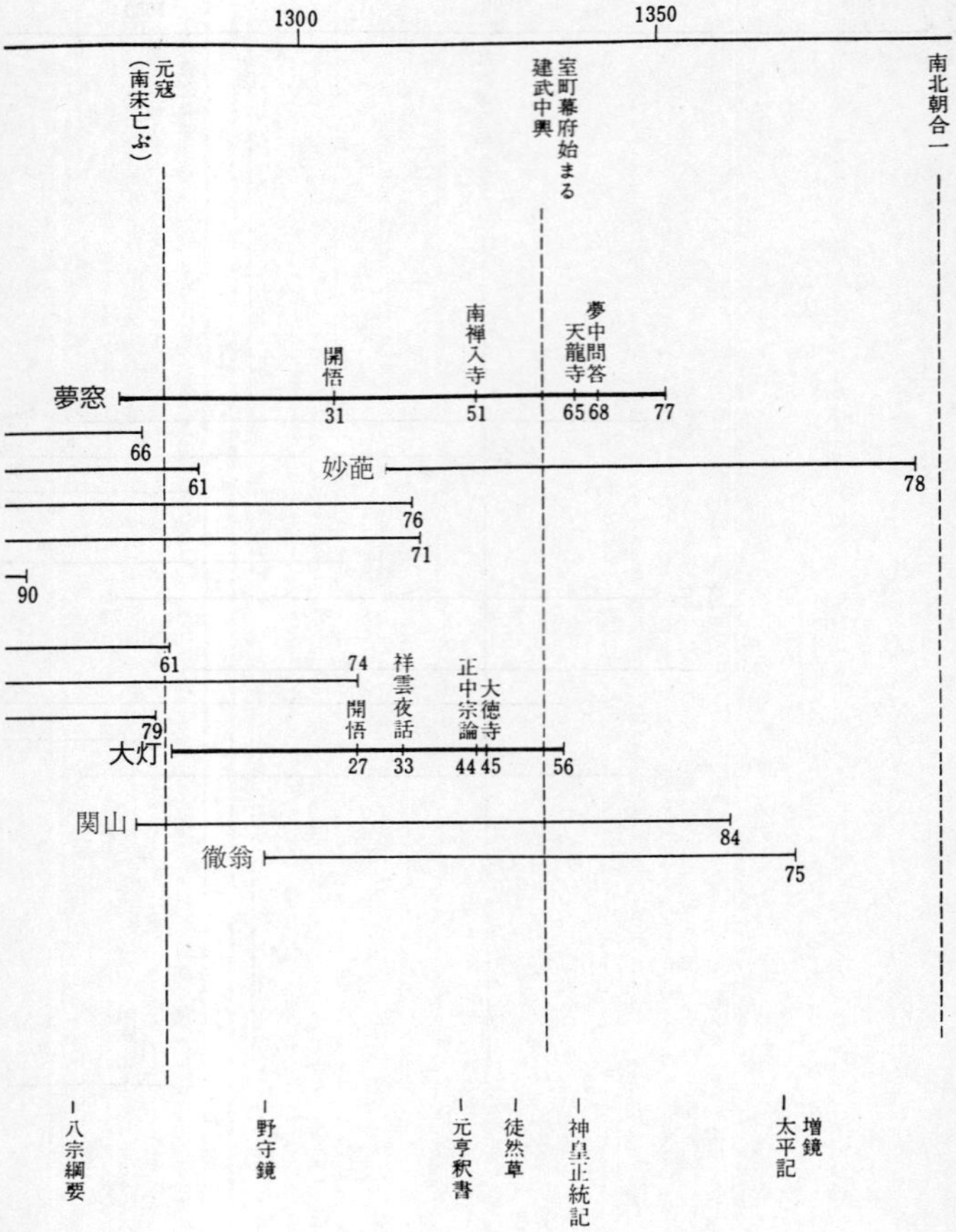
1300
1350
元寇（南宋亡ぶ）
建武中興
室町幕府始まる
南北朝合一
夢窓
開悟
31
南禅入寺
51
天龍寺
65
夢中問答
68
77
66
61
妙葩
78
76
71
90
61
74
79
大灯
開悟
27
祥雲夜話
33
正中宗論
44
大徳寺
45
56
関山
84
徹翁
75
八宗綱要
野守鏡
元亨釈書
徒然草
神皇正統記
太平記
増鏡

禅の時代［栄西・夢窓・大灯・白隠］年表

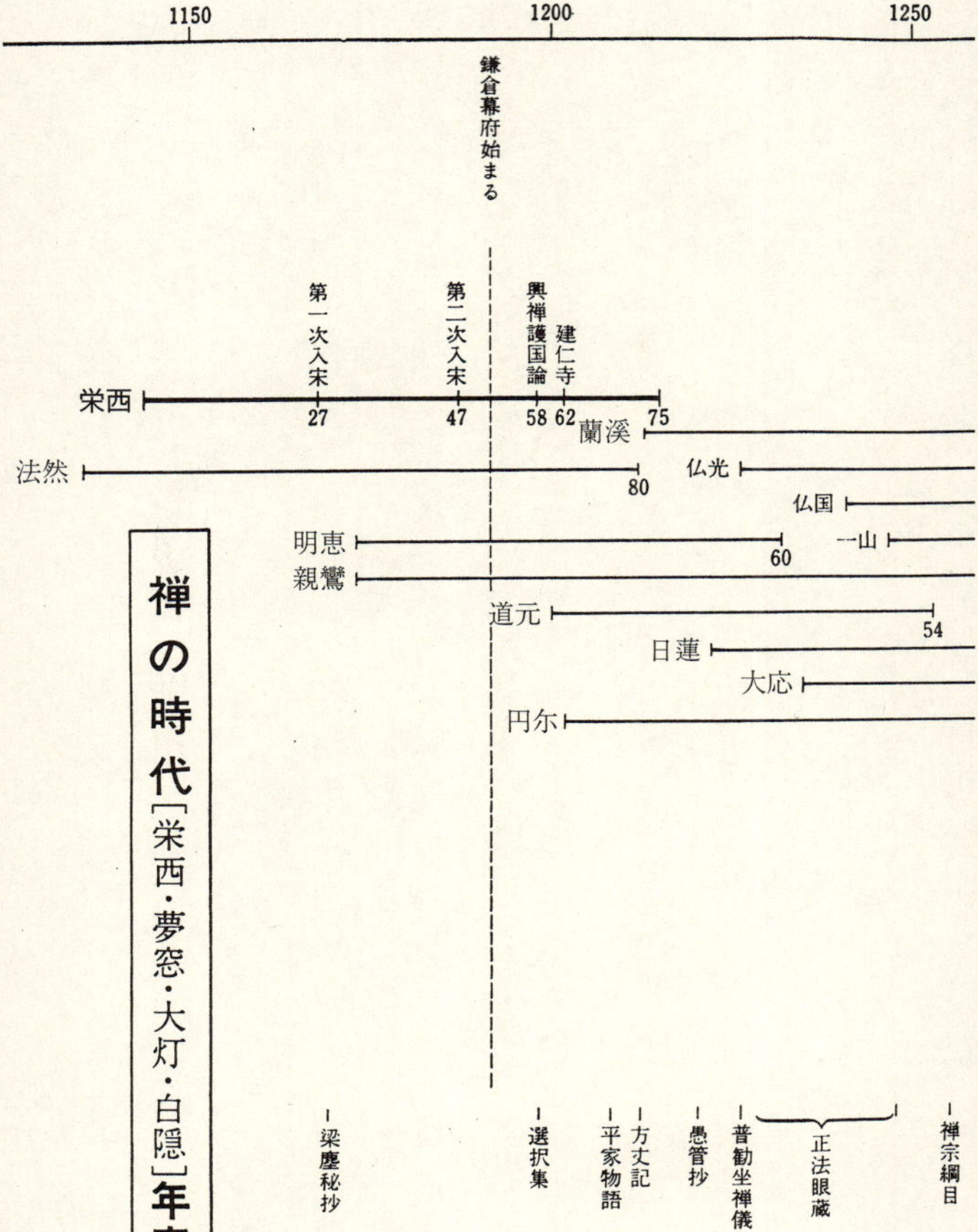

文庫版解説　禅仏教への飽くなき追究

石井修道

著者柳田聖山は、旧姓を横井といい、一九二二年十二月十九日に臨済宗永源寺派の滋賀県愛知《えち》郡稲枝村稲里（現彦根市稲里町二五二三）の永明山延寿寺に生まれる。二〇〇六年十一月八日に永眠、同寺の墓塔に祀られ、墓石の表面には「海会塔」と彫られている。海会塔とは、衆僧の納骨堂であるから、住持はできなかったが、禅僧として、禅仏教を学びえた感謝を意味するのであろう。そのことは、墓塔の左側の横には「父母の生まれる前の山の声」というご自身の書による句碑があり、句碑の裏には、示寂一ヶ月程前の次の文章が綴られていることからも判明する。

「再びの人生は中国の大地で」。
もう一度此の人生をやり直すことを許されるなら、必ず中国の大地に生れて、名実共に祖師たちの末孫として、禅僧の責を果たしたいと思う。二〇〇六年十月、紙屋院　聖山。

その略歴は一九四二年に臨済学院専門学校（現在の花園大学）を卒業し、同年十月に永源僧堂に掛塔。大谷大学本科を卒業し、一九四九年花園大学仏教学部助手となり、講師、助教授を経て、一九六〇年に教授に昇任。一九七六年京都大学人文科学研究所教授となり、一九八五年に所長となる。のちに中部大学国際関係学部教授を経て、一九八八年に花園大国文学部教授、国際禅学研究所長をつとめる。

禅僧にならずに禅仏教（この呼称への著者のこだわりに注意）の研究者になった経緯は、一九九〇年に中国四川省の峨眉山清音閣のほとりに峨眉山良寛詩碑を建立したことを踏まえて、「にんげん春秋」の「禅仏教研究家　柳田聖山さん」の欄の「熊本日日新聞」（一九九九年五月七日号）に、「禅僧良寛に深く傾倒——宗派仏教へ疑問示す」に、次のように紹介されている。

滋賀県彦根市にある臨済宗の禅寺に生まれた。寺の後継者になるべく仏教の学校に学び、修行もしたが、敗戦でその気持ちが一変した。正義の戦いとして日本を支持してきた自らを深く嫌悪、戦争遂行に加担した既成の仏教教団に絶望感を抱くようになる。

「宗門を挙げて戦争に協力してきました。私自身、当時この戦争を疑いませんでした。どうしてそのようなことが起こったのか。一言で言うと、不勉強であり、無知だったからです」

とりわけ、禅仏教の祖国と言える中国に攻め入り、戦いに明け暮れてきた事実が胸にこたえた。そうした思いから、教学を伝えていく宗派仏教の在り方、それを支える文献の読み方に強い疑問を抱く。

組織や制度といった衣をまとう前、禅はどんな姿だったのか。宗門を離れ、単独の研究者として文献に取り組んだ。「臨済録」や「碧巌録」といった宗門のテキストではなく、二十世紀初頭に中国・敦煌で発見された禅文献を徹底的に読み込み、初期の生き生きとした禅の姿を世に送り出す。

「文明が出来上がってしまうと、そこから先に進めない時代があります。過去の伝統文化を尊重する中国で、過去を切り捨てようとする運動が起こるのが初期の禅です。『不立文字』ですね。文明やテキストが重圧として人間を押さえつける。教育が息詰まって人間を駄目にする現実。それに対したのが禅です」

戦争への深い反省から、研究者そして単独の仏教者となった。寺もなく、弟子もなく、宗派から自由だった良寛に深く傾倒する姿勢そのものが、現代仏教への厳しい問い掛けとなっている。

この「宗門を離れ、単独の研究者として文献に取り組んだ」著書の不朽名著が『初期禅宗史書の研究』（法蔵館、一九六七年五月一日。同著はもともと「禅文化研究所研究報告第一冊」一九六七年一月二十五日に刊行）である。実は同年の十月二十日に筑摩書房から刊行されたのが、『臨済の家風（興禅護国論〈栄西〉・夢中問答〈夢窓〉・龍宝語録〈大灯〉・遠羅天釜〈白隠〉）〈日本の仏教9〉』である。その成立の経過を「選書版あとがき」で次のように述べる。

わたくしにとって、生まれて始めての書きおろしである。当時、講座「禅」の刊行中で、こちらの方にも、わたくしは中国禅宗史を書いた。……中国と日本の禅の歴史を、わたくしは一挙に書いたのである。すべてが新鮮で、魅力に富んでいた。始めて本を出す喜びは、『臨済の家風』の方にある。（本書三〇三頁）

本書のちくま学芸文庫版は、この『臨済の家風』の二十年後の一九八七年一月二十五日に「仏教選書」の一つとして、書評に相当する唐木順三の「闘争堅固」と筆者の「選書版あとがき」を加えて、書名を変更して『禅の時代――栄西・夢窓・大灯・白隠』として刊行したものである。

書名の変更の根底にあるのは、著者は「あとがき」で次のように述べている。

題名を「禅の時代」としたのは、中世の日本を支える、禅仏教の大よその動きは、この四人に収まるからである。栄西は鎌倉仏教の先駆であり、夢窓は中世五山の創始者、大灯は五山に対する、風飡水宿の禅の開山、白隠はその継承者であり、白隠を介して上記のすべてが、新しく現代につながる、集大成の祖師である。

（本書三〇五頁）

『臨済の家風』というのは、「日本の仏教」というシリーズを企画した編集部の命名であるとあるように、『禅の時代』の命名には筆者の意図が反映されたものと言ってよいであろう。

＊

それでは、順次、著者の意図する独自性を簡単にみてみよう。なお、『臨済の家風』の出版後ではあるが、栄西の『興禅護国論』は、『中世禅家の思想〈日本思想大系16〉』（岩波書店、一九七二年十月）の中に著者の訳注が出版されていて、本書もその研究の前提になると考えてよいであろう。また、『夢中問答』は含まれていないが、『〈日本の禅語録七〉夢窓』（講談社、一九七七年十一月）の著者の単著があり、「南禅寺語録」「天竜寺語録」「再住天竜寺語録」「陞座」「西山夜話」「偈頌」の訳注がなされているので参考となろう。もちろん他の禅者に関しての論文も多く存在する。

最初は鎌倉仏教の先駆の栄西（一一四一－一二一五）で、主著の『興禅護国論』を中心にまとめられている。

鎌倉時代以前の平安時代においては、まず問題となるのは末法思想であり、著者の強調するところである。鎌倉新仏教の形成に末法思想が大きく作用していることは定説であると本書は述べる。末法とは、著者の一語でいえば、「闘諍堅固」で、当時の時代は天災地変とともに地方武士と僧兵の出現で平和な社会が混乱した世を迎えていたのである。仏教者は仏滅を「穆王五十二年壬申歳（紀元前九四九年）」とし、正法の時代は、仏滅後の千年の間は、教え・修行・さとりのすべてが実習されているが、像法の時代になると、さらにその後の千年の間は、教え・修行のみは果たされるが最早さとりは望めないのである。更に二千年以後の末法の時代は、さとりを得ようとする修行者がいなくて闘争に明け暮れし、教えのみが残されるのである。当時の日本は、『扶桑略記』や『源平盛衰記』等に見られる永承七年（一〇五二）より末法に入ったという説が一般に信じられていた。また、伝最澄作『末法灯明記』の主張が社会の関心をあつめたのである。仏教教団は南都六宗（三論宗・成実宗・法相宗・倶舎宗・華厳宗・律宗）に、平安時代の真言宗と天台宗を加えた八宗が存在していた。鎌倉時代になって念仏と禅が萌芽しようとしていたのである。

それ故に、著者が注目するのは、栄西と法然（一一三三―一二一二）との比較である。まず、その生まれについて次のように述べている。

栄西が備中吉備津《きび》の宮（現在の岡山県岡山市）に生まれたのは、永治元年（一一四一）四月であり、あたかもそれは隣国の美作《みまさか》稲岡の荘で、法然の父漆間時国《うるまのときくに》が、明石定明《あかしのさだあき》に殺された年である。……後に鎌倉新仏教の第一陣をくりひろげる二人の偉人は、こうして山陽の地に誕生し、相ついで叡山に上る。（本書三六頁）

本書は鎌倉新仏教の祖師たちが、一度は叡山に学びながら、相ついで山を下っていることも言及している。

『興禅護国論』は建久九年（一一九八）に成立する。この年に法然の根本聖典の『選択本願念仏集』が奇しくも成立している。

栄西は二度の訪中を伝える。第一次の入宋は、仁安三年（一一六八）、二十八歳の四月より秋にいたる六ヶ月である。この時の栄西は葉上流台密僧である。葉上流とは、後に天台宗系密教の慈覚大師円仁の流れの谷流を汲む一派穴太《あのう》流の一支流で栄西を祖とする。事実、栄西は伯耆《ほうき》の大山《だいせん》の穴太《あのう》流の基好より学んでいる。また、入宋以前の残された栄西の著述は、『菩提心論口訣』を始めとして多くは密教に関するものである。そのことは近年新たに紹介された名古屋の真福寺宝生院所蔵の『改偏教主決』『重修教主決』などによって一層確認されるに至っている。『栄西集〈中世禅籍叢刊第一巻》』（臨川書店、二〇一三年）を参照されたい。更に第一次の入宋は、明恵（一一七三—一二三二）と同じくインドの釈尊の八大霊場の塔を礼拝せんとする志をもっていたが、入宋当時の南宋の政治事情により断念せざるを得なかったのである。第二次の入宋までの二十年間の栄西の動向は禅との関係は深くはないのである。

第二次の入宋は、文治三年（一一八七）より建久二年（一一九一）までの前後五カ年、四十七歳より五十一歳のときである。但し、第二次の訪中の決意はそれ以前にあり、安元元年（一一七五）の栄西三十五歳のときに備前より筑前今津の誓願寺で便船を待っていたのである。第二次の入宋の時、天台山で臨済宗黄龍派の虚庵懐敞に出会い、彼に随時して天童山に移り、ここで遂に嗣法するのである。

栄西は建久二年七月に帰国後に平戸に富春庵を開き始めて禅規を行じたとされる。ついで香椎の報恩寺を経て、再び誓願寺にとどまったのである。その間に起こった事件こそ『興禅護国論』の成立と関わる大事であり、そのことを『百錬抄』の建久五年七月五日条に次のように記している。

七月五日甲子、入唐上人栄西、在京上人能忍等、令建立達磨宗之由風聞、可被停止之旨、天台宗僧徒奏聞云々。可従停止之趣、被宣下云々。

栄西が九州より上京する以前に、京で教大きな勢力をもっていたのが、法然の念仏と大日房能忍の禅宗（達磨宗）であった。能忍の集団を仏教史家は日本達磨宗と呼称している。栄西や能忍らの禅宗が天台宗の人々により布教禁止の訴えがなされ、認められて宣旨が下されたのである。

栄西がその停止に対して取った立場は、天台宗の開祖の伝教大師最澄の四宗（円密禅戒）の継承で、停止には当たらないと主張した。『興禅護国論』の序は、「大いなる哉、心や」で始まるが、栄西は教禅一致を主張した永明延寿（九〇四―九七五）の『宗鏡録』百巻に大きな影響を受けたのである。

著者は栄西の『興禅護国論』の撰述の主の目的を、能忍一派が戒律を無視した空見の徒として批判することにあるいうのである。また、著者は栄西の戒律復興運動を、能忍の日本達磨宗との対決とみるのである。

それ故に、『興禅護国論』を書き上げた翌年には、栄西は京にとどまらずに鎌倉に下るのである。その後、鎌倉と京都を往復する。建仁二年（一二〇二）六月に建仁寺を起工するのに、宣旨によって、真言・止観・禅門の三宗を置いているところにも、栄西の立場が読み取れよう。鎌倉寿福寺の開山栄西の法嗣の二世退耕行勇（一一六三―一二四一）や同じく栄西の法嗣の上野《こうずけ》世良田の長楽寺の開山釈円房栄朝（一一六五―一二四七）は、禅僧というより葉上流の密教の後継者であるのもこのことを考慮してよいであろう。

栄西の伝記の第一次資料を残した東福円爾の孫の虎関師錬（一二七八―一三四六）の『元亨釈書』によれば、栄西から密教色を除こうとし、筆者は日本禅宗始祖と位置づけようとしてやがてそれが定着することになるというのである。『興禅護国論』の成立後の『出家大綱』は戒律の重要性を説き、また、栄西の著の中で『喫茶養生記』は、禅と茶とを結びつけてその影響の大きさも指摘している。

＊

次に筆者は中世五山の創始者とする夢窓疎石（一二七六―一三五一）と風飡水宿の禅の開山とする大灯国師宗峰妙超（一二八二―一三三七）を取り上げるが、共に仏国国師高峰顕日（一二四一―一三一六）に参禅し、ほぼ同時代の禅者である。ただ、二人が直接に出会った記録はみあたらない。

近年、玉村竹二『夢窓国師』（平楽寺書店、一九五八年）などにより、中世の禅は、臨済宗と曹洞宗の宗派の区別より、五山と林下と区分するのが、日本禅宗史に相応しいとする説が出され、その有効性が認められるに至っている。

五山十刹制度とは、中国の制度を採用したもので、位次は種々に変遷を経て、夢窓示寂後の至徳三年（一三八六）に、将軍足利義満によってほぼ決着した。五山之上を南禅寺とし、京都では第一天龍寺、第二相国寺、第三建仁寺、第四東福寺、第五万寿寺とし、鎌倉では第一建長寺、第二円覚寺、第三寿福寺、第四浄智寺、第五浄妙寺とした。五山の下に、十刹も定められた。五山は幕府の庇護と統制下にある一方、林下は権力と迎合せずに自力で教団を維持し布教に努めようとした臨済宗大徳寺や妙心寺と曹洞宗などが挙げられる。禅宗史では、夢窓は五山を、大灯は林下を代表すると考えることができよう。

夢窓は建治元年（一二七五）に伊勢に生まれる。姓は源氏。九歳で甲斐の平塩教院の空阿の下で出家し、諱を智曤《ちかく》という。十八歳で東大寺戒壇院で受戒する。諱の疎石はかつて疎山と石頭の両寺に遊んだ夢を見て、自ら一字をとって疎石と称したとされ、この頃から禅宗を慕うようになったのである。その後、建仁寺無隠円範・東勝寺無及徳詮・建長寺葦航道然・円覚寺桃渓徳悟・建長寺痴鈍空性・建長寺一山一寧などの禅僧に参じた。二十九歳で鎌倉万寿寺の仏国国師高峰顕日に参じ、三十一歳で再び鎌倉浄智寺の高峰顕日に参じて印可を受け、嗣法する。著者は夢窓が仏国国師の別れの時の語に特に注目する。『西山夜話』の次の語である。

一日忽ち仏国国師の別《わかれ》に臨んで垂誨《すいげ》して云うを憶うらく「道《どう》人若し世出世に於て、

毫釐《ごうり》もさし挟む所有らば、則ち悟入すること能わず」と。（柳田聖山『夢窓』二五二頁。本書二五六頁参照）

この垂誨こそ夢窓の前半生を支える隠遁生活の信条だと著者は指摘するのである。更に興味深い著者の指摘は、今一つの心の師を直接の出会いはないが、清浄な山居生活を楽しんでいた中峰明本（一二六三―一三二三）との類似を説いていることである。それは、美濃の虎溪山永保寺・相模の泊船庵・上総の退耕庵などの参禅の様子でうかがわれる。

後半生は後醍醐天皇の勅により正中二年（一三二五）に南禅寺に入ったことに始まる。著者は南禅寺の開堂は本意ではなかったとするが、これが後の五山の禅の大山脈の始まりともなっていくのである。翌年、北条高時に招かれて鎌倉に帰り、浄智寺に入り、更に瑞泉寺を開く。元徳元年（一三二九）には、円覚寺に入り、翌年、退いて、甲斐の恵林寺を開くのである。元弘三年（一三三三）の鎌倉幕府滅亡後には、後醍醐天皇の勅により京にのぼり、臨川寺に住す。翌年には南禅寺に再住する。建武政権瓦解後は足利尊氏・直義兄弟の帰依を受け、全国に安国寺・利生塔を建立した。また、足利直義に答えた問答集が『夢中問答集』三巻で、中には浄土門に批判的な主張もあった。中原親秀の請により中興したのが、西芳寺であり、足利尊氏を開基とし、後醍醐天皇の菩提を弔うため開かれたのが天龍寺で、暦応二年（一三三九）に創建し、康永四年（一三四五）に落慶した。共に庭園の造営は勝れて有名である。観応二年（一三五一）九月三十日示寂す。世寿七十七、僧臘五十九。示寂後、至徳元年（一三八四）に足利義満の帰依により相国寺の勧請開山となり、春屋妙葩（一三一一—一三八八）が二世となる。法嗣は多く、夢窓派を代表するのが春屋妙葩と天龍寺二世の無極志玄（一二八二—一三五九）であり、五山文学の双璧と言われる義堂周信（一三二五—一三八八）と絶海中津（一三三六—一四〇五）がいる。その後の五山の九割の人は夢窓派と言われる最盛期をつくりだした。そのことは、語録の末尾にある「七朝（後醍醐天皇・光明帝・光厳帝・後光厳帝・後円融帝・後花園帝・後土御門帝）の国師（夢窓国師・正覚国師・心宗国師・普済国師・玄猷国師・仏統国師・大円国師）」と呼ばれて庇護されたことにあらわれていよう。

＊

夢窓と同時代の大灯国師宗峰妙超は、日本臨済宗の最大教団の妙心寺派の基礎を築いた禅者である。妙心寺は五山には組み込まれず、先にいう代表的な林下となる。妙心寺の流れを遡れば、「応灯関の一流」という。「応」とは大応国師南浦紹明（一二三五―一三〇九）のことである。大応は駿河の生まれで、建長寺の蘭渓道隆に参禅した。正元元年（一二五九）に入宋し、虚堂智愚（一一八五―一二六九）の法を継ぎ、文永四年（一二六七）に帰国して建長寺に戻った。その後は文永七年（一二七〇）には筑前の興徳寺、文永九年には太宰府の崇福寺に住した。崇福寺に住すること三十三年に及ぶのである。嘉元二年（一三〇四）、後宇多上皇の招きにより上洛し京都万寿寺に入るのである。その後、北条貞時の請をうけ建長寺に住す。大応は五山派の人といえる。

大灯、諱は妙超。播州の紀氏に生まれる。十一歳の時、書写山円教寺の戒信律師に師事する。多聞強識の学に限界を感じ、のち禅宗を求める。二十三歳で鎌倉万寿寺で仏国にあい参禅し、受戒する。百丈懐海の語でさとり、仏国に認められるが、大灯は満足しなかった。大灯は大応が上洛した韜光《とうこう》庵に参じ、嘉元三年（一三〇五）、大応が後宇多上皇の勅により京都万寿寺に開堂するのにも従う。更に大応が鎌倉の建長寺に移るにしたがって大灯も鎌倉入りし、徳治二年（一三〇七）、二十六歳のとき、『碧巌録』第八則で伝承される「雲門関字」の公案で大悟し、二首の「投機の偈」（本書一八〇―一八一頁）を呈し、印可を得て、嗣法す。二偈と共に大応が印可の語を末尾に書きつけたものが大徳寺に所蔵されている。

　你既明投暗合。吾不如你。吾宗到你大立去。只是二十年長養、使人知此証明矣。

為妙超禅人書。巨福山南浦紹明。（華押）（本書一八一頁参照）
　これぞ大灯を表した著者の「風飡水宿の禅の開山」の由来になるのである。大応は翌年の十二月二十九日に示寂する。大灯はただちに京に帰り、五条橋下二十年の聖胎長養が始まるのである。このことをその法系の一休宗純（一三九四―一四八一）が「大灯を挑起《ちようき》して一天に耀く、鑾輿《らんよ》、誉を競う法堂の前、風飡水宿、人の記する無し、第五条橋辺、二十年になるを」（『東海一休和尚年譜記』）と歌ったと伝えるのは有名。こうして乞食の群れの中での修行は、著者に言わせれば、身心を挙して自覚された即仏の真理を、脚下の生活の中に実証するものであった。正中二年（一三二五）、大灯は通翁鏡円と共に清涼殿にて、比叡山の玄慧などと宗論し、相手を論破する「正中の宗論」があり、名声を高めた。翌嘉暦元年（一三二六）十二月八日に大徳寺の開堂を行った。花園法皇や後醍醐天皇の帰依によるものである。大徳寺は十刹に組み込まれて五山派であったが、永享の頃（一四二九〜）になると、自ら林下に降ることになる。建武四年（一三三七）十二月二十二日に示寂した。大徳寺二世は徹翁義亨（一二九五―一三六九）に譲る。また、花園法皇の師とすべき禅僧として、法嗣の関山慧玄（一二七七―一三六〇）を推挙し、関山は妙心寺の開山となり、林下の主流となった。
　大灯には、『大灯百二十則』の公案集があり、「雲門関字」の公案で大悟し、「雲門の再来」といわれる大灯に対して著者は興味ある発言をしている。

禅文学の美しさはその句と心の深さにある。句の心に徹したのが大応や大灯の系統であったとすれば、句の美しさに流れたのが、夢窓の沫流であった。……雲門の再来とは、日本人にしてはじめて真に『碧巌録』の心にふれた人の意である。……「関字」は、やがて彼の弟子の関山慧玄に伝えられて、この系統の禅の特質をなすのである。（本書一八二頁）

＊

最後に応灯関の流れの中から生まれた江戸時代の傑僧の白隠（一六八五―一七六八）が取り上げられる。

江戸時代の禅宗史に欠かせないのが、隠元隆琦（一五九二―一六七三）が、承応三年（一六五四）、長崎の興福寺の逸然性融らの招請により来日したことである。当時、日本は寛永十六年（一六三九）の鎖国令の影響下にあった。後の寛文元年（一六六一）に宇治に黄檗山万福寺を開き、「臨済正宗」と名乗るのである。隠元がもたらした大陸の禅宗清規や文化は曹洞宗にも臨済宗にも大きな影響を与えたのである。しかし、筆者は大陸禅追従の域になく、日本人による宗教改革の萌芽の流れに白隠をみるのである。

従来、白隠の伝記は、主に法嗣の東嶺円慈（一七二一―一七九二）が編した『龍択開祖神機独妙禅師年譜』（『白隠年譜』と略称す）二巻で語られる。白隠は貞享二年（一六八五）に駿河国原駅の長沢家の三男として生まれた。十一歳で入浴して、風呂釜の鳴る音に焦熱地獄を思い戦慄したという。白隠は絵画や書にすぐれ、書の「南無地獄大菩薩」（松蔭寺所蔵）は迫力あるものである。筆者は白隠を表して「自ら地獄を見、実際に地獄を経過した人」（本書一八二頁）といい、また、白隠の号は自ら付けて「白《びゃく》法隠没《ほうおんもつ》の末法思想から来ているはず」（同二三九頁）という。十五歳で松蔭寺の単嶺和尚のもとで得度し、慧鶴と名付けられた。

白隠は有名な「隻手《せきしゅ》の公案」を大成した。これは岡山侯の某側侍に送った手紙として伝わっている。それは次のように書かれている。

老夫初め十五歳にして出家、二十二三之間、大憤志を発して、昼夜に精彩をつけ、単々に無の字を参究し、二十四歳の春、越の英厳蘭若において、夜半に鐘声を聞いて忽然として打発す。……只今専一に隻手の工夫を勧め侍り、蓋し隻手の工夫とは如何なる事ぞとならば、即今両手相会わせて打つ時は、丁々として声あり、只隻手を揚る時は、音もなく臭もなし。……単々に行住坐臥の上において、透間

もなく参究しもて行き侍れば、……忽然として生死の業海を踏翻し、無明の窟宅を劈破す。（本書二五七頁）

出家後の発憤の機縁になったのは、雲棲袾宏の『禅関策進』の「夜坐して眠らんとするに、錐を引いて自ら刺す」という汾陽の「引錐自刺」を読んだことによるという。また。英巌寺でさとった時、性徹に所見を呈しても許されなかた。この時、「三百年来、未だ予が如き痛快に了徹する者有らず、四海を一掃して誰か我が機鋒に当たらん」（『白隠年譜』）と思ったという。この時、正受老人の弟子の宗覚に出会い、連れられて飯山の正受庵の道鏡慧端老人にまみえることになるのである。正受老人から与えられる公案に対して、白隠はいくつも所解を呈したが、正受老人から「穴ぐら坊主」と罵倒された。『白隠年譜』では「この鬼窟裡の死禅和」とある。白隠は慢心の鼻ばしらをへし折られたのである。

ある日、托鉢に出て、老婆に箒で一打されたのが転機となり、白隠ははっと了悟した。喜んで正受庵に帰り、門に入るやいなや、正受老人はその姿を見て喜んで、「汝、徹せり」といい、印可したのである。白隠、二十四歳の時である。道鏡慧端は法を愚堂東寔―至道無難に承け、白隠は愚堂を五百年間出の人と高く評価する。白隠はやがて自らあえて五百年間出と称するようになる。筆者はこのことを、唐宋以来、日本に伝えられた禅宗を嗣ぐただ一人の正統派たることの自任とす。隠元の伝える念仏禅と曹洞宗の默照邪禅の批判こそ、白隠の宗教改革と捉えるのである。白隠の正法とは何か。それは宋朝以来の公案禅の伝統にあるのである。仏教の始終は、ただ見性の一事にある。先に見た「隻手の公案」は、見性を実現するための唯一の方法であり、最も理想的だと考えられ、僧俗の修行者に一様に与えられたものである。それはまた、大陸での長い歴史の末に、ようやくに完成した公案を、いかに日本人のものにするか。それが白隠の最大の関心であったのである。もちろん宋代の大慧宗杲が多用した無字の公案を否定するものではないが、白隠当時の状況は中日共に公案を重視する伝統がすたれ、あるいはこれを否定しようとする動きがあったのである。

白隠は八ヶ月で正受老人の下を去り、松蔭寺に帰るのである。松蔭寺は白隠の活躍の拠点であることは言うまでもない。翌年、参学に行き詰まり禅病を発す。上京して白河に至り、白幽子に閲し、「内観の秘法」を授かった。これが『夜船閑話』にまとめられる。

享保十一年（一七二六）、白隠、四十二歳の七月にコオロギの鳴き声を聞いて、『法華経』の深理に契当し、従前の多小の悟解の大錯会を了知することができたのである。悟りが完成したのである。

著者が指摘するように、白隠の著作ははなはだ多く、きわめて多方面にわたる。更に、墨蹟や絵画の讃など無数に存在する。（本書二五二頁。）

『白隠年譜』は二分され、前半を「因行格（修行により悟りに向う段階）」、後半を「果行格（得た悟りにより人々を救う段階）」という。『白隠年譜』の因行格とは、「（享保）十一年丙午。師四十二歳」の項に次のように締めくくられている。

師の得処は、凡《およ》そ三時有り。一は初心に疑を発して根本を見徹す。〈十六歳より二十四歳に至る〉。二は親しく正受に参じ、深理を研究す。〈二十四歳より二十八歳に至る〉。三は動静の矛盾、事理の乖隔に於て再び精錬を加う。〈二十八歳より此（四十二歳）に至るものなり〉。是れ所謂《いわゆ》る因行というものなり。

その後四十三歳から明和五年（一七六八）十二月十一日の夜明けに大吽一声し右脇にて示寂するまでの果行格に対して、著者は悟後の修行を詳細に分析する。ただ、全国への布教活動やその後の著作等の詳しい行状は省略され、白隠の思想を中心に述べられる。

見性はあくまで唯一の事実である。「悟後の修行」を伴わぬ見性は、すでに真実の見性とは言えいえない。ここから白隠の堂中の工夫、不断の坐禅の説が生まれるのである。著者によれば「白隠の「悟後の修行」は、けっして単なる方便説ではなくて、むしろあくまで向上的な公案禅の体系の中にあった。それは、世諦を直ちに仏法とするのではなく、世諦の中に仏法を工夫しようとするのである」。

なお、柳幹康氏の「白隠の実践体系とその背景」（『国際禅研究』第九号、東洋大学東洋学研究所国際禅研究プロジェクト、二〇二二年）は、先に述べた正受老人の下での二回目の大悟の後、悟後の修行で菩提心を第一とする大事に出会ったことに注目している。『壁生草《いつまでぐさ》』巻上に、「古《いにし》え春日《かすが》の大神君、笠木の解脱上人に告げ玉わく、大凡《おおよそ》倶盧《くる》孫仏《そんぶつ》より以来《このかた》の智者高僧、菩提心無きは、皆な尽く魔道に堕す」とあることに大いなる疑念をもつのである。この春日神の神託の疑念は、容易ならざるものであったが、『壁生草』は、「初め二十五歳の時に此の事を疑い。漸く四十二歳の時に不慮に此の大事に撞著し、豁然として掌上に見るが如し」と解決したことを記すのである。菩提心とは法施利他の善行をいい、これより誓って四弘誓願の輪を鞭撻するのである。柳幹康氏の指摘する三回目の大悟の前の疑念の指摘は重要であろう。

付記するならば、従来、著者を含め『白隠和尚全集』（龍吟社、一九三五年）が主に利用されてきたが、近年、訳注を含む主に芳澤勝弘著になる『白隠禅師法語全集』十四冊・別冊総合索引（禅文化研究所、一九八九〜二〇〇三年）が刊行されている。また、芳澤勝弘監修・解説『白隠禅画墨蹟』〈全三冊〉（二玄社、二〇〇九年）も刊行されているので新たな成果として参照されたい。

以上、概観してきたように、本書は栄西・夢窓・大灯・白隠の四人の禅者を中心とするが、内容はその前後の時代と周辺の社会の動向に広く触れていることに特色があるといえよう。

（いしい・しゅうどう　駒澤大学名誉教授、禅宗史）

本書は、一九八七年一月二十五日、筑摩書房より刊行されたものである。

ちくま学芸文庫

禅《ぜん》の時代《じだい》 栄西《ようさい》・夢窓《むそう》・大灯《だいとう》・白隠《はくいん》

二〇二五年一月十日　第一刷発行

訳　者　柳田聖山（やなぎだ・せいざん）

発行者　増田健史

発行所　株式会社　筑摩書房
東京都台東区蔵前二―五―三　〒一一一―八七五五
電話番号　〇三―五六八七―二六〇一（代表）

装幀者　安野光雅

印刷所　株式会社精興社

製本所　株式会社積信堂

ISBN978-4-480-51277-2 C0115